기독교문서선교회

Christian Literature Crusade
983-2, PANGBAE-DONG SOCHO-KU SEOUL, KOREA

기독교문서선교회

Christian Literature Crusade
983-2, PANGBAE-DONG SOCHO-KU SEOUL, KOREA

톨킨의 반지의 제왕을 기독교적으로 어떻게 볼 것인가?

다시 읽는 반지의 제왕

랄프 우드 지음 / 이 승 진 옮김

기독교문서선교회

The Gospel According to Tolkien

By
Ralph C. Wood

Translated by
Seung-Jin Lee

Copyright © 2003 by Ralph C. Wood
Originally published in English under the title
as *The Gospel According to Tolkien* by Ralph C. Wood

Translated by permission of Westminster John Knox Press,
100 Witherspoon Street, Louisville, Kentucky 40202-1396.
All rights Reserved.

Korean Edition
Copyright © 2004 by Christian Literature Crusade
Seoul, Korea

서문

    이 책은 톨킨의 대작인 『반지의 제왕』을 기독교 신학의 관점에서 조망한 것이다. 그러나 톨킨의 문학세계를 해석함에 있어서 다양하거나 심지어는 서로 충돌하기까지 하는 여러 학자들 간의 논쟁을 여기에서 직접 다루는 것이 본서의 목적은 아니다. 이 책은 그저 톨킨을 아끼는 평범한 독자들에게 익숙하게 알려진 대작들의 저변에 깔린 기독교적인 세계관을 조망한 것이다. 본서에는 각주나 미주가 들어 있지 않다. 그렇다고 해서 본서가 다른 저서의 도움을 전혀 받지 않았다는 뜻은 아니다. 이와는 반대로 본인은 톨킨을 연구한 여러 학자들에게 많은 빚을 졌으며, 이 책은 그런 자료들을 자주 참고하였다. 또 이 책에서 다뤄지는 고전적인 덕목들에 대한 관점 역시 조셉 파이퍼(Josef Pieper)의 『네 가지 기본덕목』(The Four Cardinal Virtues)에 많이 의존하고 있다. 폴 와델(Paul Wadell)의 『우정과 도덕적 삶』(Friendship and the Moral Life)이라는 책도 친구 간에 우정을 나누는 삶에서 필리아(philia, 사랑)의 중요성에 관하여 많은 것들을 일깨워 주었다.

본서에 괄호로 인용된 숫자들은 톨킨의 작품이나 또는 톨킨에 관한 중요한 저서들의 표준 양장판의 페이지를 가리키며, 약어는 다음 작품들을 가리킨다. 『호빗』(The Hobbit, H), 『톨킨의 서신들』(The Letters of J. R. R. Tolkien, L), 『실마릴리온』(The Silmarillion, S), '요괴들과 비평가들' 그리고 '다른 평론들'('The Monsters and the Critics' and Other Essays, MC), 『모르고스의 반지』(Morgoth's Ring, MR), 『가운데 땅의 사람들』(The Peoples of Middle-earth, PM), 『우튼 메이저의 스미스』(Smith of Wootton Major, SWM), 험프리 카펜터(Humphrey Carpenter)의 『톨킨 전기』(Tolkien: A Biography, T) 그리고 『반지의 제왕』은 다음의 세 권으로 분리하여 해당 페이지를 기입하였다. 1: 『반지 원정대』(The Fellowship of the Ring), 2: 『두 개의 탑』(The Two Towers), 3: 『왕의 귀환』(The Return of the King). 톨킨은 "그대와 당신"(thee and you)이라는 두 인칭대명사 사이를 구분하여 사용하기를 좋아한 까닭에, 본서에 인용된 성경은 모두가 『영어개정표준역』(the Revised Standard Version)을 따랐다. 또 관례를 따르지 않은 톨킨 나름의 작품 활동에 충실을 기하려는 의도로, "man"과 "men"을 여성을 배제시킨 남성의 의미보다는 보편적인 인간을 뜻하는 것으로 그대로 사용하였다. 또 본서에서는 저급한 종족들을 가리키는 여러 명사들을 대문자로 표기하는 톨킨의 관례도 그대로 따랐다. 이는 그의 작품에 깊게 깔린 게르만적인 기질을 그대로 존중하는 한 가지 방법인 동시에, 톨킨에게 있어서 좀 더 중요한 관심사로서 모든 종족들을 획일적으로 동일하게 취급하기보다는 각 종족들을 그에 걸맞게 예우하려는 의도를 그대로 따르기 위함이다.

한 때 금서로 지정되었던 『반지의 제왕』을 은밀하게 읽어야만 했던 과거 동구권 철의 장막 안의 독자들을 가리켜서 톨킨주의자(Tolkienisti)라고 불렀다. 본서를 저술함에 있어서 많은 도움을 받았던 마이크 베티, 카일 칠드레스, 빌 크로우, 바리 하비, 루스 하이타워, 크리스토퍼 미첼, 스콧 무어, 바이른 뉴베리, 마크 놀, 로빈 레이드, 데이빗과 제니 라이든, 아담 슈와츠, 그레이 스미스, 티모시 바브렉, 롭 윌슨과 같은 여러 톨킨주의자 친구들에게 감사드린다. 그리고 자기 부모님만큼이나 『반지의 제왕』에 애착을 가지고 있는 케더린과 데이빗 제프리의 아들인 죠수아와 기드온, 체릴과 리차드 마이릭의 자녀인 크리스틴, 롭 그리고 브랜든, 완다와 그레이 스미스의 아들인 티모시와 앤드류, 미첼과 글린 젠트리의 자녀인 브리타니와 게러드, 제임스, 다이아나, 대학원의 조교인 돈 쉬플리와 대학의 학생인 파울라 플루러에게도 감사의 뜻을 전한다. 이들 젊은이들은 톨킨 애호가들 중에서 새로운 세대이자 미래의 톨킨 연구가들로 나타날 것이라고 믿어 의심치 않는다. 이들은 본서의 원고를 여러 차례 읽으면서 모든 인용된 글들을 아주 꼼꼼하게 점검하였다. 그리고 나의 사랑하는 아내 수잔에게 특히 많은 빚을 진 셈이다. 베일러 대학의 동료들과 학생들인 벤 존슨과 헬렌 라세터, 마크 롱, 엘리자벳 울페 그리고 랜디 우드롭도 저술 과정에서 여러 번 원고를 세심하게 읽어주었다. 이들 도움으로 여러 가지 사실적인 오류도 바로 잡을 수 있었을 뿐만 아니라 덕분에 오타도 쉽게 교정할 수 있었다. 본인은 정말 염치없게도 그들의 아이디어와 통찰들을 빌려와야만 했다.

학교와 교회 모두에서 나의 강의를 들어주고 톨킨의 작품에 관한 활발한 토론에 적극적으로 참여해 준 분들에게도 감사를 표하지 않고서는 이 감사의 글은 결코 끝날 수 없을 것이다. 이 과정에서 특별한 호의와 친절을 베풀어준 교회들과 학교들을 소개한다. 윈스톤-살렘에 있는 마운트 타보 연합 감리교회, 달라스의 파크 사이티스 장로교회, 뉴올리언스의 세인트 찰스 에비뉴 침례교회, 와코의 세인트 알반 감독교회, 칼빈 대학, 달라스의 케임브리지 학교, 클래이브랜드 주립 대학교, 듀크 신학대학원, 루이지에나 주립 대학교, 노틀담 대학교, 오벌린 대학, 오클라호마 대학교, 오클라호마 주립 대학, 서던 감리교 대학교, 텍사스 A&M 대학교의 상과 대학과 텍사스 군사 연구소 그리고 1986-1997년까지 웨이크 포레스트 대학교에서 "믿음과 상상력"이라는 제목으로 진행했던 본인의 강의를 수강하면서 오히려 나에게 톨킨에 관하여 많은 것을 알려주었던 일단의 학생들과, 샘포트 대학교와 밴쿠버의 리젠트 대학 그리고 베일러 대학교에서 진행됐던 강의에 참석했던 여러 학생들의 이름을 여기에 다 소개할 수 없어 아쉽다. 이 때의 학생들과 톨킨을 아끼는 여러 친구들은 서로 간의 우정을 찬란하게 만들어갔던 꼬마족(the Little People)들에 버금가는 우정을 서로 나눌 수 있었다.

본인은 이 책을 절친한 친구 존 사이키스에게 헌정한다. 본인이 1971년 시카고 대학에서 학위를 마치고 방금 강사로서 대학에 들어왔던 때와 같은 시기에, 노포크에 있는 한 침례교에서 갓 목회 사역을 시작하였다. 그 후로 30년 이상 나는 톨킨을 먼저 배워간 이 학생으로부터 많은 것을 배워오고 있다. 진짜 호빗족처럼 존은 자신이 알고 있는 여러 가지 창조적인 아이디어와 통찰들을 나에게 친절하게 알려주었다. 1984-85년에 인문학부 장학재단으로부터 기금을 받는 동안에 사이키스가 나를 대신하여 강의를 진행하는 자리로 돌아왔을 때보다 더 분명하게 우리의 관계가 명백하게 드러났던 때는 없었던 것 같다. 이 때 그는 "믿음과 판타지"라는 인기 있는 강좌를 새롭게 시작하였는데, 이 강좌에서는 『반지의 제왕』 전권을 교제로 다뤘다. 그가 떠난 후 그의 선례를 따라서 나 역시 동일한 과목을 가르치기 시작하였다. 이 과정에서 나는 참으로 놀랍게도 톨킨의 작품에 담긴 엄청난 가치를 깨닫게 되었고, 이 과정에서 얻은 통찰들은 지금까지도 계속 확장되어 오고 있다. 결국 나의 교수 경력에 전환점을 제공했을 뿐만 아니라 이 작은 책을 시작하게 만든 점에 있어서 나는 존 사이키스에게 엄청난 빚을 진 셈이다.

역자 서문

　기독교는 신화적 종교가 아니다. 그래서 현실과 아무런 관련이 없는 신화적 관점이나 틀로 기독교를 설명하려거나 기독교의 핵심 진리를 파악하려는 시도는 참으로 헛된 것이다. 하지만 사람들은 여전히 신화에 열광하고 있다. 그 이유가 무엇일까? 신화가 현실의 고통을 잠시나마 잊어버리도록 해 주는 일종의 아편과도 같기 때문일까? 아니면 가공의 신화적 세계 속에는 고통스러운 현실을 살아가야만 하는 궁극적인 이유와 그 현실 속에서 투쟁하여 얻어야 할 이상이 논픽션 이상으로 사실적으로 녹아들어 있어서가 아닐까?
　이 책은 신화와 전설에 대하여 소극적인 입장을 가지고 있는 한국 교회 성도들과 목회자들로 하여금 기독교 안에서의 신화의 긍정적인 가치와 가능성에 대하여 새롭게 생각해 볼 수 있도록 하는 책이다. 모든 신화가 기독교적으로 가치가 있다는 것이 아니다. 그래서 그리스도인들이 신화나 전설에 착념하는 것은 경계할 일이다(딤전 1:4).

다만 기독교적인 가치관이 녹아들어간 일부 신화나 전설들은, 합리적이고 과학적인 세계관에 질려서 점차적으로 신화적 세계관에 젖어들고 있는 현대인들에게 복음을 전달하는 유용한 도구가 될 수 있다. 톨킨의『반지의 제왕』이 그리스도인들의 관심을 끄는 이유가 바로 여기에 있다. 여기에서 전개되고 있는 신화적 이야기는 그 저변에 강력한 기독교적인 가치관을 기반으로 하고 있다. 신화적 틀을 사용하기에 사람들의 흥미를 끌지만, 기독교적인 가치관이 현실보다 더 실감나게 엮어져 있어서 그리스도인들은 신화가 어떻게 복음증거의 효과적인 수단이 될 수 있는지를 이 책을 통해서 극명하게 발견할 수 있을 것이다. 이 책은 또한 타락한 문화와의 영적인 전투 속에서 생명을 살리는 기독교적인 문화를 발전시키며 이런 문화를 적극적으로 복음증거를 위한 매개체로 활용하려는 성도들에게도 귀한 지침이 되리라 확신한다.

2004년 6월
이 승 진 識

목 차

서문 … 3
역자 서문 … 8
서론 … 12

제1장 창조의 우주적 교향곡 … 29
    1. 생명의 기원과 종말 / 31
    2. 운명과 죽음 그리고 심판의 편재성 / 34
    3. 자연 질서에 내재한 본질적인 선 / 43
    4. 육체적 안락이 가져다주는 기쁨 / 47
    5. 천천히 자라는 모든 것들: 특히 나무에 대한 톨킨의 애착 / 52
    6. 좋은 마법과 악한 주술 / 55
    7. 연설이라는 최상의 선물 / 61
    8. 일루바타르의 우주에서 명예를 회복하는 위계질서 / 72

9. 가운데 땅에 몰아닥친 도덕적 위기 / 79
10. 원정으로의 초대 / 83

제2장 악의 참화: 신성한 조화가 손상됨 ··· *89*

1. 외톨이 멜코르의 반역 / 90
2. 자기 탐욕으로서의 악의 실상 / 99
3. 사우론의 눈과 갈라드리엘의 거울: 그릇된 전망의 유혹 / 107
4. 악덕보다 미덕에 호소하는 죄악 / 111
5. 영생불사와 눈에 보이지 않게 만드는 힘에 대한 유혹 / 119
6. 절대반지의 강제적인 힘 / 122

제3장 악에 대한 반작용: 도덕적 삶에 관한 톨킨의 전망 ··· *133*

1. 지혜와 분별력: 자기희생을 가져오는 덕목들 / 137
2. 정의: 자비를 필요로 하는 덕목 / 153
3. 용기: 인내에서 생기는 덕목 / 171
4. 절제: 기분 좋은 고행을 산출하는 덕목 / 185

제4장 영구적인 개선책: 구원받은 삶에 관한 톨킨의 전망 ··· *201*

1. 신뢰와 우정으로서의 믿음 / 202
2. 궁극적으로 선한 미래를 향한 소망 / 231
3. 용서를 베푸는 사랑 / 251

제5장 완결: 가운데 땅은 언제 복구될 것인가? ··· *265*

참고문헌 ··· *281*

서론

톨킨의 장편 판타지 소설, 『반지의 제왕』이 계속해서 많은 사람들을 감동시키는 것은 부인할 수 없는 사실이다. 최근에 진행된 서로 다른 세 개의 통계조사에서 영국의 독자들은 20세기의 가장 중요한 책으로 이 소설을 지목하였다. 그렇다고 해서 다소 과장되어 보이는 이런 주장에 대하여 옹호하려는 것이 이 책의 목적은 아니다. 다만 톨킨에 대한 전례를 찾아볼 수 없는 독자들의 관심에 대하여 적절한 설명이 여러 모로 부족한 것이 사실이다. 톨킨에 대한 다수의 비평가들은 톨킨이 도피주의적인 작가였기 때문에 오늘날 많은 사람들이 그토록 톨킨의 책에 열광하는 것이라고 비판한다. 이들의 비평에 의하면 톨킨의 작품은 독자로 하여금 현대적인 삶의 비극으로부터 도망할 수 있는 길을 제공하며, 신화적이고 가공적인 세계에서 안식처를 찾도록 해 준다는 것이다. 그런데 이 시대를 말로 다 할 수 없을 정도로 비참한 것으로 묘사한 점에서 이들의 비평은 타당하다. 20세기의 많은 사람들, 대략 1억 8천만 명은 그 이전의 모든 세기를 다 합한 경우에서 찾아볼 수 있는 것보다 더 비극적인 폭력에 의하여 죽임을 당하였다. 오늘날 전투에서 사망하는 군인 대 시민의 비율은 과거 9:1에서 정확하게 1:9로 역전하였다. 교황 요한 바오로 2세도 이 시대를 가리켜서 "죽음의 문화"가 지배하는 시대라고 하였다.

전례를 찾아볼 수 없을 정도의 포악함이 오늘의 세계를 지배하고 있으며, 마치 모든 것을 싹쓸이하려는 강제 수용소와도 같으며, 테러분자들의 공격과 인종청소, 쉽게 치료가 안 되는 전 세계적 전염병, 대규모의 기근과, 치명적인 자기 탐욕으로 얼룩져 있으며, 이 모든 것은 『반지의 제왕』에서 다루고 있는 것들이다. 그런데 톨킨의 작품들은 우리로 하여금 이러한 악으로부터 돌아서도록 격려하기보다는 이러한 악들에 과감히 맞서게끔 한다. 그리고 한 걸음 더 나아가서 이러한 비극들로 우리를 학대하기보다는 이 시대의 질병들에 대한 치료책을 제시한다. 톨킨의 대작은 우리로 하여금 오늘의 실체 속으로 꿰뚫고 들어가도록 해 준다. 이를 위해서 톨킨은 자신의 작품의 저변에 자리하고 있는 배경과 주제, 그리고 암묵적인 희망 속에 기독교의 복음을 은은하게 풀어 놓았다.

『반지의 제왕』은 오십만 개 이상의 단어로 기록된 장편의 환타지 소설이다. 이 소설은 또한 그 자체의 복잡한 우주 진화기와 연대기, 지리, 전문적으로 분류된 학명들, 그리고 퀘냐(Quenay)와 신다르(Sindarin, 회색 요정)의 두 요정들의 언어를 포함하여 여러 언어들을 담고 있다. 이 소설의 줄거리 역시 만물이 만들어지던 태초로부터 시작하여 시간의 마지막까지를 잠깐 일고하는 것까지를 모두 포함할 정도로 웅대하다. 이 책이 아니었더라면 잘 알려지지 않았을 옥스퍼드 대학 언어학자에 의하여 쓰여진, 이렇게 웅대하고 박학한 작품이 어떻게 해서 논박의 여지가 없는 대작의 반열에 오르게 되었을까? 본서 『다시 읽는 반지의 제왕』(The Gospel According to Tolkien)은 톨킨의 대작에서 다뤄지는 대부분의 권력들이 암묵적으로 기독교와 관련이 있음을 논증함으로서 이러한 질문들에 대답할 목적으로 저술되었다. 이 책에서 앞으로 본인은 톨킨의 대작에 깔린 기독교적인 요소들을 분간해 낼 계획이다. 그러나 앞으로 다뤄질 내용을 개략적으로 언급하기 전에 먼저 『반지의 제왕』에 관하여 반복적으로 제기되는 세 가지의 비평을 살펴보기로 하자.

첫째, 톨킨은 인류의 절반에 해당하는 여성을 배제시키고 주로 소년들만을 위한 모험 소설을 썼다는 것이다. 비평가들은 톨킨이 자기 작품에서 몇 몇 소수의 여성만을 등장시켰으며 그마저 매우 이상적인 관점에서 묘사했음을 지적하면서 그를 남성우월주의자로 몰아 부친다. 그러나 앞으로 살펴보겠지만 이런 비평과는 달리 톨킨의 작품에 등장하는 여성들이 그저 낭만적으로 꾸며지기만 한 것은 아니다. 요정의 여왕 갈라드리엘도 매우 아름다운 존재로 묘사되고 있지만, 아무런 욕망이 없이 그저 순진무구한 존재가 아니다. 사실 그녀의 명성도 절대 반지가 파괴되면서 점차적으로 줄어드는 요정의 역할을 맡고 있을 뿐이다. 또 에오윈도 비범한 용기와 용맹을 지닌 여성으로 등장하는데, 그녀에게서는 수줍음이 많은 바이올렛이라고 불리거나 또는 교태를 부리는 여인네의 모습은 전혀 찾아볼 수 없는 전사이다. 또 아라곤과 결혼하기 위하여 자신의 불멸성을 과감히 포기하는 요정공주 아르웬에게서도 달콤한 모습이라고는 전혀 찾아볼 수 없다. 톨킨의 작품에 등장하는 여성들에 대한 이러한 변론에 덧붙여서 지적되어야 할 중요한 사항이 있다. 즉, 톨킨은 남성과 여성의 욕망이 본질적으로 동일하다고 주장하면서, 그리고 더 나아가서 이들 모두에게서 성별이라는 것은 중요한 사안이 아니며 남성과 여성은 성차로 나뉘어 있기보다는 기본적인 욕구와 죄, 그리고 근본적인 동경과 희망으로 서로 하나가 된 존재라고 주장하면서, 남성과 여성 모두가 가지고 있는 보편적인 인간성을 중시하고 있다. 『반지의 제왕』은 소년들이 펼치는 모험소설이 결코 아니다. 프로도가 사명을 띠고 길을 나설 때가 50세였으며, 샘도 이와 비슷한 나이를 먹었다. 등장인물들 중에는 메리와 피핀만이 청년으로 불림직하다.

둘째, 톨킨은 또한 오늘날 도회지의 삶과 무관한 시골풍의 세계를 그려내고 있는 것으로 비판을 받는다. 그런데 이상적인 삶에 관한 성경적 입장은 도회적이기보다는 시골풍이며, 고대의 세계에서 성 밖에 사는 존재들은 도둑이나 산적들처럼 부정적이고 미개한 존재들로 간주되었던 것은 사실이다. 그러나 시골보다는 오늘날의 도시가, 성경에서 하나님의 성으로 찬사를 받으며 돌발적으로 이 땅에 임할 미래의 세상으로 그려지고 있는 새로운 도성 예루살렘(시 46:4; 계 3:12)에 더 가까운 것이라고 여기는 것은 부적절하다. 톨킨은 오늘날의 추하고 비인간적인 도시를 바라보면서, 인간 존재의 정상적인 상태로부터 멀리 떠나 있으며 더 나아가서 문명화된 삶의 타락으로 간주한다.

톨킨이 작품 활동을 하던 당시, 유럽에서 가장 큰 도시들 중의 하나인 런던이란 도시는 각 지역 안에서 서로 섞이지 않고 개별적인 정체성과 독특한 특징들을 가지고 있었던, 일종의 누더기 이불과도 같았음을 상기할 필요가 있다. 그러나 영국의 수도 전역이 외곽으로 불규칙하게 뻗어가면서 한 때 시골풍의 영국을 잘 대변해 주었던 전원적인 아름다움도 함께 파괴되어 버렸다. 고속도로가 들어서는 와중에서 전원 마을이 모두 파괴된 것은 톨킨에게는 너무나도 슬픈 일이어서 이를 보고 나서 나중에는 야외로 자동차 드라이브하는 것까지도 그만둬 버렸다. 톨킨은 자신의 작품에서 호빗족이 살고 있는 샤이어의 생활이 개발되지 않은 지역이어서가 아니라 적절하게 순화되었기 때문에 이곳의 삶을 칭송하고 있다. 또 광대한 숲과 같은 천연의 야생 지역은 이곳에 아무도 살고 있지 않다는 이유로 감탄할 만하다. 그러나 자연계에 살고 있는 인류나 언어를 사용하는 다른 종족들 모두가 문명의 질서에 순복하지 않을 때 야만적인 결과가 나타난다. 톨킨에게 있어서 도시와 광야는 공생관계이며 상대방에 의해서 황폐화되기도 하고 활력을 얻기도 하는 것으로 나타난다. 톨킨은 샤이어 지역을 인간 공동체의 모범으로 제시하지만 그렇다고 해서 주인공이 사는 호빗골의 삶을 이상적으로 그리지는 않는다. 이 마을 호빗골에도 우리가 사는 마을이나 도시와 마찬가지로 인생을 괴롭히는 동일한 경쟁과 분당, 그리고 잠재적인 악으로 가득 차 있다. 예를 들어서 프로도와 빌보 배긴스는 탐욕스럽고 건방지기가 짝이 없는 그들의 친척, 색빌 배긴스네 집안과는 상종도 하지 않는다.

셋째, 톨킨을 기독교적 관점으로 해석하는 입장에 대한 통렬한 비판으로서 그의 책에는 공식적인 종교가 언급되지 않고 있으므로 독자는 여기에서 기독교적인 가치관의 흔적을 전혀 발견할 수 없다는 것이다. 그런데 비록 누메노르인들은 식사 전에 잠깐 멈추기는 하지만 호빗족은 기도를 하지 않는 것은 사실이다. 또 샤이어 지역에 사는 거주민들도 성전을 만들지도 않고 또 어떤 제의적인 행위를 하는 것도 아니다. 그러나 극한에 내몰리는 상황에서 샘과 프로도는, 만웨의 아내이자 별들의 여왕인 바르다에 대한 요정들이 부르는 이름인 엘베레스를 부른다. 또 렘바스라 불리는 요정들의 음식도 분명히 성만찬의 포도주를 상기시킨다. 그런데 톨킨이 자신의 작품 속에서 공식적인 종교를 언급하지 않는 데에는 좀 더 심층적인 이유가 있다. 그는 가운데 땅이라고 하는 신화적 세상을 종교가 없는 세계로 묘사하면서 독자로 하여금 그 작품 속에 은은하게 잠겨 있는 기독교를 간접적인 동시에 좀 더 분명하게 바라보도록 하고 있다. 그래서 『실마릴리온』의 독자들은 온전히 만개된 기독교 신학이 그 안에 들어 있음과 이 책이 다시 암시적으로 『반지의 제왕』을 지시하고 있음을 알고서도 별로 놀라지 않는다. 톨킨 자신도 밝힌 바와 같이, "종교적인 요소들이 이야기와 상징적인 의미들 속에 흡수되어 있다"(L, 172).

톨킨의 작품은 외관상으로는 기독교적이지 않지만 좀 더 심층적인 차원에서 기독교적이다. 만일 톨킨이 이야기와는 별도로, 표현하고 싶었던 일련의 사상들을 묘사하기 위하여 1천 2백 페이지의 소설을 썼더라면 그 사상을 표출하는데 전념했을는지 모르나 이로 말미암아 그의 예술세계의 고결함은 손상될 수밖에 없었을 것이다. 이러한 긴장은 좋은 예술뿐만 아니라 좋은 신학에도 해당되는 원리이다. 하나님은 특정 시간과 공간 속에서 벌어진 자기 백성 이스라엘의 삶과 그의 아들 예수를 통해서 자신을 계시하셨는데, 이렇게 하신 이유는 특정 역사 속에서 진행된 하나님의 이야기를 제외하고서는 하나님께서 인간에게 자신을 알리실 다른 방법이 없었기 때문이다. 같은 맥락에서 『반지의 제왕』에 내포된 종교적 중요성은 이 작품이 제시하는 어떤 고압적인 도덕적 원리에서가 아니라 이야기의 줄거리와 등장인물, 이미지들, 논조, 풍경, 그리고 관점들로부터 우러나오는 것이다. 그래서 이 작품에 내포된 거대한 신학적 의미들 몇 개를 뽑아내는데 성공하더라도, 먼저는 이 이야기의 심원한 세계에 다시 흠뻑 자신을 적시려는 열망을 가지고 이야기 자체 속으로 들어가 보아야 한다.

"요괴들과 비평가들"이라는 부제가 달린 『베오울프』(Beowulf)에서 톨킨은 이 문제를 잘 해명해 놓았다. 이 책에서 톨킨의 주장에 의하면, 7세기의 앵글로색슨계의 이 시(베오울프)는 아마도 수도사로 추측되는 한 익명의 기독교인에 의하여 기록되었는데, 이 저자는 먼저는 그렌델과 함께, 그리고 그 다음은 어머니와 함께, 그리고 마지막으로는 용과 함께 싸우다가 결국 요괴들을 무찌르지만 베오울프 역시 죽음을 맞는 오래된 전투에 관한 전설을 시적으로 그리고 신앙적으로 서술했다고 한다. 베오울프를 쓴 익명의 기독교인은 고대 덴마크의 전설에 담긴 이교도의 세상의 무자비함과 냉혹함을 정성껏 보존하려고 했었다. 그래서 이 저자는 이러한 고대의 전사들이 모두가 승리에 대한 희망을 찾아보기 어려운 상황에서도 기꺼이 죽음을 맞이하는 영웅들이었음을 보여주면서 끔찍한 전투를 자세히 소개하며, 이들의 뜨거운 충성심을 극찬하고 있는 것이다. "심지어는 왕들과 전사들 모두를 패배시키려 하더라도 어둠의 후예들, 그리고 적개심으로 가득 찬 적군과의 전투를 향하여 이들 용맹스런 무리들은 점점 앞으로 나아갔다"(MC, 18).

이와 동시에 이 익명의 기독교 시인은 그의 비기독교적인 이야기에 기독교적인 덕목들과 확신들을 불어 넣어 놓았다. 톨킨에 의하면, "베오울프의 저자는, 타락하였으나 아직은 구원받지 않았으며 명예를 잃었으나 아직 폐위당한 것은 아닌, 암울한 과거 속에서의 인간의 처절한 몸부림에 대한 기억을 담고 있는 기독교적인 신앙심의 영속적 가치를 잘 보여주고 있다"고 한다(MC, 23). 그런데 톨킨도 베오울프의 저자의 방식을 『반지의 제왕』에서 그대로 따르고 있다. 톨킨은 신화적이며 기독교 이전의 세계를 창조하였는데, 이 세상에는 아직 선택받은 사람도 없으며, 아브라함과 이삭과 야곱도 아직 살고 있지 않고, 모세가 이스라엘을 압제에서 이끌어내지도 않았으며, 선지자들이 하나님의 말씀을 아직 전하지도 않았고, 하나님께서 예수 그리스도 안에서 아직 성육신하지도 않았으며, 교회가 세워진 것도 아니며 교회의 메시지가 열방에 선포되지도 않고 있다. 그러나 이 모든 것에도 불구하고 톨킨의 작품은 다만 연대기적인 관점에서 기독교 세기 이전일 뿐이지 내용면에서는 그렇지 않다. 즉, 톨킨의 작품 심층부에서는 복음의 메아리가 진동하고 있다.

그렇다고 해서 톨킨의 책이 기독교적인 알레고리로 읽혀져야 한다는 뜻은 아니다. 톨킨은 일대일의 직접적인 대응관계를 정말로 싫어한다고 고백한 적이 있다. 비유를 묘사하기 위해서 어떤 하나를 다른 하나와 동일하게 만드는 일은 독자에게 자유로운 상상의 나래를 펼칠 여지를 전혀 남겨두지 않음으로서 독자를 속박하는 것이다. 톨킨의 친구인 C. S. 루이스의 판타지 소설에서는 알레고리가 중요한 역할을 맡고 있다. 예를 들어 『사자와 마녀, 그리고 옷장』(The Lion, the Witch, and the Wardrobe)을 읽는 중에 독자들은 아슬란이 그리스도를 유비적으로 묘사하고 있음을 보지 못한다면 결국 이 이야기의 진짜 요점을 놓치는 셈이다. 그러나 톨킨에게서는 이러한 일은 그 어느 곳에서도 찾아볼 수 없다. 톨킨은 알레고리보다는 판타지를 더 선호하는데, 그 이유는 판타지는 "독자들 각자의 생각과 경험에 따라 다양하게 적용될 수 있기 때문이다"(1.7). 그는 독자로 하여금 절대반지와 핵무기를 서로 동일시하는 것이 아니라 상호 유사성을 분간하기를 바랄 뿐이다. 마찬가지로 암흑의 땅 모르도르도 독자들에게는 끔찍한 죽음의 땅과 강제 노동 수용소, 그리고 세뇌교육 농장을 떠오르게 하지만, 구동독이나 소련, 그리고 중국에서의 잔학한 실상에 관하여 아무것도 모르는 독자들에게 모르도르 땅의 잔혹한 모습은 그저 몸서리쳐지게 느껴질 뿐이다.

『반지의 제왕』에서 간달프는 반지 원정대를 위하여 자신의 생명을 내어 놓았으며 이후 신비롭게도 다시 부활하는 마법사이긴 하지만 그렇다고 해서 그를 그리스도와 동일시하자는 뜻은 결코 아니다. 또 프로도도 성부 하나님에 대한 일종의 상징적 인물이 되는 빌보에 의하여 희생양이 되는 풍유적인 성자라는 뜻도 아니다. 다만 톨킨은 이스라엘과 예수를 통해서 드러난 하나님의 계시에서 중요한 특징으로서 "모두를 위하여 희생하는 한 인물"에 관한 강력한 애착을 가지고 있었던 것 같다. 엄밀한 의미에서 하나님께서 스스로 계시하신 이 결정적인 구속 사건은 심지어는 문학적으로라도 결코 반복될 수 없는 성질의 것이다. 간달프는 누군가의 죄를 속죄하기 위하여 죽은 것이 아니며, 그가 다시 살아났더라도 그것은 그가 마치 예수처럼 하나님으로서 더 이상 죽지 않고 부활했기 때문이 아니라 마이아(maiar, 일종의 천사) 중의 하나였기 때문일 것이다. 그리고 『반지의 제왕』에서 간달프 혼자만이 그리스도와 같은 속성을 지닌 인물로 묘사되는 것도 아니다. 굳이 들춰내자면 아라곤과 프로도, 그리고 샘 감지 역시 이러한 속성을 지닌 것으로 묘사되고 있다. 톨킨에게 있어서 모든 그리스도인들은 한결같이 그리스도의 형상을 지니고 있는 존재이다. 같은 맥락에서 사도 바울도 "그리스도 예수의 마음을 품으라"고 권면하고 있다(빌 2:5). 그리스도인들은 모두가 간달프와 아라곤, 프로도, 샘, 파라미르, 그리고 에오윈의 모습을 우리 자신 안에서 구현시키면서 "작은 예수"가 되라는 부름을 받은 셈이다.

톨킨의 작품을 이러한 맥락에서 다루는 것은 어찌 보면 톨킨의 책의 한계를 넘어서는 것이다. 따라서 우리는 그의 친구 C. S. 루이스와는 달리 톨킨은 결코 일종의 어떤 복음전도자는 아니었음을 분명히 해둘 필요가 있다. 가톨릭교도인 톨킨은 세상 속에서 성례전적인 모습으로 신성한 사명을 감당하는 교회의 삶은 자신의 어떤 예술의 도움을 받지 않고서라도 복음을 충분히 세상에 전할 수 있다는 확신을 갖고 있었다. 그는 자신의 판타지 소설이 복음전파를 위한 우발적인 후원자 노릇을 하기보다는 먼저는 그 자체로 감동을 주는 이야기로 자리매김 되기를 바랐다. 그러나 톨킨이 자신의 소설이 여기에서 한 걸음 더 나아가기를 거부했다는 것도 적절한 변론은 아니다. 톨킨 역시 자신의 작품에서 묘사된 '하위-창조물'(sub-creation)을 어떤 환상의 세계, 즉 완전히 새롭게 만들어져서 너무나도 비현실적으로 느껴지는 가공의 세계와는 분명히 차별화하기 위하여, 이것을 실감나게 묘사하는데 세심한 주의를 기울였다. 톨킨에 의하면 인간이 만든 모든 것은-선을 위하든 악을 위하든, 또는 더 좋든 또는 더 나쁘게든-이미 하나님께서 창조하신 기존의 세상을 다시 개조시키고 정렬시키는 것이라고 한다. 그래서 그는 자신이 묘사한 복잡한 상상의 세계를 "하위-창조물"이라고 부르는데, 이 세계는 황홀경과 경이로 가득한 몽환경(faërie)의 두 번째 세계이기도 하다. 이 세계는 천진난만한 소녀들을 떠올리는 순진무구한 피조물로 가득한 월트 디즈니의 요정들의 세계와는 전혀 다르다. 퀘냐(Quenya)라는 요정의 언어로 "fairë"는 정령(spirit)을 뜻하는데 그 이유는 요정들이나 난쟁이들은 모든 피조물들의 살아 있는 정령을 구체화하기 때문이다.

요정에 관한 환상의 이야기의 정수는 이 이야기가 우리 인간의 마음 속 깊은 곳에 자리하고 있는 욕망, 즉 우리 자신의 세계와는 다르지만, 그러나 삶의 신비로움이 다 빠져버리고 시시해지고 공허해져 버린 것과는 전혀 다른 실제의 세계를 알고자 하는 욕망을 만족시켜 주기 때문이다. 우리가 사는 세상과는 또 다른 그러나 실감나는 이 세상으로 독자를 끌어들이기 위해서 작가는 이런 이야기에서 판타지의 도움을 받는다. 판타지 소설은 정령들이나 우리가 사는 실제 세상에는 존재하지 않는 존재들, 예를 들어, 요정들이랑, 호빗족, 마법사, 난쟁이, 반지악령, 오르트와 같은 가공의 피조물들을 등장시킨다. 이러한 피조물들은 그저 비실제적이거나 환상적인 존재라기보다는, 사랑과 죽음, 용기와 비겁함, 그리고 공포와 희망과 같이 우리의 보이는 세상에 영향을 주는, 영원한 세상의 보이지 않는 특성들을 구체화시키는 기능을 한다. 톨킨에 의하면 "요정들의 이야기는 다른 시공계로 향하는 문을 열어주며, 잠깐이나마 이곳을 통과해보면 우리는 우리 자신의 시공계의 밖에서 보는 계기가 된다"고 한다(MC, 129). 이런 계기로 판타지 소설 속에 등장하는 모든 피조물들은 우리의 자연적인 세상과 연속성 내지는 일관성을 갖는 동시에, 초월적인 세계의 신화적 특성도 동시에 갖게 된다. 따라서 성경에 담긴 여러 이야기들의 경우처럼 판타지에 대해서도 제기해 봄직한 질문은 "이런 것들이 정말 문자적으로 발생했는가?"가 아니라 "이런 사건들이 진리를 드러내고 있는가?"하는 것이다.

판타지는 우리 자신보다는 동물들과 식물들처럼 우리가 과거 한 때에는 서로 연합했었지만 타락으로 말미암아 서로 소원해진 "다른 생명체들과 교감을 나눌 수 있도록" 해 줄 때 비로소 진실이 된다(MC, 152). 판타지의 진정한 매력은 우리로 하여금 피조계를 우리 자신의 편견을 넘어서서 별개로 바라볼 수 있도록 해 주며, 들판의 말에게서 용의 모습을 발견하거나, 한 마리의 물고기로서 바다의 깊이를 경험하고, 한 마리의 새가 되어 창공의 높이를 경험하게 해 주기도 한다. 톨킨은 주장하기를 이러한 경험은 판타지가 가지고 있는 장점이지 결코 결함이 아니라고 한다. 그는 판타지를 가리켜서 때로는 가장 강력한 기능이 발휘되는 아주 드문 경우도 있지만 우선은 가장 순수한 형태의 예술이라고 한다(MC, 139). 판타지는 이성을 부인하고 무시하기보다는 오히려 이성의 가장 깊은 욕구를 만족시켜주며, 톨킨의 주장에 따르면, 심지어는 "진부함이나 익숙함에 내포된 시시한 오점"을 극복함으로써 "과학적 진실성"에 대한 인간의 심층적 욕구도 만족시켜준다고 한다(MC, 144). 그리고 오직 판타지를 통해서만이 우리는 진짜 원래 모습과 일상적인 것들 속에 내포된 기이함, 그리고 "돌과 나무들, 강철, 나무와 풀들, 집과 불, 빵과 포도주"에 내포된 놀랄 만한 이상함들을 분간할 수 있도록 해 준다(MC, 146-47).

판타지가 초월적 세계에 대한 일종의 중재적 기능을 감당한다는 이러한 설명은 기독교 안에서 중요한 위치를 차지하는 신비의 영역을 상기시킨다. 톨킨에 의하면 판타지 소설의 중심부에 자리하고 있는 것이 바로 신비이다. 판타지 이야기는 어찌 보면 행복한 결말로 끝나기 때문에 다른 문학 장르들보다 진리를 좀 더 심층적으로 다룰 수 있다. 그 이유는 진짜 판타지 소설들은 삶 속에 깃들어 있는 비극과 슬픔에 대하여 위로하면서 행복하게 결말을 맺는다. 그런데 이러한 결말이 현실도피주의적인 것은 결코 아니다. 이러한 행복한 결말은 거저 주어지지 않고, 항상 예상치 못했던 격렬한 사건이 터지고, 비극적인 재앙을 거치면서 결국은 놀랄 만한 구원의 사건으로 귀착되는 결과로 얻어진다. 톨킨은 인간 세상의 비극과 파멸의 끔찍한 실체를 부정하지 않는 의미로 행복한 불행이라는 뜻을 염두에 두면서, 구원으로 결말을 맺는 불행을 가리켜서 "선한 대파멸"(eucatastrophe)이라고 불렀다. 톨킨의 작품세계 안에서 종반부는 굉장히 슬프고 손에 땀을 쥐게 하는 내용으로 꾸며져 있는데, 그 이유는 주인공 프로도는 여정 중에 악과 싸우느라고 기력을 너무나도 많이 소진해버려서 종반부에서는 가까스로 쟁취한 승리의 열매를 정작 맛보지 못할 정도가 되어버렸기 때문이다. 그러나 사우론과의 마지막 대결에서 기적적으로 통쾌한 승리를 거두면서 궁극적인 진리로서의 기쁨, 즉 "이 세상 너머에서나 맛볼 수 있는 기쁨이자 슬픔처럼 통렬한 기쁨"의 가치를 보여준다(MC, 153).

톨킨은 자신이 사용한 "선한 대파멸"이라는 단어를 "복음"(에방겔리움, evangelium)과 서로 연결시켰다. 행복으로 끝나는 대파국은 결국 좋은 소식인 셈이다. C. S. 루이스와 마찬가지로 톨킨 역시 세상의 여러 신화와 요정에 관한 이야기들을 복음전도에 대한 준비이자 선두주자로 간주하였다. 그는 오직 삼위 하나님께서만이 완벽하게 들려주실 수 있는 구원의 이야기를 전하기 위하여 미리 준비하는 입장에서 오류가 있는 인간이 시도할 수 있는 것으로서 여러 신화와 판타지 이야기의 가치를 인정하였다. 톨킨의 결론에 따르면, 복음은

"가장 위대하고도 인간이 생각해 낼 수 있는 가장 완벽한 '선한 대파멸'을 담고 있기 때문에 최종의 궁극적인 판타지 이야기이다...... 지금까지 들려진 모든 이야기들 중에서 사람이 스스로의 힘으로 발견해 낸 것이 진리였음을 말하는 이야기는 하나도 없다...... 하나님의 이야기를 거부하는 것은 슬픔이나 혹은 진노의 원인이 된다"(MC, 156).

인간이 만든 이야기들은 하나님의 이야기가 전해지기 위한 준비 역할을 할 뿐이고, 복음은 인간이 스스로 발견하거나 고안한 것이 아니라는 입장에서 볼 때, 복음을 판타지 소설과 같은 맥락에서 비교할 수 없다. 복음은 인간의 시공간계 안에서 역사적으로 발생한 실제 사건을 담고 있다. 그리스도께서는 실제로 태어나셨으며, 실제로 사셨고 죽으셨으며 또 부활하셨다. 하나님의 이야기는 하나님 자신의 이야기이며, 여기에서 이야기를 들려주는 이야기꾼은 이 이야기의 주인공이기도 하다. 복음의 이야기는 다른 모든 이야기들을 삭제하기보다는 모든 이야기들이 만나게 되고 또 지향하는 궁극적인 이야기이다. 그래서 복음은 다른 모든 이야기들의 성취이자 완성이다. 기독교적인 이야기, 즉 복음을 구성하는 것으로서 톨킨이 주목하는 세 가지의 거대한 "선한 대파멸"의 요소는 다음과 같다. (1) 인간의 역사 속에서 전개되는 "선한 대파멸"로서의 성육신 사건과, 유아학살과 애굽으로의 도피를 통해서 드러나는 하나님께서 인간의 형태를 취하시고 비참한 지경에 처하신 사건 (2) 예수 자신의 생애 속에서의 십자가의 수난과 부활 사건, 그리고 세상의 구원을 위한 맹렬한 죽음과 정당한 부활 사건 (3) 아마겟돈의 공포가 끝나고 장차 임할 세상 안에서의 생명에 대한 영원한 기쁨을 가져다 줄 때 세속 역사와 기독교의 역사 양쪽의 대단원의 막으로서 일어날 예수의 재림 사건.

하나님의 이야기는 궁극적이고 참되다. 하나님은 천사들과 인류의 주님이시며, 요정들의 주님이시다. 이 이야기 안에서 전설과 역사는 서로 만나서 융합되었다.

그러나 하나님의 왕국에서 가장 위대한 자, 즉 예수 그리스도가 존재하지만 이 때문에 더 작은 존재들이 억눌림당하는 것은 아니다. 하나님의 구속자이나 그는 여전히 인간이기도 하다. 그래서 하나님의 이야기와 판타지는 여전히 함께 진행하며 또 그래야만 한다. 복음은 전설들을 결코 파기하지 않고 오히려 전설이 신성하게 쓰일 수 있는 자리를 마련해 주면서 특별히 행복한 결말의 근거를 제공해 준다. 그래서 기독교인은 마음뿐만 아니라 몸으로 고난을 당하고 희망을 꿈꾸며 죽음을 넘어가야만 한다. 그러나 분명한 점은 그 과정을 진행하는 그리스도인은 자신의 모든 인내와 자질에는 목적이 있다는 사실이다(MC, 156).

톨킨의 이러한 주장은 1938년에 천명된 것으로서 이후 16년이 지나서 『반지의 제왕』을 통해서 가장 탁월하게 표출되었다. 그는 나중에 자신의 책을 가리켜서 "근본적으로는 종교적인 작품"이라고 부르곤 하였다. 그의 주장에 따르면 이 책의 본질적인 갈등 구조는 하나님의 신성한 존귀에 대한 독보적인 권리를 담고 있다(L, 243). 제2차 세계 대전의 암울한 상황에서 때로는 과연 출판으로 빛을 볼 수 있을지에 대한 희망도 찾아보기 어려운 상황에서 완성되었지만, 기독교적 복음의 전체 내용은 심혈을 기울여 3부작으로 저술된 이 대서사적 판타지 소설 속에서 분명하게 드러난다. 그렇게 드러나는 사항들을 앞으로 살펴볼 것이지만 그렇다고 해서 노골적이고 지루한 설교조로 진행하지 않고 기독교적인 신앙과 관련된 핵심적인 주장들을 암시적으로 제시할 것이다. 또 『반지의 제왕』에 관한 학자적인 연구보다는 기독교 신학의 맥락에서 고찰하는데 집중할 것이며, 톨킨의 작품세계를 파악하는데 사용되는 준거틀로서 기독교적인 신앙의 핵심 교리들을 사용할 것이다.

　제1장에서는 톨킨의 작품 속에 반영된 그의 신관(神觀)을 추적할 것이다. 그래서 모든 만물이 생겨나던 태초뿐만 아니라 세상의 역사가 진행되는 과정에서도 섭리하는 주체로 계속해서 활동하는 만물의 아버지인 일루바타르의 활동 속에 나타나는 신적인 창조 행위를 톨킨은 어떻게 파악하고 있었는지를 살펴볼 것이다. 창조를 조망한 다음 제2장에서는 대참화에 집중하면서, 이야기의 주 무대인 가운데 땅이 만들어지기 이전이지만 타락의 결과가 결국 전 피조계 모두에게 영향을 미치기 전에 발생한 타락에 대하여 살펴볼 것이다.

　제2장에서의 우리의 관심사는 죄악의 신비를 파헤치는 것인데, 반역자 모르고스와 그의 부관인 사우론이, 일루바타르가 창조해 낸 유일한 족속인 요정들과 인간들을 어떻게 유혹하고 제압하는지에 대하여 살펴볼 것이다. 이 부분에서는 특히 절대 반지가 제공하는 세 가지의 치명적인 권력으로서의 투명능력, 무병장수능력, 그리고 의지력을 통제하는 능력을 살펴보면서, 이러한 능력들이 『반지의 제왕』에서뿐만 아니라 우리가 살고 있는 이 세상에서도 여전히 악마적인 유혹으로 어떻게 작용하고 있는지를 고찰할 것이다.

　제3장에서는 죄악보다 더 위대하고 심오한 신비, 즉 선과 구원의 신비에 대하여 살펴볼 것이다. 복음은 말 그대로 좋은 소식이기 때문에 우리는 이 부분에서는 비교적 상당한 분량을 할애하여 복음의 왕국에 관한 톨킨의 긍정적인 전망을 자세히 살펴볼 것이다. 그래서 죄악으로 말미암은 비극을 극복하는데 필요로 하는, 죄악에 대한 인간의 반작용에 관한 톨킨의 심층적인 관점을 파고 들어갈 것이다. 또 다양한 등장인물들이 네 가지의 핵심적인 덕목인 분별력과 정의, 용기, 그리고 인내를 성공적으로든 실패로든 고양시켜 가는 모습을 통해서, 도덕적이고 영적인 삶에 관하여 살펴볼 것이다.

제4장에서는 호빗족과 그의 친구들의 여정을 통해서 구체적으로 드러나는 세 가지의 신학적인 덕목, 즉 우정의 형태로 드러나는 믿음과, 이 세상 너머 어디에서 성취되리라는 갈망으로 드러나는 희망, 그리고 마지막으로 이 세상에 완전히 새로운 어떤 것을 가져다주는 용서로 드러나는 사랑을 통해서 가능하게 되는 신성한 개선책에 관하여 살펴볼 것이다.

제5장에서는 톨킨의 작품세계에 깔린 모든 역설들 중에서 가장 당혹스러운 것 중의 하나로서, 마법사들과 요정들이 우위를 점하게 된 제3시대의 종말을 왜 대재앙이 시작되는 전조로 보지 않으며, 그래서 다가오는 제4시대인 인류의 시대가 대단원의 종료로 이어지는 표지가 되는가 하는 점이다.

The Great Symphony of the Creation

제1장 창조의 우주적 교향곡
1. 생명의 기원과 종말
2. 운명과 죽음 그리고 심판의 편재성
3. 자연 질서에 내재한 본질적인 선
4. 육체적 아락이 가져다주는 기쁨
5. 천천히 자라는 모든 것들: 특히 나무에 대한 톨킨의 애착
6. 좋은 마법과 악한 주술
7. 연설이라는 최상의 선물
8. 일루바타르의 우주에서 명예를 회복하는 위계질서
9. 가운데 땅에 몰아닥친 도덕적 위기
10. 원정으로의 초대

The Great Symphony of the Creation
창조의 우주적 교향곡

1

톨킨의 작품세계 속에 묘사된 세계는 전적으로 신을 중심으로 하고 있다. 다시 말해서 이 세계는 필연적으로 하나님 중심적이다. 『실마릴리온』의 처음 17페이지에서 톨킨은 일루바타르가 피조계를 창조하고 이를 유지시키는 내용을 집중적으로 다루고 있다. 이 부분은 그의 작품세계에서 가장 독창적이고 탁월한 내용을 담고 있을 뿐만 아니라 이후의 스토리 전개의 근간을 이루는 것으로서 성경의 창세기에 비견할 만하다. 톨킨이 염두에 두고 있던 우주는 동떨어졌거나 이미 완성된 행위의 결과물이 아니라 지속적인 상호 협동의 과정 속에 들어 있다. 일루바타르는 천지창조를 향한 자신의 의지를, 소위 우리는 천사라고 부르지만 톨킨 자신은 발라와 마이아라고 부르는 중재자들을 통하여 성취한다. 어느 누구의 의지도 속박당하지 않는 우주는, 일루바타르의 또 다른 이름인 에루에 대한

반역의 가능성이 용인되는 곳이기도 하다. 그리고 참으로 슬프게도 에루에 거역하는 발라와 마이아들이 있다. 그러나 이들이 일루바타르의 세상 속으로 끌어들인 부조화는 일루바타르가 궁극적으로 가져올 우주적인 조화를 결코 억누르지 못한다. 성경의 하나님처럼 일루바타르는 강제력으로 악을 제거하기를 거부한다. 대신 그는 섭리라고 하는, 전혀 억압적이지 않은 방식으로 세상을 구원한다. 일루바타르의 섭리는 자연 질서의 법칙을 따라서 작동할 뿐만 아니라 신성한 목적과 의지가 지속적으로 개입함으로써도 이뤄진다. 톨킨은 이렇게 우주 안의 움직이는 섭리적인 질서를 가리켜서 "하나님께서 주관하시는 거대한 드라마"라고 묘사하였다(MR, 329).

톨킨이 바라본 우주는 위계질서를 갖추고 있어서 매우 체계적이며, 위로부터는 일루바타르로부터 시작하여 아래로는 움직이지 못하는 광물에 이르기까지 다양한 존재들로 엮어진 거대한 계보를 이루고 있는 삼라만상의 세계이다. 톨킨이 묘사하는 삼라만상의 세계인 아르다의 위계질서와 그 속에 속한 에아(태양계)는 움직이지 않고 고정된 상태가 아니다. 톨킨은 자신의 우주를, 삼라만상이 태초에 창조된 상태 그대로 남아 있는 정적인 세계로 그리지 않았다. 이와는 반대로 톨킨의 우주는 발전과 변화의 여지가 남아 있으며, 선택의 여지까지도 남아 있어서 도덕적인 삶을 영위하는 존재들에게 영향을 주는 비극과 엄청난 슬픔을 초래할 여지도 그대로 남아 있는 곳이다. 그러나 이 우주는 또 다른 한편으로는 자유로운 의지의 행위로 말미암은 성장과 변화라는 위대한 가능성도 깃들어 있는 곳이기도 하다. 변화를 초래하는 행위들을 계기로 그 행위의 주체들은 우주적인 위계질서의 사닥다리에서 위로나 아래로 이동하게 된다. 그래서 우리는 톨킨의 작품에서 낮은 단계에서 더 높고 나은 단계로 이동하는 마법사와 요정들, 호빗족, 인간을 만나기도 하고 반대로 높은 단계에서 낮고 더 나쁜 단계로 떨어지는 존재들을 대하게 된다. 톨킨의 세계에서 가장 강력한 존재랄 수 있는 발라는 끔찍한 파멸의 행위를 범하여 타락할 수 있는 반면에, 가장 평범하면서도 어찌 보면 가장 비천한 존재라고 할 수 있는 호빗은 비교할 수 없을 정도의 중요성과 가치 있는 일을 성취할 수도 있다. 그러나 이들도 임의라기보다는 일루바타르의 거대한 우주적 조화 안에서의 본질적인 동기와 주제에 부응하는 맥락에서 자신의 일을 감당할 뿐이다.

1. 생명의 기원과 종말

기독교적 세계관과 연결된 톨킨의 우주는 하나님을 삼위일체보다는 유일신의 관점에서 그리고 있다. 마치 구약성경에서는 유일신 사상이 지배적인 것처럼, 톨킨의 가운데 땅도 유일신의 입장을 취하고 있다. 그러나 구약성경의 창세기를 자세히 들여다보면 유일신 사상으로 비추어 볼 때 다음과 같은 다소 이상한 선언을 접하게 된다. "우리의 형상을 따라 우리의 모양대로 우리가 사람을 만들자!"(창 1:26). 여기에서의 인칭대명사는 마치 하나님께서 천상의 궁전에서 자신의 창조행위를 도울 조력자들과 대화를 나누는 모습을 암시한다. 기독교인들은 복수인칭대명사를 담고 있는 이 구절로부터 하나님은 결코 혼자가 아니라 항상 삼위의 공동체로 존재하심을 보여주는 표시로, 즉 삼위일체를 미리 예시하는 구절로 올바로 이해해 왔다.

톨킨도 이와 유사하게 하나님을 공동체적으로 활동하는 존재로 이해하고 있다. 톨킨의 세계에서 하나님에 대칭되는 일루바타르는 혼자서는 거의 드물고 일반적으로는 공동으로 창조한다. 그러나 기독교에서 성부 하나님과 함께 협력하는 성자 하나님이나 성령 하나님과는 달리, 일루바타르는 자신의 창조를 돕는 조력자로서 발라를 동원한다. 그러나 이 세계에서 다신교적인 색채를 띠게 하는 것은 아무 것도 없다. 발라는 신적인 존재가 아니라 자신의 영의 힘인 불멸의 불꽃으로 창조한 피조물이다. 우주에서 활동하는 다양한 영적인 존재들처럼 발라도 이집트나 그리스-로마, 또는 스칸디나비아의 신적인 존재들과 흡사한 방식으로 활동한다. 그러나 가운데 땅의 그 어느 곳에서도 이들이 경배의 대상으로 묘사되고 있지는 않다. 반면에 아르다와 에아라는 세상에 존재하는 유일한 신은 일루바타르로서 그의 영은 전체 우주 속에 깃들어 있다. 그래서 전체 우주 속에서 그의 창조성의 자취가 남아 있지 않은 것이 없다. 톨킨이 계속해서 언급하는 것처럼 우리 자신은 지음받은 존재이기 때문에 또 역시 무언가를 만드는 존재이기도 하다. 세 개의 거대한 전망 속에서 유일자 에루, 혹은 요정들의 이름으로 일루바타르는 발라에게 우주에 대한 자신의 청사진을 제시하였으며, 그들로 하여금 이를 구현하도록 지시하였다. 톨킨은 창조에서의 5단계를 다음과 같이 구체적으로 언급하고 있다.

(1) 아이누(발라)의 창조 (2) 에루가 자신의 우주적 계획을 아이누에게 알림 (3) 일종의 이야기이자, 생각과 상상의 단계로 남아 있는 위대한 음악의 등장 (4) 미래의 가능성에 대한 전조이자 아직 미완성으로 남아 있는 에루의 전망 (5) 성취를 향하여 계속 진행 중임(MC, 336).

발라에게 부여된 중요한 임무는 일루바타르가 직접 창조한 두 종족인 요정과 인간이 거할 땅을 마련하는 것이었다. 천사와 같은 열다섯의 발라에게는 각자의 이름이 있다. 그들은 전적으로 영적인 존재들이며 육체를 지니고 있지 않아서 불사의 존재들이다. 그러나 일루바타르가 창조한 종족들이 이들을 알아보고 사랑할 수 있도록-물론 삼라만상을 향한 일루바타르의 뜻을 거역한 반역자는 예외이지만-하기 위하여 형체와 아울러 남성과 여성으로 나뉘는 성을 가지고 있다.

톨킨이 묘사하는 세계로서 섭리적으로 움직여 가는 질서정연한 우주는 매우 다양하고 복잡하다. 그 우주의 통일성은 시시하게 획일적이지 않고 매우 흥미롭게 서로 다양한 존재와 세력들이 얽혀 있다. 여기에는 몇 개의 요정족들과 세 개의 서로 다른 종족으로 이뤄진 인류, 다양한 유형의 난쟁이족들, 그리고 특별하고도 고유한 이름을 가지고 있는 일단의 동물들과 식물들이 산재해 있다. 톨킨은 이들 모두에게 각각의 특별한 자질과 권력을 부여함으로써 피조계의 놀랄 만한 다양성과 신으로부터 부여받은 자질들을 극명하게 부각시키고 있다. 예를 들어서 발라 중에 만웨는 가장 고귀하면서도 강력한 존재이며 그의 동정심으로 잘 알려진 존재이다. 그의 아내 바르다는 별들을 만들며, 해와 달이 운행하는 진로를 정하고 아침과 저녁의 별 에아렌딜을 하늘에 걸어두었다. 가톨릭과 동방정교회의 신앙 전통에서 인정하는 동정녀 마리아처럼 바르다는 자신의 도움을 간청하러 오는 인간과 요정들의 탄원을 들어준다. 오늘날 세상의 여러 종교와 철학들은 빛을 진리와 연결시키는 반면에 톨킨은 빛을 만웨와 바르다의 자비와 연결시키고 있다는 점에서 그는 명백하게 기독교인이랄 수 있다. 이는 마치 모두에게 자비를 베푸는 구세주 예수가 세상의 빛이라고 불리는 것과 흡사하다.

또 다른 발라도 독자들의 상상력에 활기를 불어넣어주면서 이 세상에 가득한 축복을 알아볼 수 있도록 하는 특별한 매력을 지니고 있다. 아울레는 공예와 정교한 기계들을 만드는 기술의 대가이며, 그의 아내 야반나는 톨킨이 상상력으로 만들어낸 가장 멋진 등장인물인 숲의 거인족, 엔트를 만들어냈다. 또 울모는 모든 대양의 군주이며,

이르모는 꿈과 환상의 군주이고, 그의 아내 에스테는 발라가 거주하는 발리노르에 가장 아름다운 정원을 만들었다. 니엔나는 만웨의 누이로서 죽음을 애도하면서 흘리는 그녀의 눈물은 치유의 힘을 갖고 있다. 또 오로메는 위대한 사냥꾼이자 전사이며 그의 아내 바나는, 그녀가 가까이 있을 때 함께 기뻐하는 새들과 꽃들의 특별한 친구이다. 툴카스는 발라 중에 가장 힘이 센 존재로 용감하게 행동하기를 좋아하고 힘겨루기와 달리기에 특별한 재능을 가지고 있다. 툴카스의 아내 네사는 춤의 여왕으로서 유연하고 민첩한 발을 가졌으며 사슴들이 그녀를 섬겼다. 이런 인물들을 통해서 톨킨이 부각시키고 있는 것은 이러한 일견 평범한 재능들은 인간의 힘으로만 성취는 것이 아니라 하늘로부터 부여된 축복이라는 점이다.

2. 운명과 죽음 그리고 심판의 편재성

톨킨이 묘사한 세계는 역사상 실재한 것이 아니라 신화적인 세계임을 기억하는 것이 중요하다. 그러나 톨킨의 가운데 땅은 우리가 살고 있는 세계와 매우 밀접하게 연관된 역사와 비슷한 특성들을 담고 있다. 예를 들어서 톨킨은, 그것이 근대 서구에서 찾아볼 수 있든 아니면 고대의 그리스나 로마뿐만 아니라 독일이나 스칸디나비아 지역에 널리 퍼졌던 좀 더 고상한 형태이든 관계없이 이교도의 가치관을 특징짓는 숙명론을 매우 존중한다. 그래서 톨킨의 작품세계에서 만도스라고도 불리는 나모는 사자(死者)의 집으로 들어오는 모든 존재들을 심판한다. 또 나모의 아내 바이레는 시간 속에 거하는 모든 존재들의 역사를 보여주는 융단에 과거의 사건들을 짜 넣는다. 바이레의 이러한 모습은 그리스 신화에 등장하는 세 운명의 여신들 중의 하나인 클로토와 흡사하다. 클로토는 생명의 실을 잣는 반면에 래커시스는 그 길이를 재고 아트로포스는 이를 자른다. 그리스인들이나 노르웨이인들의 세계 어디에서든 인간의 운명은 심지어는 신들조차도 바꿀 수 없을 정도로 강하다.

그러나 기독교적인 배경을 가진 작가로서 톨킨은 섭리적인 특성을 부각시키기 위하여 인간의 숙명에 관한 이교적인 개념을 일부 수정하였다. 예를 들어 메리와 피핀은 그리슈나크라 불리는 오크의 손에 포로로 붙잡혔으나 로한의 기병들이 침입하여 그리슈나크를 죽임으로써 그 와중에서 탈출할 수 있었다. 여기에서 작가는 하나 이상의 어떤 권세가 작용하고 있음을 분명하게 부각시키고 있다. "화살 하나가 어둠 속에서 휘파람을 내며 날아왔다. 그 화살은 매우 능숙한 솜씨로 조준되기라도 한 듯, 아니면 어떤 운명의 인도를 받기라도 한 듯 정확하게 그의 오른손에 적중하였다." 그리고 로히림의 기수들이 탄 말은 어둠 속에서도 신비롭게도 두 호빗을 피하여 가볍게 넘어갔다. "시각이 특별히 예민했기 때문인지, 아니면 다른 어떤 감각을 느꼈기 때문인지 모르나 말은 뛰어 오르며 그들 위를 가볍게 넘어갔다. 말탄 기사 역시 공포에 질려 미동도 하지 않고 그저 요정의 망토를 뒤집어쓰고 누워있는 그들을 전혀 발견하지 못했다"(2.60).

최후의 심판(Doom)에 관한 이교적인 개념, 즉 세상의 결말은 필연적으로 마지막의 대파멸로 귀착된다는 개념이 『반지의 제왕』 전편에 걸쳐서 일종의 두려움을 안겨다주는 북소리처럼 울려 퍼지고 있다. 그러나 최후의 심판이라는 단어에도 톨킨은 운명(destiny)과 대재앙(calamity) 그리고 심판(judgment)의 세 가지 의미를 동시에 부여하고 있다. 그래서 운명에 대해서는 살아 있는 모든 생명체는 자기만의 독특한 도덕 원리를 지니고 있는 것으로 묘사되고 있으며, 대재앙은 만사가 불행하게 종결한다는 의미를, 그리고 마지막으로 심판은 일루바타르의 정의와 자비로운 평가로 결정되는 마지막 상태를 나타낸다. 톨킨에게 있어서의 이러한 최후의 심판의 양면성은 만도스와 만웨의 상호관계에서 더욱 분명해진다. 일루바타르를 위하여 일하는 만도스는 아주 엄한 운명의 심판관으로서 각자가 받아야 할 응분의 심판만을 내릴 뿐이다. 그런데 아주 엄한 만도스와 자비로운 만웨는 최종의 판결을 내리는 일루바타르와 계속해서 심판에 관하여 상의한다. 결국 톨킨의 전 기독교적인 세계 안에서는 심판과 자비가 서로 조화를 이루고 있는 셈이다.

그러나 심판과 자비의 조화는 이교적인 삶 속에서 쉽게 발견하기는 어렵다. 이교적인 삶에 내포된 음울한 모습은 7세기와 8세기에 활약한 앵글로색슨의 수도사 가경자(可敬者, the Venerable) 비드가 훌륭하게 묘사하였다. 비드는 이교도의 존재를 마치 연회장의 한 쪽 끝으로 날아 들어가서 다른 쪽으로 빠져나오는 참새에 비유한 속담 하나를 기록하여 두었다. 고대 북구인들에게 있어서 우주의 만물은 춥고 캄캄한 무(無)로부터 솟아 나와서, 생명이라고 부르는 온기와 빛의 세계 속으로 들어가 짧은 순간 머물렀다가, 다시 본래 왔던 암흑 속으로 되돌아가는 것으로 이해하였다. 고대 북구인들의 신화에 자주 등장하는 요괴들은 이러한 캄캄한 진공상태를 형상화한 것이다. 이런 요괴들은 인간뿐만 아니라 신들의 대적자로서 종국에는 모두 물리쳐질 것들이다. 그래서 마지막이 되면 혼돈과 무질서는 모두 사라질 것이다. 그래서 스칸디나비아와 게르만의 선조들은 숙명론자들(mortalists)이었으며, 이들은 라그나로크(Ragnarok, 고대 북유럽의 신화에 등장하는 신들 사이에 벌어지는 마지막 전쟁)가 천국과 지옥까지라도 포함하는 마지막 대파멸을 뜻하는 것으로 믿었다. 고대의 라그나로크가 오늘날의 테러분자들과 핵무기의 끔찍한 위협으로 대체된 점을 제외하고는 대다수의 현대인 역시 과거처럼 숙명론을 따른다. 우리 모두가 공감하는 공통적인 신념이 있다면 그것은 죽음에 대한 공포이다. 무신론적인 철학자 버트런드 러셀이 말한 것처럼 무덤 너머에는 아무것도 없기 때문에 우리는 죽음을 두려워한다. 한 번 죽으면 우리는 썩어 없어진다.

톨킨은 고대나 현대의 어떤 형태로든지 죽음에 관한 이러한 암울한 관점을 거부하였다. 톨킨에 따르면 "그리스도인은 그의 선조들처럼 악의로 가득 찬 세상 속에 과거와 마찬가지로 오늘도 여전히 갇혀 있다"는 것이다(MC, 22). 그리스도인이었던 톨킨은 영원한 생명으로 이어지는 사자(死者)의 몸의 부활에 대한 북유럽의 소망을 중요시하면서도, 독자들로 하여금 그 부활이 죽을 운명에 처한 인간의 생명으로 말미암은 자연스러운 결과로 오해하지 않도록 하려고 그의 전(前)기독교적인 작품 세계 속에는 이런 개념을 직접 담지 않았다. 크하잣둠의 다리 위에서 발로그와 절체절명의 전투를 치른 후 아래로 떨어진 간달프는 부활한(resurrected) 것이 아니라 새롭게 소생하였다(resuscitated). 죽임당하여 생명을 잃어버린 이후에 다시 생명을 얻은 것이다. 톨킨이 유념하고 있던 점은 비록 수많은 소생이 있어왔지만 오직 단 한 번의 마지막 부활사건이 아직 남아 있다는 것이다. 그래서 『반지의 제왕』 마지막 부분에서 간달프는 프로도처럼 회색항구에서 발리노르라 불리는 불사의 땅으로 항해를 떠난다. 그러나 이 현세적인 낙원 역시 만물이 종말을 맞이하는 날 함께 멸망할 것이다. 그런데 이러한 끔찍한 파멸을 계기로 혹은 이 파멸을 넘어서서 아르다(톨킨이 묘사하는 삼라만상의 세계)는 결국 회복될 것이다. 장차 있게 될 이러한 이상적인 삶을 톨킨은 『호빗』의 마지막 부분에서 소린이 빌보에게 작별인사를 하는 장면에서 암시하고 있다. "이제 나는 기다림의 광장으로 가서 내 조상들 옆에 앉아서 세상이 바뀔 때까지 기다릴 거라네"(H. 243).

죽음은 『반지의 제왕』 전편 속에 스며들어 있는 실체이다. 톨킨의 작품세계에서 죽음의 존재는 오늘날의 세계에서 비공식적인 신념으로 자리하고 있는 생명에 대한 숭배 사상에 쐐기를 박는 일종의 경고로 작용한다. 작품 속에서 계속적으로 "최후의 심판"에 대하여 되풀이함으로서 독자들로 하여금 인간은, 세상의 운명은 두말할 필요도 없고 자기의 생명에 대해서도 스스로 결정하는 심판관이 아니라는 점을 엄숙히 상기시켜준다. 톨킨은 또 마지막 날이 오기 전까지는 전쟁에 최후의 승리란 있을 수 없으며, 승리도 영원히 지켜질 것도 못되며 적어도 이 세상에서는 승리는 일련의 새로운 문제를 야기시킴을 결코 잊지 말라고 한다. 그래서 『반지의 제왕』 마지막 부분에서 주인공들이 거둔 악에 대한 승리는 간달프와 프로도, 빌보, 그리고 요정들이 모두 떠나면서 엄청난 슬픔과 함께 뒤섞이기 때문에 무덤덤한 독자라도 눈물 없이는 읽어낼 수 없다. 비록 슬픔이 나중의 기쁨을 배가시키는데 도움을 주지만, 이런 점 때문에 C. S. 루이스는 "심원한 울적함"이 톨킨의 작품세계 전편에 스며들어 있다고 올바로 지적하였다. 요정 할디르는 이러한 역설을 다음과 같이 애처롭게 읊어낸다. "세상은 참으로 위험으로 가득 차 있고, 그 속에는 어두운 곳도 많지요. 하지만 이 곳에는 아직 아름다운 곳도 많습니다. 그리고 비록 도처에서 사랑은 슬픔과 함께 뒤섞여 있지만, 사랑은 점점 더 강해지고 있습니다"(1.363).

이러한 통렬한 현실주의가 기독교와 거리가 먼 것으로 느껴지지 않도록 하기 위해서, 울적한 색조가 성경 곳곳에도 스며들어 있으며, 히브리의 지혜 역시 죽음에 대한 확고한 인식 위에 세워져 있음을 상기할 필요가 있다. 톨킨은 예루살렘 성경(the Jerusalem Bible)에서 특히, 악한 니느웨 사람들이 자신이 전한 예언에 귀를 기울이자 불평을 늘어놓은 선지자의 책인 요나서를 번역하는데 도움을 제공했던 사실은 그리 놀랄 일이 아니다. 죽을 운명에 처한 인간의 유한성에 대한 톨킨의 비통한 입장을 통해서 다시금 분명하게 울리고 있는 그 운율과 감정은 욥과 이사야의 격정 속에서도 쉽게 찾아볼 수 있다. "인생은 고난을 위하여 났나니 불티가 위로 날음 같으니라"(욥 5:7). "모든 육체는 풀이요 그 모든 아름다움은 들의 꽃 같으니 풀은 마르고 꽃은 시듦은 여호와의 기운이 그 위에 붊이라 이 백성은 실로 풀이로다"(사 40:6-7).

성경내용 중에 이 세상의 우울함에 대한 톨킨의 견해를 이해함에 있어서 더 적절해 보이는 것이 바로 전도서이다. 기억할 만한 여러 구절들 중에서 아마도 가장 잊혀지기 어려운 것은 다음의 구절이다. "해는 떴다가 지며 그 떴던 곳으로 빨리 돌아가고...... 해 아래는 새 것이 없나니"(전 1:5, 9). 그래서 전도자 역시 이렇게 선언한다. "모든 것이 헛되어 바람을 잡으려는 것이로다"(1:14). 이런 관점에서 볼 때, 죽음이라는 것은 "사람이 자기 영원한 집, 곧 무덤으로 돌아가는 것"을 의미할 뿐이다(12:5). "너는 청년의 때 곧 곤고한 날이 이르기 전, 나는 아무 낙이 없다고 할 해가 가깝기 전에 너의 창조자를 기억하라...... 은줄이 풀리고 금그릇이 깨어지기 전에 그리하라"(12:1, 6). 곤도르 왕국의 위대한 전사인 파라미르도 프로도와 샘에게 샤이어에서의 그들의 삶이 얼마나 낭만적이었든 간에 그것은 모두 지상에서의 한 때 아름다움과 선에 불과할 뿐 결코 지속되지 못함을 상기시키면서 히브리적인 지혜를 다시금 되풀이한다. 파라미르는 샤이어에서의 삶을 평가하면서 이렇게 말한다. "태양 아래 이 세상의 모든 것들이 그러하듯이, 사람들은 쉬 피로해질 수밖에 없습니다"(2.290).

요정들은 불멸의 존재이기 때문에 쾌활하고 계속해서 즐거워하는 피조물일 것으로 추측할 만하다. 그러나 사실은 그렇지 않다. 그들의 암울한 운명은 발리노르에서 살아야 하는 일루바타르의 뜻을 일부가 거역함으로 말미암은 것이다. 그 결과 이들의 몸은 시간이 지나면서 점차 쇠약해지기 때문에 거무스름한 피조물이기도 하다. 장수덕분에 이들은 태초로부터 중간기를 거쳐 파국의 위기에 직면한 가운데 땅에 이르기까지의 역사의 전체 진행 과정을 잘 알게 되었다. 타락한 피조계에 대한 그러한 광범위한 지식은 요정 레골라스에게는 깊은 슬픔으로 다가왔다. "아! 슬프도다 우리 신세여. 그리고 이 시대에 대지 위를 걸어다니는 모든 이들의 슬픔이라고 해야 할 거요. 흐르는 강물 위로 배를 타고 갈 때 보이는 풍경처럼 나타났다가 사라지는 것. 이것이 인생이지...... 흘러가는 계절이란 길고 긴 강물 위에서 끊임없이 반복되는 파도에 불과하오. 하지만 태양 아래 존재하는 모든 것은 언젠가는 끝이 있게 마련이오"(1.395, 405).

톨킨의 작품세계에서 약간의 주목할 만한 변화가 『실마릴리온』과 『반지의 제왕』 사이에서 일어난다. 『실마릴리온』에서 톨킨은 스칸디나비아 신화의 세계에 많은 부분에서 의존하고 있어서 그의 전망은 상당부분 암울한 입장을 취했다. 그러나 자신이 수년 동안 창작했던 거대한 신화 세계에 호빗들을 끌어들이면서부터 톨킨의 전망은 상당부분 더 밝은 입장을 취하게 된다. 이러한 변화는 아마도 호빗의 쾌활한 성격 때문이거나 아니면 그 역시 고대와 앵글로색슨족들의 세계를 사랑하더라도 자신이 여전히 그리스도인임을 발견했기 때문일 것이다. 어떤 경우든 호빗이 등장하는 톨킨의 판타지에는 부인할 수 없는 희망이 가득 차 있다. 이러한 비범한 쾌활함은 나무수염 엔트(Treebeard the Ent)가 예전에 오크들이 나무를 베어 넘어뜨렸던 것을 증언하면서, 이 땅에 존재하는 것들의 근본적인 무상함에 관하여 회상하는 부분에서 선명하게 드러난다. 특히 전쟁에 지더라도 "우리는 죽기 전에 다른 종족들을 도와줄 수도 있다"는 것을 깨닫고 위안을 얻는다. 나무수염은 본질적으로 톨킨의 견해를 반영하는 태도, 즉 억제할 수 없는 압도적인 기쁨에도 불구하고 이 세상의 현 상태에 관하여 근본적으로 우울한 입장을 지니고 있었다. "피핀은 그의 눈에서 슬픈 표정, 불행한 것은 아니지만 분명 슬픈 표정을 읽을 수 있었다"(2. 90).

톨킨의 작품세계에서 호빗족과 또 다른 자유민들은, 서쪽이 해가 지는 쪽이고 그래서 이 세상에 슬픔을 가져다주는 죽음의 장소임에도 불구하고, 도움을 구할 때는 항상 서쪽을 바라본다. 이와는 반대로 거의 모든 악의 위협은 동쪽으로부터 몰려온다. 이와는 대조적으로 전통적인 기독교의 상징체계에서 해가 떠오르는 동쪽 지평선은 희망의 장소를 뜻한다. 그래서 기독교인들은 서방의 저물어 가는 햇빛을 향하지 않고 반대로 동쪽을 향하여 묻혔던 것이다. 한편 일부 독자들은 톨킨이 이렇게 서쪽을 고양시켜서 표현하는 것을 놓고서 소련이나 중국, 또 심지어는 독일까지를 포함하여 동방의 여러 전체주의의 사악한 권세들에 대항하는 서구의 기독교 문명을 극찬하는 맹목적 애국주의의 표시로 해석하기도 한다. 그러나 이러한 오해는 고대의 언어들과 인종들을 연구하는 학생으로서 톨킨은 그리스-로마 문명의 몰락 이후에도 기독교는 계속 보전되었다는 사실과 그래서 기독교는 서구 문명과 결코 같을 수 없다는 사실을 잘 알고 있었던 점을 간과함으로 말미암은 것이다. 비록 톨킨 당시 서구세계가 무너지지 않고 있었지만, 기독교의 복음은 서구의 문명에 대한 종교적 표현에 불과한 것이 아니라 이에 대한 비평가 내지는 변혁자로 여전히 자리매김 되고 있었다.

동과 서에 대한 톨킨의 상징이 다소 이상스러워 보이는 것에 대한 해답은 톨킨의 조국인 영국이 가장 고결한 덕목과 전통을 구현하고 있는 나라로서 자신의 나라에게 경의를 표하는 대서사시를 쓰고 싶어했던 강한 열망 속에서 찾아볼 수 있다. 당시 영국은 고대의 기독교 국가들 중에서 북서부의 변방에 위치하고 있었으며, 당대의 거의 대부분의 이교적인 전체주의들은 모두가 동쪽으로부터 발원하여 흘러 들어오기 때문에, 톨킨은 지리와 방위에 관한 전통적인 상징체계를 바꿔야만 했었을 것으로 추정하는 것이 타당하다.

비웃지 마세요! 하지만 예전에(내가 아주 의기소침해 있을 때) 나는 내 조국 영국에 헌정할 전설, 광대하고 우주적인 것에서부터 로맨틱한 요정 이야기까지를 아우르는 전설의 기틀을 세워보려는 생각을 했었습니다. 그리고 그 기반이 탄탄하여 화려한 영광을 보여주는 그러한 이야기를 지어서 나의 조국 영국에 바치고 싶었습니다. 그 이야기는 내가 원하는 색조와 특성을 가지고 있어야 합니다. 어느 정도는 냉정하고 명확하면서 그리고 우리의 분위기(이탈리아도, 에게 해 부근도, 당연히 아시아도 아닌 영국과 유럽 이쪽, 북서부 지방의 그 부근의 기후와 토양)를 맛볼 수 있어야 하겠지요. 그리고 일부나마(고대의 순수한 켈트족에게서 아주 드물게 발견되는) 켈트적이라고 부를 수 있는 그러나 확실히 설명하기 어려운 아름다움을 지녀야 하고요(내가 그것을 성취할 수 있다면 말입니다). 그 이야기는 또한 조악한 것들을 배제한 높은 수준을 갖추어야 하고 이 나라에서 오랫동안 시정(詩情)에 흠뻑 젖어온 어른들의 정서에도 부합해야 합니다. 나는 이미 가득 차 있는 위대한 이야기들의 일부를 끌어낼 뿐입니다. 다른 많은 부분들 역시 그저 적당한 위치에 배치하고 밑그림 상태로 남겨둘 겁니다. 전설은 전체적으로 웅장한 완전체로 서로 연결되어야 하지만, 그림과 음악과 드라마를 동원하면서 또 다른 사람들이 함께 수고할 여지도 남겨두어야 합니다. 불합리해 보이지요?(L, 44-45)

3. 자연 질서에 내재한 본질적인 선

삶 속에 죽음의 그림자가 드리워 있다고 해서 삶이 불운해지지는 않는다. 이와는 반대로 삶 속에 편재하는 죽음은 비록 그 자체가 지고의 선은 아닐지라도 삶을 무한히 고귀한 것으로 만들어준다. 여호와 하나님이 피조계를 바라보고서는 "보기에 매우 좋다"고 선언한 것과 마찬가지로(창 1:31), 톨킨도 피조계를 저주가 아니라 축복의 눈으로 바라보았다. 한편 톨킨의 작품에 나타난 세계는 고대의 여러 종교들에서처럼 선한 신들과 악한 신들 사이의 투쟁의 산물이 아니다. 가운데 땅에서의 삶은 거대한 우주적인 전쟁에서 유한한 피조물들이 한낱 병졸에 지나지 않은 역할을 맡아서 그저 선한 세력과 악한 세력 사이에 벌어지는 대결이 아니다. 그리스도인으로서 톨킨은 그러한 이원론을 배격하였다. 이와는 반대로 톨킨의 작품세계에서는, 비록 사악한 세력들이 종종 자신의 세계에서 가공할 만한 힘을 행사할지라도 모든 만물은 궁극적으로 일루바타르로부터 유래하였으며, 다시 그에게로 돌아간다. 요정들과 난쟁이, 인간, 그리고 호빗족들은 신들의 장난감이 아니라 놀랍게도 자유로운 피조물들이다. 톨킨이 묘사한 우주는 거대한 단일의 체계로서 이 우주의 영속적인 형태와 축복받은 결과는 모두가 일루바타르가 맨 처음에 결정했던 것들이다.

반지 원정대 일행이 요정의 여왕 갈라드리엘에 의해서 만들어진 로스로리엔 지역으로 들어왔을 때, 프로도는 피조계가 처음 창조될 당시의 손상되지 않은 지고의 선(善)이 어떠했을지를 어렴풋이 맛보게 된다. 로스로리엔 땅은 요정들처럼 시간이 흘러가지 않는 곳이다. 비록 갈라드리엘은 일루바타르의 뜻에 거역하는 그의 조상들의 입장에 동참하였지만, 로리엔 땅을 악한 세력으로부터 지켜냈다. 로리엔에는 샘으로 하여금 마치 자신이 "노래 속으로" 들어온 느낌이 들게 만드는 불멸의 기운이 스며 있었다(1.365). 로리엔을 처음 본 프로도도 경외감에 사로잡혀 그대로 서 있을 수밖에 없었다. 프로도는 마치 주위의 모든 것들의 고유한 특성과 색깔과 소리를 구분하면서 모든 살아 있는 것들에게 이름을 지어줄 준비를 하고서는 방금 만들어진 세계를 바라보는 첫 번째 사람 아담과 같은 느낌이었다.

그는 마치 사라진 세계가 훤히 들여다보이는 높은 창문 안으로 들어선 느낌이었다. 그곳에는 자신의 말로는 전혀 이름을 붙일 수 없는 어떤 빛이 비취고 있었다. 그의 눈에 들어오는 것들 중에는 추한 것이라고는 하나도 없었으며, 모든 형상들은 이제 방금 빚어진 것처럼 윤곽이 뚜렷하면서도, 다른 한편으로는 오랜 세월의 풍상을 겪어 온 것처럼 고풍스러웠다. 그가 본 빛깔은 모두가 이미 알고 있는 것들이었다. 흰빛, 푸른빛, 초록빛, 금빛. 하지만 그것들은 마치 그가 처음 발견하여 새롭고 놀라운 이름을 붙여 준 빛깔처럼 신선하고 매혹적이었다. 겨울이지만 이곳에서는 누구도 봄이나 여름을 그리워할 필요가 없었다. 땅에서 자라고 있는 어느 것에서도 더러움이나 질병이나 기형적인 것이라곤 찾아볼 수 없었다. 로리엔 땅에는 흠이라고는 전혀 없었다(1.365).

일루바타르가 완전무결하게 창조한 세상은 자유민들의 도덕적인 삶을 부패시킬 뿐만 아니라 자연계까지도 황폐시킨 악에 의하여 손상되었다. 죽음늪(the Dead Marshes)은, 사우론과 그의 앞잡이들에게 패배한 망자들의 시체들이 수면 아래에서 살아 있는 영으로 머물러 있는 무시무시한 늪지이다. 한 때 살아 있는 것들로 가득했던 이 곳은 가까이할 수 없는 황무지로 변해버렸다. 이 늪지 너머에는 사우론의 무시무시한 왕국, 모르도르가 위치해 있는데, 이곳은 악취와 연기, 그리고 죽음으로 가득한 거대한 황무지이다.

이곳에는 아무것도 살지 않으며, 심지어는 썩은 것을 먹어치우는 더러운 생물들도 살지 않는다. 마치 산맥이 주변의 대지에 내장의 오물을 토해 놓은 것처럼, 웅덩이들은 희뿌옇게 색이 바랜 재와 꾸무럭거리는 진창들로 숨이 막힐 듯이 채워져 있었다. 으깨져 가루가 된 바위의 높은 둔덕들과 불에 타고 독에 오염된 거대한 원추형 대지가 불결한 묘지처럼 끝없이 줄지어 서 있는 광경이 희뿌연 빛 속에서 서서히 드러났다...... 해가 떠올라 구름과 긴 깃발 모양의 연기 사이에서 움직이기 시작했다. 그러나 햇빛조차도 더러워져 있었다(2.239).

항상 그러하듯이 톨킨은 그러한 황무지를 묘사할 때 우리가 살고 있는 세계를 염두에 두었다. 그는 오늘날의 근대화된 도시 속에서 살아가는 인간의 황폐해진 삶을 슬퍼하였다. 지저분한 공장들과 빈민가들로 꽉 들어찬 밀집지구가 품어내고 있는 황폐한 분위기뿐만 아니라 기운을 빼앗고 상상력을 죽이는 반복적인 과업들에 대하여 한탄하였다. 또 그는 자동차 교통이 발달하면서 점점 황폐해진 영국 근교의 모습들에 대해서도 비탄해 하였으며, 가운데 땅이라는 환상적인 세계를 만든 것을 이유로 그를 가리켜서 현실도피주의자라고 부르는 사람들에 대해서도 다음과 같이 발끈 조소하였다. "자동차가 더 생생하다는 생각은 이를테면 켄타우로스나 용은 참 별나다는 것이다. 하지만 자동차가 더 실제적이라면 말은 참으로 불합리하다는 것인가? 이렇게 보자면 나무거인과 비교할 때 눈에 보이는 공장의 굴뚝은 얼마나 사실적이고 얼마나 생생하겠는가? 그런 것은 형편없이 케케묵은 생각이고 오히려 현실도피주의자의 공허한 꿈에 불과하다!"(MC, 149)

그러나 자연을 사랑한 톨킨은 자연에 대한 막연한 감상주의자는 결코 아니다. 마지막 작품들 중의 하나인 『우튼 메이저의 스미스』에서 톨킨은 주장하기를, 자연 세계의 평범한 것들을 환상적이면서도 사실적으로 변화시키는 상상의 세계인 요정의 나라는, "위험을 감수하지 않고서는 결코 접근할 수 없는" 놀라운 것들로 가득 차 있다고 하였다. 그는 또 덧붙이기를 자연 세계에 깃들어 있는 많은 위협들은 "죽음을 앞둔 유한한 존재가 사용하기에는 너무나도 강력한 무기를 사용하지 않고서는 결코 정복될 수 없다"고도 하였다. 이 책에서 스미스가 바람의 군주와 대결하게 되는 장면은, 선한 피조물이면서도 인간에게는 여전히 유해한 위험들에 대한 적절한 사례를 보여준다. 욥처럼 톨킨도 지진과 토네이도, 폭풍, 그리고 질병의 가공할 만한 힘을 직시하고 있었다. 이러한 위험한 요소들은 마치 "자연에게 인간은 바다의 굴 이상으로 중요한 것은 아니다"고 했던 데이빗 흄의 주장을 다시 한 번 확인시키는 것 같다. 테니슨에게서처럼 톨킨에게서도 자연은 인간에게 참으로 버거운 대상이며, 스미스를 통해서 이 점을 부각시켰다.

한 번 산들바람이 사나운 폭풍으로 돌변하자 마치 거대한 야수처럼 으르렁거리면서 스미스를 강타하여 해변가로 내동댕이쳤다. 비탈길로 내몰린 그는 마치 죽은 낙엽처럼 맴돌면서 떨어졌다. 스미스는 자작나무 가지에 팔을 걸친 채로 매달렸고, 폭풍은 그를 날려 보내려고 더욱 흉악하게 불어댔다. 그러나 자작나무는 바람에 밀려 땅 아래로 휘어지면서 그 가지들이 스미스를 감싸버렸다. 드디어 폭풍이 다 지나가자 그는 일어서서 자작나무가 벗겨진 모습을 바라보았다. 모든 잎사귀가 다 떨어져버려서 그 나무는 울고 있었다. 눈물이 마치 빗방울처럼 헐거벗은 가지로부터 떨어졌다. 안쓰러운 마음에 스미스는 자기 손을 나무의 하얀 껍질 위에 올려놓고서는 말했다. "자작나무에게 복이 있으라! 상처를 고치기 위해서나 또는 감사의 뜻으로 내가 할 수 있는 것은 무엇일까요?" 스미스는 나무에 올려놓은 손으로부터 자작나무의 답변이 전해져오는 것을 느낄 수 있었다. "아무것도 없다오." 계속해서 답변이 이어졌다. "어서 가시오. 바람의 군주가 당신을 찾고 있소. 당신은 여기에 속한 자가 아니오. 어서 가고 다시는 돌아오지 마시오!' (SWM, 32)

인간의 삶을 위협하는 자연의 위력에 대한 이러한 가공할 만한 묘사를 보여주면서 톨킨은 시편 148편 7-8절의 내용을 생각했었을 것이다. "너희 용들과 바다여 땅에서 여호와를 찬양하라 불과 우박과 눈과 안개와 그 말씀을 좇는 광풍이여!"(시 148:7-8) 카라드라스 산의 맹렬한 눈보라는 인간을 위협하는 자연의 무시무시한 위력을 보여주는 또 다른 사례이다. 아라곤은 이렇게 말한다. "이 세상에는 비록 사우론과 동맹을 맺지는 않았지만, 두 발 달린 생물만 보면 무조건 적대감을 드러내는 못된 것들이 많소. 물론 그들 나름대로 목적이 있어서 그러겠지요. 그들 중 일부는 사우론보다 오래 전에 이 땅에 나타났었소"(1.302).

4. 육체적 안락이 가져다주는 기쁨

자연계에서 약탈당하고 파괴된 곳은 모르도르뿐만이 아니었다. 반지 원정대가 오랜 모험을 끝내고 드디어 샤이어 땅으로 돌아왔을 때 그들은 추악하고 악취를 풍기는 공장이 마을 가운데 세워져 있는 것을 발견하게 된다. 그리고 예전에 서로가 하나였던 친밀한 공동체는 어디론가 사라져버리고 대신에 비정한 계급사회가 대신 들어섰다. 최소한의 기쁨의 표시도 찾아볼 수 없고 다만 효과와 생산성에 대한 새로운 집착만이 그곳에 사는 호빗족 사람들의 마음을 사로잡고 있었다. 톨킨은 결코 근엄한 사람이 아니다. 금욕적이지 않은 가톨릭교도의 한 사람으로서 톨킨은 힐레어 벨록과 G. K. 체스터턴의 입장에 서서 맥주와 부르고뉴 포도주뿐만 아니라 유한한 인생의 짐을 덜어주고 미각을 돋구어주는 여러 다른 좋은 것들을 옹호하였다. 톨킨의 작품에서 호빗족들이 맥주와 연초의 애호가들로 묘사되는 것은 방종이 아니라 인생의 기쁨을 누리고 있음을 뜻한다. 그래서 이들은 "포도주는 사람의 마음을 기쁘게 한다"는 시편 기자의 선언에 전적으로 동의하고 있는 셈이다(시 104:15). 톨킨의 작품에서 맥주와 담배는 호빗족들로 하여금 고독을 탐닉하도록 하기보다는 친구들과 나누는 즐거움을 증진시켜주면서 이들의 사회적인 유대관계를 부각시켜준다. 일루바타르가 창조한 선한 피조계에서 이러한 건전한 소산물을 나누면서 누리는 이들의 기쁨 덕분에 이들은 체스터턴이 표현했던 것처럼 "세상의 깃발"을 높이 치켜세울 수 있었다.

"달리는 조랑말 여관"에서 프로도가 떠올린 술의 노래는 갈색 맥주에 대한 유쾌한 찬사랄 수 있다. 그러나 "헤이 디들, 디들, 고양이와 피들"(Hey, diddle, diddle, the cat and the fiddle)이라는, 어린이들이나 주절거림직한 무의미한 구절들도 따져보면 예전의 즐거운 일에서 생겨났을 법하다. 호빗족들이 부르고 암송하는 시와 노래들은 우리의 사랑을 더욱 심화시키며 평범한 것들 속에서 발견되는 기쁨을 더욱 풍부하게 해 준다. 이 노래들은 또한 신선한 공기와 밝은 빛, 편안한 잠과 따뜻한 목욕처럼 일견(一見) 사소해 보이는 것들 속에 깃들어 있는 경이로움에 대한 우리의 감각도 더욱 명료하게 해 준다.

> 헤이. 노래 부르세! 하루를 마무리하는 목욕!
> 피곤한 땀을 씻어내야지.
> 노래하지 않는 자는 멍청이.
> 오! 뜨거운 물은 정말로 귀한 것.
> ......
> 연기처럼 김이 오르는 뜨거운 물!
> ......
> 등줄기로 흘러내리는 뜨거운 물!

......
오! 하늘 밑 하얀 샘물에
튀어 오르는 물방울도 아름답지만
어떤 샘물 소리보다 달콤한 것은
두 발로 뜨거운 물을 첨벙거리는 소리!(1.111)

호빗들은 하루에 여섯 번 식사를 즐기는, 대단한 식도락가들이다. 오늘날 우리가 날씬한 것에 대하여 거의 광적으로 집착한 모습은 그들에게서는 전혀 찾아볼 수 없다. 미국에서는 어느 누구도 지나치게 비대하거나 또는 반대로 지나치게 가냘플 수 없는 나라라는 점을 한탄했던 소설가 톰 울프의 입장에 아마도 톨킨 역시 동조했었을 것이다. 브리의 여관에 차려진 만찬은 까다로운 대식가를 만족시키려는 것이 아니라 가정적이고 검소한 요리에 깃들인 즐거움에 대한 찬사를 표현한 것이다. "뜨거운 스프와 차가운 고기, 검은 딸기파이, 갓 구워낸 빵, 버터 조각, 그리고 반쯤 숙성한 치즈 등으로 꽤 풍성한 식탁이었다. 샤이어에서도 이 정도 차림이면 성찬이었다"(1.166). 반지 원정대에게 있어서 음식은 단순히 육체의 원기를 북돋아주는 것 이상이었다. 이들이 함께 나누는 식사는 그들의 정신까지도 새롭게 해주었다. 식사를 함께 즐길 때보다 그들의 운명 공동체적인 존재를 더 실감나게 느끼는 적은 없었다. 호빗들의 삶에 담긴 이러한 풍요로운 특성은 렘바스(lembas)라고 불리는 요정들의 빵에서도 잘 드러난다. 이것은 가볍고 공기와 같은, 거의 비물질적인 것이나 다름없는 것으로 불가사의하게도 마음에 의지를 불어 넣어주며 기운을 잃은 자들에게 활력과 소망을 가져다준다.

호빗들의 체형은 위대한 것이 작고 사소한 것에서부터 발견될 수 있다는 역설을 잘 보여준다. 톨킨은 우리가 큰 것에 대하여 집착하는 것에 이의를 제기하려고 그들을 왜소한 종족으로 묘사하였다. 호빗족에게 있어서 더 크다는 것이 더 좋다는 것을 의미하지는 않으며, 작은 것이 정말로 아름답다. 그들은 고층 빌딩이나 심지어는 여러 층으로 이뤄진 집에서 살지 않고, 비옥한 흙을 품고 있는 낮은 굴과 같은 집에서 산다. 커다란 발 덕분에 이들은 재빠르게 움직일 수 있으며 그들이 거주하는 땅에서 터벅터벅 걷기에 적합했다. 또 발로 직접 뛰면서 여행하는 덕분에 호빗들은 이 세상에 가득 찬 훌륭한(때로는 경이롭기까지 한) 구체적인 특성들을 직접 감상할 수 있었는데, 이런 것은 더 빠른 여행으로는 결코 얻을 수 없는 것들이었다.

  톨킨은 빠른 교통에 대한 현대인들의 과도한 집착에 대하여 비통해하였다. 그는 주장하기를 빠른 교통이라는 것은 우리가 급히 지나쳐버리는 것들 속에 깃들어 있는 영광을 보지 못하게 만들면서 결국 공간 자체를 짓밟는다고 한다. 현대의 기술문명에 대해서 비판적이었던 그는 또 제트기 여행 역시 헨리 소로(Henry Thoreau, 미국의 사상가이자 저술가, 1817-62)가 "개선되지 않은 종말로 가는 개량된 수단"이라고 불렀던 것에 대한 또 다른 사례에 불과하다고 보았다. 우리는 뉴욕이나 애틀랜타를 출발해서는 몇 시간 후에 곧 카이로나 델리에 도착한다. 서로 다른 거대한 대륙에 위치하여 멀리 떨어진 도시들이 마치 추상적이고 형태가 없이 단지 지도상의 점에 불과한 것처럼 그렇게 한다. 톨킨은 자신의 한 해 소득에 대한 세금이 초음속 제트 여행에 대한 지원으로 쓰이는 것을 거부하면서 제트 여행을 다음과 같이 비판하였던 것은 결코 놀랄 일이 아니다. "콩코드 여행을 위해서는 한 푼도 쓸 수 없다."

  아름다운 천지 만물을 사랑하는 호빗족들은 결코 소비자들이 아니다. 이들은 마구 사들여서 소비시킬 수 있는 상품들 속에 행복이 들어 있다고 생각지 않았다. 이들은 또 무언가를 가졌다가 다시 그것들을 황폐화시키는 소비자들도 아니었다. 예를 들어서 호빗들이 사는 잔디 덮힌 집은 항구적으로 소유하게끔 튼튼하게 지어졌지, 투기 목적으로 사 두었다가 주인이 좀 더 나은 이기적 목적으로 다시 버릴 목적으로 지어진 것이 아니었다. 『호빗』과 『반지의 제왕』을 저술하던 1930년대에 이미 톨킨은 소비와 편리주의라는 물질문명이 서구사회를 잠식하였음을 간파하고, 이 속에 자리하고 있는 불행을 증언하는 입장에서, 호빗들이 살아가는 삶의 방식을 제시하였다.

호빗들이 인간의 손으로 만든 모든 물건들에 대하여 애착을 가지고 있음을 보여주는 또 다른 증거는 그들이 물건들을 버리려고 하지 않는다는 점에서 찾아볼 수 있다. 이들은 당장에 필요 없어 보이는 것들도 앞으로 쓸 일이 생길지 몰라서 보관해 두었다. 이렇게 모아진 것들을 가리켜서 마솜(mathom)이라고 부른다. 우리가 버렸을 쓰레기와는 달리, 이렇게 남겨진 것들은 호빗들에게 매우 소중한 것들이다. 마솜이라는 단어는 앵글로색슨족의 말로 보물을 의미한다. 그들은 자신의 소유에 대해서 너무나도 집착을 하지 않아서 포틀래치 축제(미국 북서부 인디언들이 부와 권력의 과시로 선물을 서로 나누어주는 축제)에서의 인디언들처럼 생일날에 선물을 받기보다는 오히려 나누어 주었다. 이렇게 선물을 나누어줌으로써 호빗들은 자신들이 가진 이 땅의 물건들을 우상시하지 않고도 존귀하게 여길 수 있었다. 비록 그들은 장차 임할 세상에서의 축복의 삶에 관하여 전혀 아는 바가 없었지만, 산상보훈을 통해서 드러나는 하나님의 나라에서 결코 멀리 있지 않았다. "너희를 위하여 보물을 땅에 쌓아 두지 말라 거기는 좀과 동록이 해하며 도적이 구멍을 뚫고 도적질하느니라"(마 6:19).

톨킨이 자신을 호빗으로 생각했었으며, 이들의 야망과 상상력은 비록 작을지 모르나 그 용기는 참으로 위대한 이 종족들을 자신과 동일시했었다는 사실은 그리 놀라운 일이 아니다. 그래서 호빗의 여러 특징들과 습관들은 자신의 것이기도 하였다.

"저는 키를 제외하고서는 사실 호빗입니다. 정원과 나무들, 그리고 기계화되지 않은 농장을 좋아합니다. 담배를 피우고 (얼리지 않은) 맛있고 담백한 음식을 좋아하지만 프랑스 요리는 딱 질색입니다. 흐린 날에도 화려한 조끼를 입고 싶어하지요. (들판에서 따온) 버섯을 좋아하고 (나에 대하여 호의적인 비평가들조차도 지루하다고 생각하는) 아주 단순한 유머감각을 가지고 있습니다. 밤에는 늦게 자러 가고 (가능하다면) 아침 늦게 일어나지요. 여행을 많이 다니지도 않습니다"(T. 176).

5. 천천히 자라는 모든 것들: 특히 나무에 대한 톨킨의 애착

톨킨의 작품세계에 등장하는 대부분의 자유로운 피조물들은 자신들의 장인 기술을 발휘하여 선한 피조계를 예우하고 있다. 특별한 기술을 습득하려면 마술을 부려서 즉각적으로 얻어지지 않고 평생의 훈련과 힘든 노동이 필요하다. 마법사 간달프의 지팡이는 무언가 초자연적인 선물처럼 보이기도 하지만 그의 화공은 주술보다는 기술과 노동에 더 가까운 것이다. 절대반지가 빌보의 손에 들어갔음을 눈치챈 다음에 간달프는 자신의 예감을 확증하기 위하여 수십 년을 보낸다. 이렇게 하면서 톨킨은, 간단한 지름길을 거부하고 대신에 결국은 탁월함으로 인도하는 힘들고 느린 길을 녹자늘에게 추천하면서, 인내의 중요성을 강조하였다. 잘 해내야 할 만한 모든 것은 천천히 해내야 할 가치가 있는 것이다.

숲을 지키는 일을 하는 나무 거인 엔트에게서 우리는 느림의 미학을 사랑한 톨킨의 마음을 엿볼 수 있다. 엔트들이 보기에는 호빗들조차도 너무나 성급한 족속이다. 엔트들은 마치 나무가 자라는 것처럼 거의 느낄 수 없을 정도로 느리게 움직이는 자연 그 자체만큼이나 답답할 정도의 신중함을 가지고 있었다. 그래서 이들에 대한 피핀의 첫인상은 이러하다.

"그 눈 안쪽에는 오랜 세월의 기억과 오랫동안 꾸준히 쌓은 사색으로 가득 찬 거대한 샘이 자리하고 있는 것 같았다. 그러나 눈동자는 거대한 나무의 바깥쪽 잎새에 부딪히는 햇살처럼, 또는 아주 깊은 호수의 잔물결처럼 현재의 빛을 내뿜고 있었다. 잘은 모르지만 그것은 마치 지상에서 자라는 어떤 것, 잠들어 있다고도 할 수 있고 또는 자신을 뿌리와 나뭇잎 사이나 깊은 대지와 하늘 사이에 존재하는 그 어떤 것으로도 느껴지는 그것이 갑자기 깨어나서는, 무한한 세월에 걸쳐 자기 내면의 일에 쏟아온 바로 그 느긋한 관심의 눈길로 지금 우리를 살펴보는 것 같았다"(2.66-67).

톨킨은 자연 세계에 대하여 명백히 종교적인 경외심을 가지고 있었다. 그는 자기 집의 정원에서 자라는 모든 꽃과 야채들에 즐겨 이름을 지어주었고 심지어는 잔디까지도 그렇게 다뤘다. 그는 또한 그것이 『호빗』에 등장하는 심부름꾼 참새처럼 그리 중요하지 않든, 아니면 발로그와의 전투 이후 간달프를 태워다 주고 『반지의 제왕』 마지막 부분에서는 샘과 프로도를 구출하는 엄청난 독수리이든 하늘을 나는 새들도 애정을 가지고 존중했다. 그러나 톨킨이 애착을 가지고 있었던 것은 주로 나무였다. 그에게 있어서 숲을 무자비하게 파괴하는 것은 동물을 고문하고 살육하는 것이나 마찬가지였다. 그는 나무들을 대적자들로부터 보호하겠다고 반복적으로 다짐하곤 했었다. 톨킨은 환경보호운동이 사회적인 이슈가 되기 훨씬 전부터 자연에 대한 굽힐 줄 모르는 옹호자였던 것이다. 『반지의 제왕』에서 나무수염

이 "내가 나무를 보호하는 것처럼 그렇게 하는 사람은 아무도 없어"라고 고백하게 할 때, 그리고 그 엔트가 다시 "모든 숲이 사라질 날이 점점 가까워 오고 있다"고 경고할 때, 여기에서 톨킨은 어쩌면 당시 자기 자신이 느꼈던 심정을 토로했었을 것이다(2.75-76).

톨킨의 작품세계에서는 악의 권세가 자유민들을 경멸하는 것 이상으로 자연 세계를 멸시하는 것은 그리 이상한 일이 아니다. 멜코르에 의하여 타락하게 된 최초의 피조물인 웅골리안트는 빛과는 원수지간이다. 끔찍한 거미의 모습을 한 그녀는 멜코르와 함께 발리노르의 두 나무를 독살하여 집어 삼켜버렸다.

> 웅골리안트가 나무의 밑동을 들어 올리자, 멜코르가 흙무덤에서 튀어 올랐다. 검은 창을 든 멜코르는 나무의 중심부에 일격을 가하면서 깊은 상처를 내자 나무의 수액이 마치 비처럼 품어져 나와서 땅 위에 흩뿌려졌다. 그러나 웅골리안트는 이 나무에서 저 나무로 계속 옮겨 다니면서 검은 부리를 상처 난 자국 속에 집어넣고서는 완전히 고갈될 때까지 수액을 빨아올렸다. 그러자 그녀의 몸속에 있던 죽음의 독이 나무속으로 흘러 들어갔고, 뿌리와 가지, 그리고 잎사귀까지 모두 말랐으며, 그렇게 나무들은 죽어갔다(S, 76).

톨킨은 나무가 아름답고 실용적이기 때문만 아니라 천천히 자라면서 다른 생물보다 훨씬 오랫동안 장수하면서 인간다운 리듬을 공유하기 때문에 이를 사랑하였다. 바삐 서두르는 것만 좋아하고 빠른 것에 대하여 광적으로 집착하는 세상에서 톨킨은 나무에서 조급함에 굴하지 않은 삶에 대한 탁월한 본보기를 발견하였다. 『반지의 제왕』 앞부분에서 호빗들이 호빗골에서는 비교적 멀지 않은 곳에 있는 브리 지방에 도달하기 위해서 그렇게 오랜 시간을 보내는 것으로 묘사되는 부분에서, 우리는 인내와 신중함에 대하여 잘 배울 수 있다. 그리고 깊은 골(Rivendell)까지의 원정대의 여정은 엄청나게 복잡하고 힘든 까닭에 이보다 훨씬 더 많이 걸린다. 『반지의 제왕』 3권 전편에 걸쳐서 항상 사건들은 원정대를 둘러싸고 있는 좀 더 커다란 세계에서 현재 일어나고 있는 사건들에 대하여 이들이 잘 알지 못하는 상태로 남아 있으며 그래서 당혹감을 느끼는 가운데에서 계속 일어난다. 이런 상황에서 원정대는 좀처럼 서두르지 않는데 그 이유는 서두르면 일이 더 복잡해지고 당혹스러워지기 때문이다.

6. 좋은 마법과 악한 주술

세상의 가혹함이 결코 하나님이 악하다는 증거가 될 수 없다는 욥의 마지막 확신의 입장에서 자연을 바라본다는 점에서 톨킨은 철저하게 그리스도인이다. 욥이 이러한 확신을 스스로 얻은 것이 아니라 여호와 하나님 자신의 임재를 계기로 이런 확신에 도달했던 것처럼, 톨킨도 일루바타르가 발라와 마이아에게 내렸던 명령 속에서, 그리고 원정대의 희생적인 삶 속에서 일루바타르와의 일체감을 강조하고 있다. 오직 선한 사람들의 행위 속에서만이 세상은 도덕적으로 질서정연하다는 섭리적인 확신을 찾아볼 수 있으며, 오직 그곳에만이 인간과 자연계 모두의 험난한 실체로부터 유발됨직한 좌절을 극복할 방법도 찾아볼 수 있다. 톨킨에게 있어서 반면에 사악한 주술은 당황스러운 좌절에서 파생되는 산물이다. 사악한 주술은 복잡한 상황과 혼동에서 야기된, 특히 느리고 점진적으로 움직이는 선한 피조계에 내포된 혼란을 단숨에 처리할, 그러나 거짓된 해결책을 제공해 준다.

마법과 점술은 고대 세계에서 흔하게 사용됐던 방법이며 성경은 이 모두를 자세히 언급하고 있다. 사울 왕은 죽은 사울의 영과 접촉하기 위하여 엔돌의 무당을 만났으며(삼상 28장), 심지어 마술사 시몬은 안수하는 사도들 속에 있는 비밀스러운 힘을 배우려고 하기까지 하였다(행 8장). 그러나 하나님의 백성은 마술을 멀리할 것을 경고하면서 마술이 하나님 자신의 뜻과 권세에 대한 속임수에 불과함을 명백하게 밝히고 있다. 이 점에 있어서 신명기는 더욱 명확하다.

네 하나님 여호와께서 네게 주시는 땅에 들어가거든 너는 그 민족들의 가증한 행위를 본받지 말 것이니 그 아들이나 딸을 불 가운데로 지나게 하는 자나 복술자나 길흉을 말하는 자나 요술하는 자나 무당이나 진언자나 신접자나 박수나 초혼자를 너의 중에 용납하지 말라 무릇 이런 일을 행하는 자는 여호와께서 가증히 여기시나니 이런 가증한 일로 인하여 네 하나님 여호와께서 그들을 네 앞에서 쫓아내시느니라(신 18:9-12).

마술을 저주함에 있어서 신약성경의 입장은 이보다 더 분명하다. 마술은 분명 "하늘에 있는 정사와 권세들"과, "이 어두움의 세상 주관자들과 하늘에 있는 악의 영들"과 관련을 맺고 있는 것이다(엡 3:10; 6:12). 그래서 그리스도인들은 그러한 은밀한 힘들을 거룩한 목적에 쓰려고 할 것이 아니라 여기에 대항하라는 명령을 받았다. 그래서 사도 바울은 박수 엘루마를 가리켜서 "마귀의 자식"이요 "모든 의의 원수"라고 불렀다. 사실 사도 바울은 로마의 총독으로 하여금 박수로부터 벗어나 복음을 받아들이도록 하려고 박수 엘루마를 눈이 멀게 하였다(행 13:10-11).

오늘날의 마술사들은 역설적으로 현대의 눈부신 과학으로부터 주술의 동기와 활력을 얻는다는 점에 있어서 톨킨은 C. S. 루이스와 견해를 같이하였다. 루이스에 따르면 기독교의 영향력 때문에 중세

시대에는 주술행위가 드물었다고 한다. 그러나 16-17세기의 획기적인 과학의 진보를 계기로 주술 역시 눈에 띄게 세력을 얻기 시작했다는 것이다. 이와 비슷한 맥락에서 톨킨도 주목하는 점은, 풍류적인 마술과는 완전히 다른 이러한 사악한 유형의 주술은 본래의 세상을 뒤바꾸려고 한다는 것이다. 톨킨의 작품에 등장하는 간달프가 행하는 심미적인 마법은 우리로 하여금 자연 질서 속에 내포된 경이와 신비를 느끼도록 자극한다. 반면에 우리가 살고 있는 세상에서 마술은 예술보다는 일종의 속임의 기교로 알려져 있다. "마술이 추구하는 것은 이 세상에서의 권력이며 타인의 의지와 사물에 대한 지배력이다"(MC, 143). 또 마술과 관련해서 톨킨의 작품세계에서 중심적인 역할을 맡고 있는 호빗족들로부터 우리가 주목할 만한 점은, "그들은 결코 어떤 유형의 마술이라도 배운 적이 없으며, 다만 그들이 사람의 눈을 잘 피하는 것은 오직 타고난 자질과 숙련, 그리고 대지와의 깊은 우정으로 인하여 몸집이 크고 어설픈 종족들은 결코 모방할 수 없는 전문 기술을 갖추었기 때문이다"(1.10).

호빗과는 달리 현대인들은 권력에 대한 집착 속에서 마술을 신봉하였던 예전처럼 이제는 점점 현대 과학에 충성을 바치려고 하고 있다. 그것이 이교적이든 기독교적이든 관계없이 고대 사회가 추구했던 지혜가 전제하는 중요한 목적은 선한 덕목과 지식, 그리고 적절한 통제를 통해서 궁극적 실체를 중심으로 인간의 삶을 순응시키는 것이 목적이었으나, 현대 과학은 그 지혜의 목적을 뒤바꾸어 놓았다. 데카르트가 지적한 바와 같이 현대 과학의 목적은 인간을 자연의 소유자와 지배자가 되게 하는 것이다. 현대의 대부분의 기술문명이 이렇게 적절한 과정을 무시한 채로 자연을 자기 통제 하에 두려고 하기 때문에 톨킨은 기술 문명을 예전의 주술의 변형된 형태로 간주하였다. 즉 주술과 현대 과학 모두는 즉각적인 수단으로 엄청난 결과를 단시일 내에 얻으려고 한다는 것이며, 주술과 과학에 잠재된 이러한 특성을 톨킨은 즉시성(immediacy)이라고 불렀다. "속도, 노동의 절감, 그리고 바라는 욕구나 생각한 아이디어와 그것이 나타난 결과나 효과 사이의 간격의 최소화"를 추구함에 있어서 마술과 현대 과학이 동일하다(L, 200). 기술 문명 시대에 인내심이 부족하고 기다릴 수 없으며 조급한 사람들을 위하여 마술이 부활한 것이다. 톨킨은 제2차 세계 대전 중이던 당대를 가리켜서 비뚤어진 과학의 빛으로 좀 더 오래 지속되고 좀 더 불길한 "어둠의 시대"라고 칭하였던 윈스턴 처칠의 견해에 전적으로 공감을 표시하였다. 처칠은 또 당시에 새롭게 개발된 레이더와 이와 유사한 전자 감시 장비를 염두에 두면서 제2차 세계 대전을 가리켜서 "마법사의 전쟁"(wizard war)이라고 불렀다.

나무수염 엔트는 사루만에 관하여 이렇게 이야기한다. "사루만이 일단 힘을 갖게 되자 차가운 강철 같은 마음을 갖고서는 자기에게 쓸모가 있는 경우가 아니면 어떠한 생물에도 관심을 기울이지 않더군"(2.76). 사루만은 아이센가드에 있는 자신의 요새를 기계력으로 작동되는 감옥으로 만들어버렸다. 사루만은 사우론처럼 무시무시한 무기를 만들어서 결국은 아울레에게서 배웠던 훌륭한 기술들을 악용하고 말았다. 그래서 톨킨의 소설 속에 등장하는 아이센가드는 톨킨이 어린 시절에 보았던 버밍햄과 매우 흡사하다.

The Lord Of The Rings

아이센가드는 흔들리는 지면 때문에 망자(亡者)들의 무시무시한 무덤 같다. 그 기둥들은 많은 비탈과 나선형의 계단을 거쳐 아래 깊숙한 동굴까지 내리 뻗쳤으며, 사루만은 그곳에 갖가지 보고와 창고, 병기고, 대장간 그리고 거대한 화덕을 갖추어 놓았다. 거기서는 끊임없이 쇠 바퀴가 돌고 망치가 쿵쾅거렸다. 밤이면 통기구에서 붉은 빛이나 푸른빛, 그리고 유독한 초록빛 증기가 피어올랐다(2.160).

사우론 역시 기계의 힘을 활용하는 마술사이다. 그는 남을 지배할 목적으로 자신의 기술을 사용하였으며, 다른 반지들을 자신의 통제 아래 둘 목적으로 절대반지를 만들었다. 그래서 앙그마르의 왕인 반지악령은 "교활함으로 군주 사우론의 총애를 점차 크게 얻었고, 엄청난 주술을 익혔으며, 사우론의 마음을 많이 간파하여 그 어떤 오크보다 더 잔인해졌기에" 그를 마술사라고 부르는 것처럼, 사우론 역시 주술을 시행하는 자이기에 주술사로 부르는 것도 맞는 말이다(3.164).

톨킨이 현대의 기계들을 주술과 서로 연관시키고는 있지만, 그를 현대의 기술문명 자체를 사악하고 불경한 것으로 비난했던 기술 혁신 반대주의자(Luddite)로 간주하는 것은 무리가 있다. 그는 근대 이전이 여러 모로 볼 때 근대보다 더 나았던 것으로 생각했으며, 현 세대가 전문화된 기술문명과 제조업에 지나치게 종속되어 있는 것에 대하여 비통해 했다는 점은 의심의 여지가 없다. 그가 보기에 이런 것들 대부분은 조급하게 할 뿐만 아니라 심지어는 시간을 망가뜨리기까지 하는 것들이었다. 그러나 톨킨은 모든 물건은 그 자체로가 아니라-그것이 좋은 목적이든 나쁜 목적이든-사용함으로써 그 가치가 결정된다는 점을 올바로 지적하는 데에도 신중을 기하였다. "오용 때문에 선용이 없어질 수는 없다"는 고대의 속담은 적어도 성 어거스틴 시대만큼이나 오래된 것이다. 이 속담의 진리를 거부하는 것은 결국 하나님께서 자유의지를 지닌 모든 생물들 속에 심어놓은 창조적인 정신을 부인하는 반 현대적 염세주의에 빠지고 말 것이다.

톨킨은 만족스런 입장에서 지식의 요정 놀도르가 소위 우리가 말하는 "과학과 기술 문명"을 추구하는 정신을 가지고 있는 것으로 묘사하였다. 톨킨은 또 덧붙이기를 지식의 요정들의 독창적인 기술문명에 대한 관심은, 이것이 비록 때로는 해로운 결과로 이어지기는 하지만 과학적인 연구에 전념했던 기독교인들의 그것과 유사하다고 하였다. 그는 독가스와 폭탄을 이러한 사례로 들었다. 톨킨이 보기에 이런 것을 발명한 과학자들은 "필요악"을 만들어낸 것은 아니었다. 하지만 그러한 발명이 단독으로 진행될 수 없으며, 예를 들어, 그 발명을 위한 모든 수단들을 제공하는 실리적인 자본가들의 사악한 본성과 동기는 결국 그 발명품들이 악한 목적으로 전용되게끔 조종한다는 것이다(L, 190). 그래서 톨킨에게 있어서 수단이라는 것은 목적만큼이나 중요한 것이다. 그는 주장하기를 과학적인 연구와 기술문명의 성취는 그 자체로 선해야 하며 이런 것들이 쓰여질 목적의 관점에서만 선해서는 안 된다는 것이다. 예를 들어서 고통스러운 질병을 잠재우는 의약품도 인도적인 방법으로 생산되지 않는다면 톨킨이 보기에는 이는 결코 정당화될 수 없다.

7. 연설이라는 최상의 선물

톨킨은 창세기 앞부분의 창조에 관한 내용과 요한복음의 서문을 매우 중요시하였다. 창세기는 말씀으로 우주를 창조하신 하나님에 관하여 기록하고 있으며, 요한복음의 기자는 물론 예수 그리스도를 가리켜서 육신이 되신 로고스라고 선언하지만, 태초에 존재한 로고스(말씀)로서의 하나님을 소개하고 있다. 그리스도인들은 성육신한 로고스가 우주의 중심이라고 믿는 까닭에 로고스중심주의자(Logcentrist)로 정의할 수 있다. 하나님 자신은 본래적으로 말씀으로 이해되는 까닭에, 톨킨은 인간이 할 줄 아는 말을 가장 결정적인 은사로 간주하였는데, 이 은사가 바로 하나님의 형상을 따라 창조된 인간을 다른 모든 피조물들과 구별되게 하는 것이다. 인간의 입에서 나오는 숨결이 분명한 발음으로 변화할 때, 다시 말해서 인류가 꿀꿀거리는 것을 멈추고 말을 시작할 때, 우리는 지상의 다른 모든 피조물들로부터 구별된 존재가 된다. 식물들과 동물들, 그리고 산들에 내재한 영광은 이것들이 그저 그 자리에 있기 때문이다. 이와는 대조적으로 인간의 독특함은 우리가 무언가를 다시 만들어냄으로부터, 즉 최초의 창조에 기초하되 부차적인 창조의 능력을 가지고 선한 피조계 안의 선한 만물들을 다시 배치하여 이들을 더 좋게, 또는 더 나쁘게 만드는 것에서 찾아볼 수 있다. 그리고 언어는 인간의 모든 창조활동과 파괴활동의 결정적인 수단이다.

톨킨의 주장에 따르면 인간은 언어를 통해서 자신뿐만 아니라 타인, 그리고 궁극적으로는 하나님을 위한 선한 계획과 의도, 그리고 목적을 실행할 수 있다. 언어는 실로 에루(또는 일루바타르, 하나님)가 요정들과 인간, 그리고 엔트족에게 부여한 최고의 은사였다. 말을 할 줄 아는 피조물인 우리 모두는 말을 하며 무언가를 만들 줄 아는 자질을 선뿐만 아니라 악을 위해서도 사용할 수 있다. 그러나 분명한 점은 만일 창조자가 우리를 만들지 않았더라면 우리는 결코 말하는 자도 듣는 자도 그리고 무언가를 만드는 자도 될 수 없었을 것이다. 입을 옷을 선택하는 가장 작은 행위로부터 우주적 규모의 과학적 가설까지, 혹은 가장 웅장한 교향악 연주나 프레스코 벽화 제작을 우리가 할 수 있는 이유는 우리가 창조자로부터 지음 받았기 때문이라고 톨킨은 다음과 같이 선포하고 있다.

> 하위 창조자이며 빛을 반사하는 인간이여!
> 그대를 통하여 태고의 빛이
> 수많은 색깔로 산산이 부서지며
> 그대를 통해서 살아 있는 형체들이
> 마음에서 마음으로 끝없이 결합하는구나.
> 세상의 모든 틈바구니에 요정들과 고블린을 가득 채우고
> 어둠과 빛으로부터 여러 신과 그들의 신전을 세우고
> 용들의 씨를 여기저기에 뿌리지만
> 잘되든 못되든 그것은 모두 우리의 권리이지.
> 그 권리는 아직 사라지지 않았다네.
> 만들어진 법칙을 따라 우리는 계속 만들고 있을 뿐(MC, 144).

언어는 언어가 가리키는 사물과 비교할 때 그리 가치 있어 보이지 않지만, 언어라는 것은 사람과 사물을 통제하려는 인간의 이기심에서 생겨난 독단적인 발음에 불과한 것은 결코 아니다. 그리스도인이었던 톨킨은 인간의 말은 하나님의 말씀에 기초하고 있다는 확신을 가지고 있었다. 톨킨이 생각했던 언어의 존재론적인 특성이 가장 분명하게 드러나는 것이 바로 그의 신화이다. 여기에서 언어는 세상의 궁극적 존재인 일루바타르에 기초하고 있다. 신화 속의 등장인물들과 사건들, 그리고 여러 이미지들을 통해서 언어는 결국 사물의 근본적인 질서를 드러내고 있는데, 이 질서는 우리가 발명한 것이 아니라 그저 발견한 것들이다. "요정 나라의 이야기에 관하여"(*On Faërie Stories*)라는 소논문에서 톨킨이 말한 바와 같이 "판타지에서 구체화된 마음과 말, 그리고 이야기는 우리가 살고 있는 세상에 있는 것

들이다"(MC, 122). 이 모든 것들은 이 시대와 동일하게 존재하는 것들이어서, 결국 말을 할 줄 아는 사람은 이미 존재한 것들을 표현하는 이야기꾼이나 다름없다.

톨킨은 자신이 묘사한 거대한 신화의 세계는 그가 스스로 발명해 낸 것이라기보다는 그가 찾아낸 것, 즉 하나님으로부터 그에게 알려진 것이라고 확신하였다. 한번은 『반지의 제왕』의 어떤 구절이 무슨 뜻인지에 관하여 질문을 받았을 때 톨킨은 이렇게 대답하였다. "잘 모르겠습니다. 한 번 알아보겠습니다. 그런데 언제나 저는 내 글을 '만들어낸' 것이 아니라 이미 '그곳에 있었던' 일을 기록한다고 생각했습니다"(T, 92). 그의 고백에 따르면 이야기들은 "마치 '주어진 것처럼' 그 머릿속에 떠올랐으며 그 이야기들은 저마다 별개로 나타났고 이후에는 서로간의 연관성도 자라나게 되었다"고 한다(T, 92). 그리고 톨킨은 자신의 이야기에 나오는 등장인물들이나 그들의 영토가 허구적인 것들이 아니라 역사적인 인물들이며 장소로 간주하기에 이르렀다! 그의 표현에 따르면 베니스(Venice)는 "예전의 곤도르의 꿈"과 같았다고 한다.

고대 언어에 대한 견줄 데 없는 전문적 지식을 통해서, 톨킨은 말은 경험으로부터 나오는 것이기 때문에 결국 언어도 실체에 기초하고 있다는 확신을 가졌다. C. S. 루이스가 관찰한 바에 의하면, 톨킨은 "언어 안에 존재하였다"(T, 134). 그래서 언어를 "신화라는 질병에 집착케 하는 것"으로 폄하하는 환원주의자(reductionist)에 대항하여 톨킨은 "신화 속에는 언어의 진짜 기원과 지속적인 영향력이 들어 있다"고 주장하였다. 예를 들어서 옛날 북유럽 사람들에게 있어서 천둥과 전쟁, 그리고 농업을 맡은 뇌신(雷神)인 토르(Thor, 여기에서 오늘날의 목요일〈Thursday〉이 유래함)는 아마도 다음의 세 가지를 한꺼번에 동시에 경험하는 고대 노르웨이인들의 견해를 반영하고 있다. 즉 으르렁거리며 신경질적이고 황소처럼 억센 농부의 모습에서 찾아볼 수 있는 인간의 분노와 천둥과 번개의 요란한 소리, 그리고 인간의 삶이 항상 지배를 받아야 하는 신적인 권세의 세 가지 이미지가 토르에 한꺼번에 담겨져 있다. 오웬 바필드도 "스피리투스"(spiritus)라는 라틴어와, "프뉴마"(pneuma)라는 헬라어, 그리고 "루아흐"(ruach)라는 히브리어로부터 이와 비슷한 상관관례에 주목하였다. 오늘날 우리는 정신(spirit)이라는 단어에 1차원적인 의미만을 부여하는 반면에 앞의 세 단어의 고대 용례에는 바람과 숨결 그리고 신령이라는 의미를 동시에 담고 있었다. 고대의 그리스인들과 로마인들 그리고 이스라엘인들에게 있어서 이러한 단어를 발음하는 것은 적어도 그들에게는 신적인 실체의 임재와 권능(신령)뿐만 아니라 자연의 엄청난 위력(바람)과 인간의 생명을 가리키는 보이지 않는 표시(숨결) 사이에 어떠한 분열도 없이 이 모두를 동시에 경험하는 것을 의미했었다.

   톨킨은 주장하기를 고대 언어에 담겨져 있던 풍부한 은유와 신화들은 현대의 말에서는 거의 대부분이 사라져버려서 결국 오늘날 우리의 말은 선조들의 말과 비교해서 매우 빈약할 수밖에 없다는 것이다. 또 톨킨은 의사소통의 주된 수단들 중에서 현대 과학의 좀 더 정확한 추상적 개념들로 대치되어야 할 필요가 있는 것이 바로 시와 신화라고 하는 통속적인 견해에 결코 동의하지 않았다. 이러한 잘못된 견해로 볼 때 천둥과 전쟁, 그리고 농업을 맡은 뇌신(雷神)인 토르(Thor)의 신화는, 뜨거운 공기와 차가운 공기의 충돌로 말미암은 결과로 우리는 이해하고 있는 대기현상을 설명하려고 했던 조잡하고 비과학적인 시도일 뿐이다. 그러나 톨킨이 보기에 이러한 과학적 설명은 사물의 질서를 정반대로 되돌려 놓는 것이다. 분명한 사실은 현대의 언어는 사물을 개선시키기보다는 악화시켰다는 점이다. 고대의 세계에서 남자와 여자는 추상적인 아이디어나 개념이 아니라, 자연과 인간, 신, 그리고 슬프게도 악마들 사이에 동등하지는 않지만 서로 긴밀하게 연결된 상호 관계 속에 포함된 존재였다.

말은 말이 가리키는 구체적인 대상으로부터 뿌리가 뽑히고 공허한 추상적 개념으로 전환될 때 바로 이때부터 말은 사악한 목적으로 와전될 소지가 있다. 우리는 이러한 위험을 반증하는 증거를 현대의 정치적인 수사로부터도 발견할 수 있지만, 마법사 사루만 역시 이 점을 잘 보여준다. 부분적으로는 사루만은 간달프를 비중 있는 인물로 여기고 있었던 터라 사우론과의 동맹에 함께 동참해 줄 것을 제안하였다. 이 때 사루만은 고상한 이상에 웅변적으로 호소하면서 고귀한 목적을 달성하기 위해서는 잠시나마 악한 수단을 사용하는 것이 타당치 않겠느냐고 항변한다.

우리의 생각은 가슴에 묻어두고 때를 기다립시다. 우리가 적극적으로 고귀하게 추구해야 할 목적, 즉 지혜와 규율, 질서를 마음에 새기고만 있다면 그 과정의 오류와 잘못은 잠시 용납될 수 있을거요. 그렇게만 된다면, 우리의 나약하고 게으른 친구들이 항상 도와준다면서 방해하기만 하던 모든 것을 드디어 이룰 수 있을 것이요. 우리의 계획에는 아무런 실질적 변화가 없을 뿐 아니라 그럴 필요도 없소. 다만 방법상의 차이만 있을 뿐이요(1,272-73).

여기에서 톨킨이 비판하고 있는 악은 사루만의 도덕적 이중성만은 아니다. 톨킨은 여기에서 탁월한 수사석 웅변이 보기와는 달리 비열한 목적을 감출 수 있다는 점도 분명히 드러내고 있다. 사루만이 오르상크라 불리는 탑에서 반지 원정대에게 말을 할 때, 그는 저음의 아름다운 선율로 매혹적으로 말하는 목소리를 통해서 이들에게 말을 하였다. "그 목소리가 하는 말은 모두 합당하고 현명하게 들렸으며,

따라서 자신들도 그렇게 현명해 보이기 위해 당장 그에 동의하고 싶은 욕망에 사로잡혔다. 다른 사람들의 말은 그 목소리와 대조되어 더욱 투박하고 귀에 거슬리게 들렸다"(2.183). 사루만은 그의 사악한 의도를 아름답게 치장하기 위하여 능란한 말들을 사용했다. 그러나 간달프가 사루만의 사악한 논리를 예리하게 분별해 냄으로써 그의 말 속에 깔린 마술을 일찍이 무너뜨렸던 것처럼, 김리 역시 사루만의 이러한 꿀에 발린 말 속에서 무엇이 거짓된 것인지를 간파했다. 비록 난쟁이들은 종종 둔감한 편이긴 하지만, 김리는 『동물농장』을 쓴 조지 오웰처럼 지혜롭게 행동했다. 김리는 당장은 듣기 좋게 만드는 표현을 쓰면서 결국은 정상적인 의미를 뒤바꾸려는 사루만의 사악한 의도를 간파해 낸 것이다. "이 마법사의 말은 반대요. 오르상크의 말로는 도움은 파멸을 뜻하고 구원은 살인을 뜻하지. 그것은 명백한 사실이오"(2.184).

그릇된 목적을 위해서 매우 비현실적인 용어를 사용하는 것에 대항하기 위하여, 톨킨은 사악한 종족들의 잔인무도한 모습을 표현하기 위하여 거칠고 투박한 소리들을 사용하였다. 예를 들어서 『호빗』에서 톨킨은 빌보와 난쟁이들을 죽이려는 악마를 "고블린"(Goblins)이라고 불렀다. 그러나 고블린이라는 단어는 원래 에머슨(Emerson)의 "고집스런 바보는 인색한 마음을 가진 호브고블린(hobgoblin, 꼬마 도깨비)이다"는 싯구에서처럼 다소 해로운 의미를 담고 있었다. 그래서 톨킨은 『반지의 제왕』에서 잔혹한 오크들을 고블린으로도 불렀던 것이다. "악마"(demon)를 뜻하는 이 앵글로색슨계의 단어에 내포된 투박한 소리는 사람을 잡아먹는 요괴의 사악한 특성을 적절하게 전달해 준다. 멜코르는 방금 눈을 뜬 많은 요정들을 잡아다가 끔찍한 고문을 가하여 이들의 몸을 뒤틀고 구부러지고 오그라들게 만들어서 잔혹한 변형체로 만들었다. 이렇게 만들어진 것들이 바로 오크(고블린)들이다.

톨킨은 또 자신의 작품을 통해서 오늘날 우리가 잃어버린 원래의 은유적인 의미를 담고 있는 단어들에 대한 이해를 더욱 풍부하게 해 준다. 예를 들어서 프로도가 가진 요정 검은 스팅(Sting)이라고 부르는데 이는 이 검이 마치 바늘의 침처럼 작은 상처를 내기 때문이 아니라 원래의 앵글로색슨계의 의미처럼 적을 찔러 관통하는 힘을 갖고 있기 때문이었다. 이런 맥락에서 볼 때 "사망아 너의 쏘는 것이 어디 있느냐?"는 사도 바울의 통렬한 외침(고전 15:55) 역시 비슷한데, 여기에서 바울이 단순히 조그만 부상으로부터가 아니라 생명을 위협한 검으로 말미암은 죽음의 고통에서 회복한 부활의 주님의 승리를 외치고 있음을 잘 알 수 있다. 톨킨이 사용한 셔리프(shirriff)라는 단어를 보면 오늘날 우리가 보완관(sheriff)이라는 의미로 쓰는 단어가 실은 샤이어(shire), 즉 군(郡)이나 지방을 뜻하는 단어로부터 파생했음을 알 수 있다. 즉 군 보안관은 특정한 지역을 맡아서 해당 지역의 질서를 유지하는 것을 돕는 사람을 말한다. 『반지의 제왕』의 샤이어라는 평화로운 땅에서 보안관은 단지 국경지역을 순찰하거나 길 잃은 가축을 붙잡는 일을 할 뿐이다. 이 소설에서 보안관이 그토록 사소한 일을 맡고 있을지라도 그 단어는 톨킨이 빌려온 단어들 거의 대부분 속에는 신화적이고 언어적인 함축적 의미들이 얼마나 풍부하게 깃들어 있는지를 잘 보여준다. 대부분의 단어들은 북유럽과 게르만 계열, 그리고 고대 영국의 켈트족의 신화로부터 빌려온 것들이지만 사우로스(sauros)라는 단어는 "도마뱀"(lizard)을 뜻하는 헬라어이다. 그래서 『반지의 제왕』에서 사우론으로 불리는 사악한 인물은 에덴동산을 파괴하는 무시무시한 냉혈 파충류를 떠올린다.

톨킨이 고대의 언어들에 대한 애착을 갖고 있지만 골동품 수집가처럼 예전의 말들을 그대로 빌려 쓴 것만은 아니다. 그는 도덕적으로 적절해 보이는 새로운 이름들을 만들기도 하였다. 예를 들어 반지악령의 영어이름이 "the Ringwraiths"로 불리는 이유는 이들은 원래 인간이었으나 사우론으로부터 힘의 반지를 부여받고 그에게 복종하여 나중에는 이들의 형체가 거의 없어졌으며 그럼에도 불구하고 검은 망토를 걸치고 말을 타며 무시무시한 무기를 휘두르는 악령(wraith)이 되었기 때문이다. 그러나 이들이 진짜로 두려운 이유는 사우론과 같은 잔혹함과 악의가 그들 속에 들끓고 있었기 때문이다. 톰 쉬피가 지적한 바와 같이 반지악령들의 이름은 앵글로색슨계의 "writhan"이라는 단어와 관련되는데, 오늘날 악령(wraith)과 소용돌이(wreath, 또는 화환)라는 단어의 어원이 여기에서 비롯되었다. 반지악령들은 피어오르는 연기와 같은 정령들이지만 맹렬한 분노로 형체가 뒤틀린 피조물들이기도 하다. 그래서 오늘날 분노(wrath)라는 단어 역시 "writhan"에서부터 파생했음을 이를 통해서 다시 상기할 수 있다. 이렇게 톨킨은 반지악령이라는 단어 속에 풍부한 어원론적인 의미들을 담아둠으로서, 분노라는 치명적인 죄악이 결국은 우리의 참된 실체를 뒤틀리며 타락시킨다는 중요한 도덕적 교훈을 우리에게 가르쳐준다. 우리가 주목해야 할 점은 톨킨에게 있어서 언어란 결코 중립적인 것이 아니었다는 점이다. 우리에게 주어진 참으로 소중한 은사인 언어는 항상 선을 위해서나 또는 악을 위해서 사용되면서 항상 함축적인 의미를 담고 있다.

반지 원정대의 여러 일행들, 특히 호빗족들은 시와 노래를 곧잘 부른다는 점은 특히 주목할 만하다. 다양한 시적인 장치들뿐만 아니라 특히 리듬과 박자, 두운과 유운, 그리고 화음을 통해서 언어의 능력이 최대한 발휘된다. 게다가 노래로 표현할 때, 시는 서로 공유하는 기쁨을 한층 높이 끌어올리거나 함께 느끼는 비통함 속으로 듣는 사람들 모두를 끌고 가기 때문에 좀 더 중요한 기능을 감당한다. 그렇다고 해서 시가 항상 순수하다는 뜻은 아니다. 예를 들어 사우론의 시는 고분악령(the Barrow-wights)의 화신처럼 문자 그대로 주술의 힘을 갖고 있어서 북소리 같은 운율과 반복구는 듣는 사람들로 하여금 불길한 주문에 걸리게 만든다.

아슈 나즈그 두르바툴룩, 아슈 나즈그 김바툴, 아슈 나즈그
  스라카툴룩 아그 부르줌-이시 크림파툴.
모든 반지를 지배하고 모든 반지를 발견하는 것은 절대반지.
모든 반지를 불러 모아 암흑에 가두는 것은 절대반지(1.267).

호빗들은 거의 대부분 위안보다는 기쁨 때문에 노래를 부르는데 그 이유는 노래를 통해서 이들은 자신들이 사는 조그만 세계를 넘어서 초월적인 영역을 느껴보려 하기 때문이다. 아라곤의 노래 역시 요정들에게 전하는 말로서 반지를 파괴하는 임무가 바르게 진행될 수 있도록 한다. 『반지의 제왕』에 등장하는 거의 모든 노래들은 비록 사우론이 분명 악하고 또 그의 세력에 대항하여 진행되는 전쟁은 여전히 위급한 지경에 처해 있더라도 원정대의 모험은 당장의 실패나 성공 너머의 좀 더 거대하고 오래된 우주적 드라마 속에 포함되어 있음을 독자와 등장인물들 모두에게 지속적으로 상기시켜준다.

톨킨의 시와 노래 가사들이 단순하고 리듬 역시 예측 가능하다고 해서 무시할 정도의 것으로 간주할 수는 없다. 그 이유는 이 시와 노래 가사들은 특정한 시간이나 상황의 제약을 받지 않는 예술적 목적이 아니라 특정 상황에서 기운을 돋궈줄 목적으로 만들어진 것이기 때문이다. 톨킨이 추정하기에 시의 상투적인 형태를 무시하는 오늘날의 경향은 값비싼 대가를 지불해야만 하게 되었다는 것이다. 다시 말해서 오늘날 대부분의 사람들은, 기분을 돋구어주든 위로해주든 상관없이, 가슴 속에 늘 맴도는 시를 더 이상 하나도 갖지 못하게 되었다는 것이다. 그 결과 우리가 사는 세상은 참으로 단조롭고 지루한 세상이 되어버렸다. 이와는 대조적으로 호빗들이 즐겨 부르는 노래들은 그들로 하여금 찬란한 자유와 암울한 운명 모두를 기꺼이 받아들이도록 해 주었다. 오래 전 빌보가 최초의 모험 중에 난쟁이들의 노래를 개작하여 만든 노래를 즐겁게 부르는 메리와 피핀의 모습 속에서 호빗족들의 이런 낙천적인 성격을 잘 찾아볼 수 있다.

> 난롯불과 안방이여, 안녕!
> 바람이 불고 비가 내려도
> 아침 해가 뜨기 전에 우리는 떠나리.
> 멀리 숲을 지나 높은 산을 넘어.
>
> 지금도 요정들이 머무는 깊은 골을 향하여
> 무서운 안개로 뒤덮인 숲 속
> 늪과 황야를 지나 달려가리.
> 그 다음엔 어디로 가야 할까?
>
> 앞에는 적, 뒤에는 공포
> 우리가 쉴 곳은 하늘 밑 어디일까?
> 마침내 고생은 끝나고
> 긴 여행이 끝나 심부름 마칠 때까지
>
> 떠나야 하리! 떠나야 하리!
> 아침 해가 뜨기 전에 달려가리!(1.116)

8. 일루바타르의 우주에서 명예를 회복하는 위계질서

톨킨은 기독교의 하나님에 비견되는 일루바타르가 우주를 거대한 음악, 즉 위대한 음악(a Great Music)이라고 부르는 강력한 합창곡으로 만들었음을 묘사한다. 대부분의 복잡한 피조계와 마찬가지로 톨킨이 생각했던 판타지의 세계에서도 하위요소는 더 큰 자, 그리고 궁극적인 존재에 복종해야 한다. 오늘날의 세계를 지배하는 평등주의의 관점에서 볼 때, 어떤 사물이 본래적으로 다른 것보다 더 탁월한 것으로 간주하는 것은 어디엔가 불합리하게 보이기 때문에, 위계질서를 전제로 하는 것은 매우 시대에 뒤떨어진 것이다. 그러나 톨킨은 우리가 위계질서를 잃어버림으로 말미암아 더 중요한 도덕적이고 종교적인 질서까지 잃어버리게 되었다고 믿었다. 즉 오늘날 우리는 우리의 삶을 올바로 정돈할 수단을 박탈당했다는 것이다. 성 어거스틴과 이후의 전반적인 기독교적 전통의 입장에 서 있던 톨킨은 지구상의 모든 사람의 본질적인 임무는 각자의 삶을 질서 있게 정돈하는 것, 즉 처음이고 마지막인 삼위 하나님을 사랑하고 그 하나님과의 올바른 관계 속에서 다른 모든 것들을 사랑하는 것이라고 믿었다. 또 그는 우리가 이러한 역할을 잘 감당하는 것을 돕기 위하여 위계질서가 잘 짜여진 세계를 제시하였다. 그 세계 안에서 각각의 존재들은 자신만의 독특한 용도와 필수불가결한 지정된 장소를 가지고 있어서, 본래의 목적에서 벗어나서 가치가 전락되어버리는 것은 하나도 없다. 즉 모든 것들은 본래 만들어진 목적을 위하여 사용됨으로서 존귀함을 받는 것이다. 그래서 다른 존재는 좀 더 고귀한 기능을 떠맡는다는 사실 때문에 스스로의 가치를 떨어뜨리는 것은 아무것도 없으며, 덜 중요한 임무를 맡은 존재를 향해서 거만하게 굴 이유도 없는 것이다.

톨킨의 세계에서 가장 낮은 지위에 있는 것들은 땅 속에 있는 움직이지 못하는 광물들이다. 하지만 이것들에게조차도 대단히 아름다운 것들로 다듬어지고 가공될 귀중한 보석들이 들어 있으며, 그래서 욕망을 사로잡는 대상이 될 수도 있다. 이들 위에는 다양한 식물들이 있는데 이들 중 많은 것들은 치유의 힘을 가지고 있다. 앞에서 살펴본 바와 같이 그 중에 나무는 가장 장대한 식물 종(種)으로서 이들을 지키는 나무수염 엔트는 톨킨이 창조한 가장 근사한 종족들 가운데 하나이다. 계속해서 이들 위에는 여러 종류의 동물들이 있는데 이들은 기동성을 가지고 있을 뿐만 아니라 이들 중 대부분은 다른 종족들과의 동반자 관계를 맺을 수 있도록 해 주는 의식과 정신을 지니고 있어서 식물들보다 높은 지위를 차지한다. 그 중에 말은 톨킨이 창조한 동물들 중에서 가장 멋진 존재로서, 간달프가 타고 다니는 샤두팍스(Shadowfax)나 또는 샘의 귀여운 조랑말 빌(Bill)은, 톨킨의 작품세계에서 중요한 자리를 차지하고 있다.

난쟁이들은 톨킨의 작품세계에 등장하는 자유민들 중에서 비교적 낮은 지위를 차지하고 있는데 그 이유는 이들은 일루바타르의 일을 진척시키려는 과도한 욕심을 품었던 발라 아울레에 의하여 만들어졌기 때문이다. 아울레는 일루바타르가 직접 만든 종족인 인간과 요정들을 성급하게 보고 싶어했다. 그러나 일루바타르는 난쟁이들의 탄생을 처음부터 의도했던 것은 아니었기 때문에 이들 난쟁이들은 눈에 띄지 않게 은밀히 감추어두어야만 했다. 그러나 아울레가 자신의 뜻에 거역하는 마음보다는 이를 지원하려는 마음으로 난쟁이들을 만든 것을 알고 있던 일루바타르는 나중에 난쟁이들의 가치를 인정해 주었다. 『반지의 제왕』에서 독자들은 선에 대한 명백한 거역보다는 과도한 열심 때문에 죄를 범하게 되는 인물들을 자주 대하게 된다. 그리고 이렇게 과도한 열심으로 말미암은 죄의 결과는 거의 대부분

용서되고 다시 선한 목적으로 동원된다. 예를 들어서 난쟁이들은 땅을 파는 광부로서 그리고 금속과 돌을 가공하는 석공들로서 탁월한 실력을 갖추고 있다. 전쟁에서의 불요불굴의 정신 역시 이들이 사우론에게 정복당하는 것을 지켜주었다. 이들은 또한 장엄한 지하 문명을 만들어낸 것으로 칭송을 받기도 한다.

톨킨의 작품세계에 자리하고 있는 위계질서의 중심부에는 인간과 호빗족이라는 완전히 인간적인 두 종족이 자리하고 있다. 호빗족은 약간 작은 몸집을 지니고 있지만 이들은 분명 인간과 유사하다. 일루바타르가 창조한 좀 더 어린 종족으로서 인간은 도덕적으로나 육체적으로 그리고 문화적으로 각자가 다양한 특성을 지니고 있다. 『반지의 제왕』에서 우리는 곤도르인(the Men of Gondor)들 중에서 세 종족, 즉 두네다인 또는 서부인과, 로히림과 같은 황혼족, 그리고 비교적 미개한 편에 속한 야생인(Wild Men)을 만나게 된다. 호빗족과 인간은 모두 나이를 먹으며 질병에 걸리기도 하며, 모두다 미래에 대한 예지능력이 없고 다른 종족의 마음을 항상 파악할 수 있는 것은 아니다. 그러나 제3시대에서는 이들의 영향력이 서서히 막이 오르기 시작하며, 이들은 일루바타르에게 자유롭게 순종할 수 있는 능력을 가지고 있으므로 결국은 그와 함께 거하게 될 것이다. 앞으로 살펴보겠지만, 앞으로 인간의 시대는 요정과 마법사의 시대보다 더 탁월할 것인데 그 이유는 인간이 지배하는 제4시대에 비로소 서부에는 평화가 찾아오기 때문이다.

원정 여행을 통해서 프로도와 샘의 도덕성이 발전해가는 과정은 우주의 위계질서 내의 각각의 존재가 성장으로나 혹은 타락을 향하여 엄청난 가능성을 가지고 있음을 보여준다. 프로도는 호빗족 중에서 명문 가문에 속하기는 하지만 모험을 마쳤을 때에는 시작했을 때에 비하여 훨씬 성숙해진다. 또 무능한 소작농이었던 샘의 사회적인 지위는 상대적으로 낮았으나 스토리 전체에 걸쳐서 중심인물로 부각되며 결국은 호빗골의 시장직에 당선된다. 반면에 골룸은 호빗의 인생이 악에 의해서 얼마나 끔찍하게 타락하게 되는지를 잘 보여준다. 두네다인의 족장인 아라곤 역시 모험 과정을 통해서 상당한 정도로 성장해간다. 반면에 반지악령들은 한 때는 아홉 개의 반지를 소유하고 있었으나 결국은 끔찍한 인간 변형체로 타락하고 만다. 결국 피조계의 모든 생물들은 구속적인 목적을 가진 일루바타르와 좋거나 나쁜 관계에 따라서 그리고 자신들에게 주어진 자유를 좋은 목적으로나 또는 나쁜 목적으로 사용함에 따라서 모두가 더 고귀해지거나 반대로 타락하기 때문에 모든 피조물들은 어느 경우든 원래의 상태에서 그대로 고정된 경우는 하나도 없다.

인간 바로 위에는 일루바타르가 최초로 만든 요정들이 있다. 요정들은 인간의 삶 속에 깃들어 있는 영속적이고 초월적인 요소들을 보여주는 것 같다. 우리가 어느 정도 간파한 바와 같이 요정들은 비록 전투로 살해를 당할 수 있으며 심지어는 큰 슬픔에 목숨을 잃을 수도 있지만 자연적으로는 늙어 죽지 않는다. 이들은 일루바타르가 만든 피조물들 중에서 가장 아름다운 종족이며 정령으로 되어 있다는 점에서는 일루바타르와 매우 흡사한 존재이다. 자연계의 모든 만물 중에서 특별히 달과 물을 사랑하는 이들 요정들은 땅을 파는 난쟁이들과는 긴장관계에 놓여 있다. 키가 크고 홀쭉한 요정들은 듣고 보는데 예민한 감각을 지니고 있으며, 의사소통에 있어서 탁월한 재능도 가지고 있다. 사실 요정들은 다른 종족들에게 언어를 가르쳐주어서 말을 할 수 있게 만들기도 하였다. 요정들은 또한 쉽게 원기를 회복하기 때문에 잠을 잘 필요가 거의 또는 전혀 필요 없다. 하지만 별과 같이 아름다운 것을 바라봄으로써 그들의 마음에 안정을 얻기도 한다. 또 요정들은 악의 유혹을 받기도 하지만 본래적으로는 선한 존재이다. 이들은 또 루시엔과 베렌, 그리고 아르웬과 아라곤의 경우에서처럼 다른 종족들과 결혼할 수도 있다. 루시엔과 아르웬은 죽음 앞에 유한(有限)한 인간 배우자와 죽음에서 하나가 되려고 원래 지녔던 불멸성을 포기한다.

톨킨은 이러한 자기희생적인 요정들이 받아들인 죽을 운명을 가리켜서 환생(reincarnation)이라고 하는 의외의 이름을 붙여준다(L, 189). 하지만 요정 아르웬은 힌두교의 방식으로 환생하지도 않으며, 전생에 무슨 혁혁한 공적을 쌓았다거나 저주받을 일을 계기로 예전과는 완전히 다른 새로운 생명을 살아가는 것도 않는다. 대신에 톨킨은, 불멸의 능력을 지닌 아르웬이 사랑을 위하여 죽을 운명을 지닌 여인이 되기로 한 결정을 성부 하나님과 동일한 영광의 자리를 기꺼이 포기한 그리스도의 희생을 강력한 상상의 세계 안에서 서로 유비적으로 대비시키도록 이끌고 있다. 그리스도께서 자신의 신적인 불멸성을 버리고 죽을 수밖에 없는 종의 형체를 취하여 결국 십자가에서 죽기까지 복종하신 것처럼, 아르웬도 그리스도와는 비교할 수 없는 작은 방식으로나마 사랑하는 아라곤을 따라서 같은 운명을 받아들이기 위하여 자신의 죽지 않는 생명을 과감히 포기한다. 사랑하는 사람과 죽음의 운명을 함께 받아들이기 위하여 불멸성을 포기하는 요정들의 모습 속에서 독자들은 신약성경의 빌립보서 2장에 기록된 초대교회의 찬송가에서 묘사된 것처럼 그리스도 자신의 성육신에 대한 희미한 메아리를 들을 수 있다. 그러나 죽을 운명을 받아들이는 요정들은 다른 누군가의 죄를 대속하기 위하여 죽는 것은 아니기 때문에 그리스도와는 전혀 다르다. 또 요정들이 죽음에서 부활하는 것도 아니다. 이야기의 마지막에서 충실한 요정들 대부분은 발리노르에서 발라와 다시 만나게 된다.

요정들보다 더 높은 단계에는 마이아들이 있다. 일루바타르가 만든 다른 피조물들처럼 마이아 역시 그들의 운명이 미리 결정된 것은 아니었다. 사우론과 발로그뿐만 아니라 간달프와 사루만 역시 이러한 원칙을 잘 보여주는 마이아들이다. 발로그와 사우론은 전적으로 타락하였던 반면에, 사루만과 간달프는 비슷하게 출발하였으나 나중에 정반대의 길을 걷게 된다. 초기에 백색의 사루만은 의로운 마법사였으며, 이 점에 있어서 간달프는 처음에는 그를 존경하기까지 하였다. 그러나 사루만은 무제한적인 지식, 특히 그에게 사우론과 같은 권력을 가져다주리라 생각되는 반지에 관한 지식을 얻고자 하는 파우스트적인 욕망(전능을 얻기 위하여 영혼을 악마에게 팔 정도의 욕망) 때문에 점차적으로 타락의 길을 걷게 된다. 그래서 사루만은 처음에는 탁월한 마법사였으나 결국은 역겨운 주술사로 생을 마감하였으며, 그 와중에서 결국 자신의 고결한 개성까지 박탈당하고 말았다. 악이란 말 그대로 악을 행하는 자의 본래 모습과 가치를 지워버린다.

사루만의 마지막 초라한 모습은 원래는 멋진 인간이었으나 사루만에게 매수당한 뱀혓바닥(Wormtongue)에게 다시 배신당하여 살해당하는 대목에서 잘 드러난다. 이와는 반대로 회색의 간달프는 여러 번의 지혜로운 조언과 용감무쌍한 활동으로 점차 고귀해져서 결국은 처음의 모습과는 비교할 수 없는 백색의 간달프로 변화한다. 마이아들 위에는 발라들이 자리하고 있는데, 이들 역시 일루바타르의 뜻에 동조하거나 또는 반역할 잠재력을 가지고 있다. 만웨와 그의 아내 바르다는 동정심과 자비의 마음이 가득 차 있어서 일루바타르에게는 가장 소중한 발라가 되었던 반면에, 멜코르는 신성한 음악에 불협화음을 초래함으로서 결국은 세상 밖의 영원한 흑암으로 쫓겨나게 된다. 우주의 위계질서의 최상부에는 일루바타르가 통치하는데, 우주에 대한 무소불위의 권세로 보다는 그가 만든 모든 만물에 대한 위엄에 찬 영예와 광채, 그리고 풍성한 사랑으로 통치한다.

톨킨이 묘사하는 체계적인 우주 세계와는 전혀 어울려 보이지 않는 한 인물이 바로 톰 봄바딜이다. 한편으로 톰과 그의 아내 금딸기는 각각 숲의 요정과 물의 요정과 매우 흡사하여 자연계에 완전히 속해 있는 것처럼 보인다. 그러나 봄바딜은 강과 나무들이 생겨나기 전부터 존재했다고 하면서 자신을 "최고연장자"(the Eldest)로 소개한다. 이렇게 자연계가 생겨나기 이전부터 존재했던 인물로서 그는 또 모든 만물들보다 더 오래 생존할 것이며, 그러나 마지막에는 그 역시 사라질 것이다. 그런데 또 다른 한편으로 톰과 그 아내 금딸기는 모든 도덕적 혼란 중에서도 매우 순결한 까닭에 어떤 면에서는 성경에 등장하는 타락 이전의 아담과 하와와 매우 흡사하다. 이들 부부는 유혹에 강력히 대항해야 하는 존재라기보다는 오히려 유혹에 대하여 완전히 면역력을 가지고 있어 보인다. 예를 들어 절대반지의 유혹하는 힘은 봄바딜에게 결코 미치지 못한다. 반지를 끼었을 때에도 그의 형체는 사라지지 않으며, 프로도가 반지를 끼고 있어서 형체가 사라져도 봄바딜은 여전히 프로도를 볼 수도 있다. 또 그는 버드나무 영감으로부터 호빗들을 구출할 때에도 우정이나 정의감에서 그리했던 것이 아니라 자신의 영토를 지키려는 열망으로 그리했었다.

  봄바딜은 모든 도덕적 차이나 특성들에 대하여 별로 관심이 없어 보인다. 그는 또한 일루바타르의 뜻에 전적으로 순종하는 데서부터 실패할 그 어떤 가능성으로부터도 완전히 자유로우면서도 이 세상에서 아주 즐겁게 살아가는 것 같다. 아마도 톨킨은 그의 독자들로 하여금 선과 악의 대결을 넘어서서 즐겁게 살아가는 그 어떤 피조물들의 존재를 발견할 수 있기를 바랐던 것 같다. 그런데 호빗들을 버드나무 영감과 고분악령의 위협으로부터 구출해주었던 매우 흥미로운 인물이기는 하지만 봄바딜은 반지 원정대가 감당해야 하는 투쟁과는 도덕적으로나 영적으로 아무런 관련이 없는 존재였다. 간달프가 현명하게 판단했던 것처럼 결국 봄바딜은 절대반지를 지키기에는 부적합한 인물이었다. 그는 절대반지에 관심도 없어서 그에게 맡기면 곧 잊어버리거나 멀리 던져버릴 것이다. "그런 일은 그에게는 아무런 매력이 없는 일이다"(1.279). 아마도 톨킨은 봄바딜을 통해서 독자들로 하여금 우주의 위계질서는 결국 우리의 유익을 위해서 세밀하게 조정된 것이지만 여기에는 우리가 이해할 수 없는 변칙적인 것들도 포함되어 있음을 깨닫게 하려는 것 같다. 톨킨의 작품세계에서 봄바딜은 아마도 중세시대의 웅장한 대성당의 가장 높은 첨탑 꼭대기에 달려 있던 표장(標章)처럼 사람들이 아무도 관심을 가지지 않은 존재와 같다. 즉 우리의 유익을 위해서가 아니라 우리의 이해 밖에서 하나님 자신의 즐거움을 위하여 만들어진 피조물처럼 톨킨이 일루바타르에게 헌정하는 신비로운 선물과도 같은 존재로 봄바딜은 그렇게 자리매김되어 있는 것이다.

9. 가운데 땅에 몰아닥친 도덕적 위기

예외적이긴 하지만 봄바딜과 같이 도덕과 역사로부터 완전히 자유로운 인물의 존재는 역설적으로 톨킨이 묘사하는 세계가 본래적으로는 도덕적이고 역사적임을 보여준다. 그 세계는 비록 톨킨이 전적으로 만들어낸 마법의 세계이지만, "옛날 옛적에"라는 식의 이야기에 나오는 신화적인 세계만은 아니다. "옛날 옛적에"로부터 시작되는 신화들은 무시간적인 진리를 묘사하려는 목적을 담고 있어서 무시간적인 영역에서 일어나는 것들을 다룬다. 그리고 이런 이야기들은 "겉모습만 보고는 모른다"나, "이상한 사람이 주는 선물은 조심하라"와 같은 몇 가지 추상적인 결론으로 요약될 수도 있다. 이러한 신화 속에 자리하고 있는 법칙도 보통은 반복적이고 계속 순환적이며 그래서 변하지 않는 것들이다. 이런 이야기들은 어떤 특별한 사건이나 사람들과 긴밀하게 연결되어야 할 필요도 없으며, 이 이야기 안에서 미래의 모습은 과거와 본질적으로 동일하다. 이야기의 모든 것들이 본질적으로 동일하다는 거대한 고리를 따라서 진행될 뿐이다.

　이와는 반대로 톨킨의 신화적 세계는 전적으로 역사적이다. 톨킨의 세계에서 그 어떤 사건도 반복되는 것은 하나도 없으며, 모든 등장인물들 역시 이야기의 흐름 속에서 고유한 역할과 중요성을 가지고 있다. 한 시기의 모습은 항상 도덕적으로 그 다음 시기에 영향을 준다. 그래서 톨킨의 작품세계 안에서 연속적으로 이어지는 시기의 역사적 연속성은 구약시대의 이스라엘과 그리스도, 그리고 신약시대의 교회의 이야기와 흡사하다. 초기에는 비천했던 이스라엘이 결국은 강력한 왕국이 되었던 것처럼 제1시대와 제2대는 마법사들과 요정들, 그리고 난쟁이들이 이룩한 장대한 역사를 담고 있다. 그러나 제3시대는 주목할 만할 정도로 쇠락의 길을 걷는 것 같다. 이 시기는 흡사 예수님께서 태어나시던 당시 이스라엘의 국력이 점차로 쇠약해지고 결국은 예루살렘의 성전까지 무너지던 때를 닮았다. 그러나 예수 그리스도의 생애와 죽음, 그리고 이후의 부활로 말미암아 이스라엘뿐만 아니라 이방세계 모두는 희망의 불꽃을 다시 불붙일 수 있는 혁명적 계기를 맞이하게 되었다. 이와 마찬가지로 제3시대는, 사우론을 무너뜨린다는 거의 불가능해 보이는 목적을 달성하기 위하여, 강한 피조물늘과 약한 피조물들, 즉 요정들과 난쟁이들이 호빗족과 인간들과 함께 연합전선을 구축하는 놀라운 모습을 보여준다. 핍박당하는 초대교회의 모습 속에서는 전 세계에 복음이 전파될 것이라는 희망을 발견하기 어려웠던 것처럼, 톨킨의 작품에서 인간들이 지배할 제4시대 역시 희망찬 약속과 함께 찬란한 모습으로 시작되지는 않는다. 이렇게 톨킨이 묘사하는 가운데 땅은 인간의 역사와 여러 면에서 닮았으며 그런 까닭에 그의 세계에는 진실성이 담겨 있다. 그래서 톨킨은 "역사와 신화 모두는 궁극적으로 동일한 내용을 담고 있어서 서로 닮았다"고 단언한다(MC, 127).

역사적 사건은, 우주적인 세력들의 즉흥적인 상호작용보다는 복잡한 도덕적 행위들의 결과로 나타나는 것으로 이해하는, 역사에 대한 현대적인 개념은 유대주의와 기독교의 역사적 신앙 속에서 형성된 것으로 간주할 수 있다. 그런데 톨킨은 자신이 만든 신화적 세계에 이러한 역사성을 부여하기 위하여 예를 들어 샤이어 땅은 영국과 유비관계로 놓으면서 가운데 땅 전체를 북유럽의 지리와 흡사하게 설정해 놓았다. 톨킨의 작품세계에 등장하는 가운데 땅은 적어도 죽을 운명의 한계에 종속되어 있다는 점이 분명하고, 그 땅의 미래 역시 전혀 알려지지 않았기 때문에 역사적인 영역으로 간주할 수 있다. 가운데 땅의 역사는 사우론과 악한 세력들에 대항하는 모든 자유민들의 투쟁에도 달려 있지만, 또 가운데 땅에서 벌어지는 사건들 속에 은밀하면서도 섭리적으로 개입되어 작용하고 있는 일루바타르의 뜻에도 달려 있다.

『반지의 제왕』을 읽어가는 독자들은 계속해서 빌보가 우연히 절대반지를 발견한 것이 아니라 신비롭게도 절대반지가 빌보를 발견했다는 점을 다시금 깨닫는다. 또 사우론은 절대반지를 다시 얻으려고 결심을 하고 절대반지는 사우론에 의하여 조작되지만 이 역시 일루바타르의 좀 더 원대한 권세에 종속될 뿐이다. 절대반지의 섭리적 특성을 간달프는 프로도에게 이렇게 설명한다. "반지가 골룸에게서 떠난 데에는 또 다른 힘이 작용하는 것 같네. 반지를 만든 자의 계획마저 뛰어넘는 또 다른 힘이 작용하는 것으로 짐작이 돼. 쉽게 말하자면 빌보가 반지를 발견하도록 그 주인이 아닌 누군가가 의도했다는 거야. 그렇게 생각한다면 자네가 반지를 가지게 된 것도 누군가의 뜻에 따른 셈이지"(1.65). 신적인 의지는 전혀 강제적이지 않고 신비롭고도 은밀히 작용하기 때문에 프로도와 반지 원정대는 일루바타르가 의도하는 궁극적인 승리가 마지막 "선한 대파멸"의 날에 분명 성취될 것을 전혀 알 턱이 없었다. 가운데 땅에는 성경의 아마겟돈(세계 종말의 날에 있을 선과 악의 대결전장)과 대비되는 다고를라드가 있는데, 이곳에서 피조계의 장엄한 화음이 일순간 격렬하게 흔들리다가 결국 마지막 화음으로 귀결되면서 아르다가 온전히 회복될 것이다. 그 날이 오기까지 아르다에 살고 있는 모든 피조물들은 격렬한 혼돈과 불확실성 속에서 살아간다. 그래서 엘론드의 회의에서 간달프는 잠깐 있다 사라질 자신들 시대의 유익보다는 더 거대한 궁극적 선을 위해서 원정대가 모험을 감당해야 한다고 설득한다. "과연 가능할지 모르지만 우리는 이 위협을 영원히 제거할 수 있는 궁극적인 해결책을 찾아야 합니다"(1.280).

미래가 장엄하거나 또는 끔찍하게 펼쳐질지에 관하여 인간은 전혀 모르기 때문에 역설적으로 한시적 시간은 도덕적으로나 종교적으로 볼 때 결정적으로 중요한 계기가 되는 것이다. 다시 말해서 인간은 과거에 자신에게 발생했던 모든 것에 전적으로 얽매일 수밖에 없지만, 또 자신의 자유로운 선택으로 미래에 발생할 모든 것들에 대하여 전적으로 책임을 지고 있다. 감지네 집안의 샘(Sam Gamgee)은 이러한 심오한 진리를 여정을 통해서 점차적으로 깨달아간다. 즉 샘이 깨달은 것은 사람들의 입에 오래도록 오르내리는 이야기에 등장하는 진정한 영웅들은, 좀 더 재미있는 삶을 찾으려고 하거나 역사 속에서 자신들을 위한 어떤 여지를 만들어보려고 했던 사람들이 아니었다. 오히려 그들은 예기치 못한 사건을 계기로 용감하고도 이타적으로 행동하도록 자신들이 부름받았음을 알게 되고 그래서 그것들을 묵묵히 감당하는 평범한 사람들에 관한 이야기 속으로 "그저 부름받아 들어온" 사람들이라는 것이다.

10. 원정으로의 초대

또 샘이 발견한 사실은 이들에 관한 이야기가 계속 회자되는 이유는 여기에 등장하는 인물들은-보통은 자신들의 본래 의도했던 것과는 정반대로-자기 개인의 행복과는 비교할 수 없을 정도로 크고 중요한 결과를 초래할 운명적인 원정에 개입하게 된다는 점이다. 이러한 점을 프로도에게 설명하면서 간달프는 원정(quest)이 모험(adventure)과 다른 근본적인 차이점을 제시한다. 그에 따르면, 모험이란 "그 때 일어났고 또 다시 발생하는" 사건이다. 모험의 경우에는 지루함에서 벗어나려거나 또는 희열에 대한 갈망과 같은 본인 스스로의 욕망으로부터 시작된다. 그래서 일단 보물이 발견되면 모험은 끝나고 주인공은 그런 경험을 계기로 어떤 변화를 겪는 일이 없이 본래의 상태로 돌아온다. 그래서 도피주의적인 문화는 모험을 삶의 보람으로 여기게 된다. 반대로 원정은 자신의 욕구로부터 비롯되는 것이 아니라 소명으로부터 시작된다. 프로도는 계속해서 왜 자신이 이러한 끔찍한 임무를 떠맡아야 하는지 의문을 제기한다. 그가 부름받은 이유는 어떤 보물을 찾기 위함이 아니라 무언가를 잃는 것, 즉 절대반지가 만들어졌던 곳인 운명의 틈으로 가져와서 처음에 사우론이 이를 만들었던 불 속으로 집어던져서 녹여 없애는 것이다.

원정을 시작하는 프로도와 그의 친구들에게는 이 임무가 성공할 것이라고 하는 보증이나 심지어는 그 어떤 가망조차도 없다. 원정 중에 그들은 심지어 점점 더 분명해지는 위험 속으로 빨려 들어갈 뿐,

그들에게 영원한 안전을 보장하는 것이라고는 그 어디에서도 찾아볼 수 없다. 빌보는 이들에게 용기와 결단력을 불어넣어 주는 길 가는 노래를 작곡하였다. 프로도는 빌보의 노래를 인용하면서 원정에 담긴 신비를 조금씩 알아가는 지혜를 은연중에 보여준다.

문을 나서면 내리막길로부터
 길은 끝없이 이어진다오.
길은 저 멀리 아득히 끝도 없고
 이제 나는 힘닿는 데까지 걸어야 하리.
피곤에 지친 두 다리를 끌고
 더 큰 길이 보일 때까지
많은 길과 일을 만나는 곳으로
 다음엔 어딜까? 난 모르겠네(1.82-83).

이 노래의 초기 곡에서 빌보는 "피곤에 지친"(weary)이라는 단어 대신에 "간절한"(eager)이라는 단어를 사용하였다. 그러나 나이를 먹고 여러 경험들을 통해서 빌보는 생명력이 고갈되는 것을 느꼈다. 그러나 그러한 노쇠에도 불구하고 빌보는 이 땅의 모든 존재들은 심부름, 즉 태어난 목적과 임무가 있으며, 모두는 자신의 삶 속에서 매일 이어지는 여정을 감당해야 한다는 확신을 잃지 않았다. 우리 모두는 죽음을 향하여, 그리고 죽음 너머로 이어지는 동일한 길을 걸어가야 한다. 우리는 계속해서 강물처럼 흘러가는 시간 속에 잠겨 있다. 그래서 피조물 모두가 예외없이 죽음에 계속적으로 가까이 다가가고 있음을 부인하는 것은 톨킨이 보기에는 참으로 어리석은 것이다. 다른 경우에서도 그러하듯이 톨킨은 인생에 내포된 근본적인 무상함에 관하여 전적으로 성경의 입장과 동일한 생각을 가지고 있었다. "들으라 너희 중에 말하기를 오늘이나 내일이나 우리가 아무 도시에 가서 거기서 일년을 유하며 장사하여 이를 보리라 하는 자들아 내일 일을 너희가 알지 못하는도다 너희 생명이 무엇이뇨 너희는 잠간 보이다가 없어지는 안개니라 너희가 도리어 말하기를 주의 뜻이면 우리가 살기도 하고 이것저것을 하리라 할 것이어늘"(약 4:13-15).

절대반지를 없애러 떠나는 원정대의 여정에는 비록 성공의 보장이 없고 오히려 엄청난 실패의 가능성이 짙게 깔려 있지만 이것은 결코 인생의 여정과 별반 다르지 않다. 이 길에는 온갖 위험들이 도사리고 있어서 우리의 운명이 앞으로 어떻게 될 것인지 미리 내다볼 수 없다. 요정 레골라스는 이러한 힘든 현실을 이렇게 단언한다. "자기가 택한 길이 어디로 이를 것인지를 미리 내다 볼 수 있는 이는 별로 없겠지"(2.95). 그 길을 찾으려는 질문, 그래서 결국 그 노력이 계속 이어지는 원정이라는 것은 우리가 어떻게 이 여정을 꾸려가고 우리가 과연 자신에게 주어진 심부름을 달성할 수 있는지에 집중된다. 프로도처럼 우리 역시 보석을 찾는 것이 아니라 무언가를 버리라는 부름을 받았다. 물론 우리의 삶과 프로도의 삶 사이에는 커다란 차이가 존재한다. 절대반지는 사악한 것이고 그래서 파괴되어야만 하는 반면에, 우리의 삶은 선한 것이며 그래서 계속 보존되어야 한다. 그러나 우리의 삶이라는 것은 모든 희생을 지불해서라도 반드시 보존되어야만 하는 것은 아니다. 오히려 우리는 출생 때 우리에게 주어진 하사품들을 결국은 다시 다 내어주도록 부름을 받았다. 악을 대항하여 선을 쟁취하기 위한 투쟁에는 우리의 모든 것, 즉 우리의 생명을 내어놓아야만 한다. 차이가 있다면 그 일이 빨리 닥치든 조금 늦게 닥치든, 괴롭거나 또는 영광스럽거나, 우연히 그리되거나 아니면 의도적으로 그리 하든지의 차이가 있을 뿐이다.

톨킨의 작품에는 이 세상 너머로 이어지는 여정, 혹은 원정의 관점에서 삶을 이해하는, 삶에 대한 신비적인 관점이 가득 스며들어 있다. 잠자리에서 일어나고 전화를 받으며 현관문에 울리는 초인종 소리에 응답하고, 편지를 개봉하는 것과 같은 매일의 일상적인 행동들이 싫든 좋든 간에 영원으로 이어지는 결과를 초래한다는 것이다. 그것이 용맹스럽거나 비겁하든 상관없이 엄청나고 대단한 일에서부터 사소한 일에 이르기까지 모든 행동 속에서 우리는 궁극적인 희락이 아니면 최후의 파멸로 이어지는 길을 필연적으로 따라갈 수밖에 없는 것이다. 빌보의 판단에 의하면, 우리 모두는 지금 우리가 어디로 가기로 예정되어 있으며, 어떻게 그곳에 올바로 다다를 수 있는지에 관한 분명한 확신만 가지고 있다면, 이 임무를 완수하지 못하고 실패함으로써 오는 영원한 죽음에 휘말려 들어가는 것을 피할 수 있다고 한다.

> 빌보 아저씨는 길은 오직 하나뿐이라고 말씀하곤 하셨지. 길은 커다란 강 같은 것이라 문을 열고 나설 때마다 만나는 모든 길은 그 강의 지류와 같다는 거야. '프로도! 문을 열고 나선다는 것은 위험한 일이야. 일단 길을 떠난 뒤에는 발길을 조심하지 않으면 어디로 휩쓸릴지 모르는 일이지'라고 말씀하곤 하셨어(1.83).

여러 종류의 악의 세력들은 여행 중인 모든 여행객들을 그 길에서 휩쓸어내서 샛길이나 도랑뿐만 아니라 심지어는 죽음의 나락 속으로 빠뜨리려는 목적을 가지고 있다. 어떻게 선한 싸움을 감당하며 정도(正道)를 지킬지를 알기 위해서는 선한 피조계를 타락시키고 만물의 조화를 불협화음으로 만든 악의 참상에 대한 지식이 필요하다.

The Lord Of The Rings

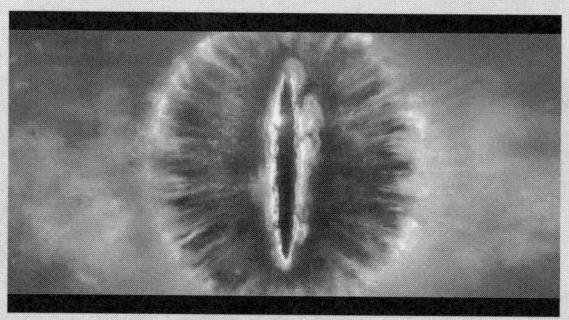

The Calamity of Evil: The Marring of the Divine Harmony

제2장 악의 참화: 신성한 조화가 손상됨
1. 외톨이 멜코르의 반역
2. 자기 탐욕으로서의 악의 실상
3. 사우론의 눈과 갈라드리엘의 거울: 그릇된 전망의 유혹
4. 악덕보다 미덕에 호소하는 죄악
5. 영생불사와 눈에 보이지 않게 만드는 힘에 대한 유혹
6. 절대반지의 강제적인 힘

The Calamity of Evil: The Marring of the Divine Harmony
악의 참화: 신성한 조화가 손상됨

2

톨킨은 악의 부정적인 실상을 결코 간과하지 않으면서도, 악에는 복잡함과 아울러 쉽게 파악할 수 없는 미묘함이 깃들어 있음을 잘 보여준다. 그러나 톨킨은 타락에 관한 성경적인 이야기를 그대로 다시 들려주지는 않는데, 그 이유는 밀톤이나 다른 작가들이 이 부분을 이미 잘 다뤘을 뿐만 아니라, 유혹과 대참화에 관하여 고대로부터 이어져 내려오는 근원적인 문제를 좀 더 새롭게 다루고자 함 때문이었다. 톨킨은 비록 악의 실상이 오늘날과 같이 전혀 새롭고도 복잡한 양상으로 드러나고 있음을 직시하고 있었지만, 근본적으로 그는 악의 본성을 기독교적인 관점으로 파악하고 있었다. 이 장의 목적은 다음과 같이 악과 관련된 네 가지의 중요한 이슈들을 살펴보면서 『반지의 제왕』을 통해서 드러나는 악의 미묘한 성격들에 관하여 고찰해보는 것이다. (1) 자율성과 독립에 대한 조급한 욕망 속에서 어떻게 악이 생겨났는가 (2) 사우론은 절대적인 지배력을 행사하는 반지를 만드는데 필요로 하는 요정들의 제련기술을 어떻게 습득하게 되는가 (3) 절대반지는 어떻게 해서 사우론의 하수인들로 하여금 서로에 대한 증오와 공포에 얽어매서 먼저는 선에 대하여 엄청난 타격을 가한 다음에 서로를 파멸로 이끌도록 하는가 그리고 (4) 사우론은 어떻게 해서 장수와 눈에 보이지 않게 만드는 힘, 그리고 강제력이라고 하는 절대반지가 가지고 있는 세 가지의 힘으로 자유민들을 유혹하는데 성공하는가?

1. 외톨이 멜코르의 반역

『실마릴리온』에서 우리는 일루바타르가 서로 짝이 되는 발라 여섯을 만들었으며, 이들은 사실상 배우자로서 함께 일을 하는 모습을 발견하게 된다. 하지만 세 명의 발라는 독신이다. 만웨의 누이인 니엔나는 애도하는 영혼으로서 그녀의 자비로운 눈물은 치유력을 가지고 있었다. 그녀는 고난으로 끝없는 슬픔 가운데 쇠약해진 사람들을 격려하기보다는 이들에게 영적인 지구력을 불어넣어 준다. 또 그녀는 혼자서 고독을 즐기기보다는 다른 피조물들과 친밀한 관계를 맺고 있다. 울모는 대양(大洋)의 군주이며 아르다(톨킨의 작품에 등장하는 "세계")를 만듦에 있어서 중요한 건축가들 중의 하나이다. 울모는 다른 발라들에 비하여 일루바타르로부터 음악을 더 풍부하게 배웠으며, 화음의 예술을 요정들에게 가르쳐주기도 하였고, 심지어는 좋은 꿈과 대양의 음악으로 요정들에게 조언을 베풀기까지 한다. 그런데 아마도 울모는 정착하여 머무는 곳이 없는 까닭에 배우자가 없다. 하지만 그의 영감에 찬 창조력 덕분에 그는 다른 이들과 지속적으로 협력할 수 있다. "힘으로 일어선 자"라는 뜻을 가진 멜코르는 힘과 지혜에 있어서 다른 모든 발라들보다 더 탁월하다. 그는 일루바타르로부터 본체(신체)와 기교에 있어서 특별한 재능을 부여받았지만, 일루바타르의 목적에 홀로 대항하는데 이 모든 은사를 사용하고 만다.

톨킨은 그의 작품 전역에 걸쳐서 참된 존재는, 그것이 난쟁이거나 요정, 마법사, 호빗족이나 인간, 그리고 발라와 마이아뿐만 아니라 심지어는 일루바타르 역시 항상 공동체로 존재함을 늘 보여준다. 여기에서 우리는 또 다시 톨킨의 전망이 분명 성경적임을 확인할 수 있다. 하와가 없이는 아담은 결코 진정으로 자기 자신이 될 수 없었던 것처럼, 하나님으로부터 부름을 받은 히브리의 족장들과 여장들(matriarchs) 역시 자기 혼자서 신앙을 지키는 삶을 살도록 부름받은 것이 아니라 그의 백성 이스라엘을 위한 조상으로 봉사하도록 부름 받았다. 기독교적 맥락에서 볼 때 신앙은 항상 "둘 이나 그 이상"으로 이뤄진 공동체를 필요로 한다. 그래서 고독한 믿음이란 사실 모순된 것이다. 신앙은 항상 공동체적이다. 예수께서 혼자 광야로 들어가신 이유는 그의 공동체와 왕국을 위하여 그리한 것이며, 기독교의 은둔자들 역시 동일한 목적을 위하여 고독의 길을 택하였다. 우리는 오직 다른 사람들과 공동체로 관련을 맺을 때만이 비로소 참된 사람이 된다는 근본적인 원칙에 관하여 톨킨은 전적으로 동의하였다. 그는 또 치명적인 죄악 중에서도 매우 치명적인 교만의 죄는 보통 다른 사람에 대한 의존을 거부하는 것이라는 점을 간파하였다. 교만은 일종의 자기 혼자만의 주권을 행사하려는 시도로서, 이는 마치 성부와 성자, 그리고 성령의 삼위 사이에 공동체가 없이 홀로 존재하는 하나님처럼 행세하려는 것과 마찬가지이다.

이와는 대조적으로 멜코르는 니체처럼 "만일에 하나님이 있다면, 내가 하나님이 아님을 어떻게 참을 수 있겠는가?"라는 도발적인 질문을 던진다. 멜코르는 신이 되고자 하는 야망을 품은 사기꾼이었다. 그는 특히 바다를 포함하여 자신의 통제할 수 없는 것이라면 모든 것들을 경멸한다는 사실이 알려지기를 원하지 않았다. 선한 이유로 홀로 남아 있던 다른 두 발라들과는 달리 멜코르는 계속해서 고독을 즐겼으며, 이것은 결국 일루바타르에게 반역하는 변명이 되었다. 그는 그 어떤 형태로든지 타인을 믿고 의지하려고 들지 않았으며 심지어는 일루바타르에게도 의지하려고 하지 않았다. 그래서 그는 점차로 일루바타르를 인정할 수 없을 정도가 되었으며 그의 복종을 거부하고 대신에 자기가 직접 피조물들을 창조하려고 하였다. 그는 피조계를 향한 일루바타르의 거대한 화음 속에 자신만의 독자적인 음악을 흘려 보내기 시작하였다. 그 결과로 야기된 엄청난 불협화음은 참으로 끔찍하여 다른 발라들까지도 멜코르가 조장한 불협화음에 휘말려서 결국은 이들 역시 자신들이 맡은 노래를 중단해야만 하게 되었다. "멜코르가 조장한 불협화음은 점점 넓게 퍼졌고 예전에 들었던 선율들은 광포한 소리의 바다 속으로 잠겨버렸다"(S, 16).

멜코르의 잔혹한 소음은 이후로도 계속 일루바타르가 창조한 선한 피조계를 혼란에 빠뜨리는 것들 중에서 최초로 등장하는 것이다. 밀턴의 서사시에 등장하는 사단처럼 멜코르는 일루바타르가 발라들을 통하지 않고 자신이 직접 만든 두 종족, 요정과 인간에 대하여 시기심을 갖게 되었다. 그러나 처음에는 심지어는 자신조차도 속여가면서 이 새로운 피조물에 대하여 존중하는 척 가장하면서, 이들을 자신의 지배 아래로 끌어오려는 계획을 착수하였으며, 그렇게 하여 자신도 군주로 칭송을 받기를 바랐다. 그러나 그가 결코 깨닫지 못했던 점은 참된 주권은 결코 강요하지 않고 다만 항상 그렇게 하도록 부추기고 권유한다는 사실이었다. 멜코르는 또한 일루바타르 홀로 불멸의 불꽃을 소유하고 있다는 사실에 질투심을 품었다. 그러나 이러한 창조적 권능을 함께 공유하는 자애로운 조물주와는 달리 멜코르는 이것을 탐욕스럽게 혼자서 독식하려고 하였다.

> 그는 찬란한 영광을 버리고 자신 이외에 모든 것들을 경멸하는 파괴적이고 무자비한 거만함 속으로 타락하고 말았다. 자기만의 독단적인 의지에 이끌려 결국은 부끄러워할 줄 모르는 거짓말쟁이가 되고 만 것이다. 그의 일탈은 불멸의 불꽃에 대한 욕심에서 시작되었지만 자기 혼자 힘으로는 이것을 소유할 수 없자, 맹렬히 타오르는 진노와 함께 거대한 불길로 화하여 어둠 속으로 내려갔다. 그리고는 아르다에서의 모든 악한 행위에서 이 어두움을 사용하였으며, 아르다를 살아 있는 모든 것들에 대한 두려움으로 채워 놓았다(S, 31).

여기에서 우리는 성경에서 언급하고 있는 사단, 즉 천국에서 쫓겨난 천사이며 광야의 교활한 짐승이자 거짓의 아비이고 어둠 속으로 던져져서 그곳에서 슬피 울며 이를 갈 운명에 처할 사단에 대한 성경적 묘사가 톨킨에게서 다시 등장하고 있음을 볼 수 있다. 멜코르는 자기를 위하여 스스로 철의 왕관을 만들고, "세상의 군주"라고 하는 웅장한 칭호를 자신에게 부여하는 면에서 사단과 아주 흡사하다(S, 81). 그러나 톨킨은 이러한 가장 끔찍스러운 피조물의 한계를 규정지음에 있어서 매우 세심한 입장을 취하고 있다. 멜코르는 일루바타르의 선을 철저하게 거부하였기 때문에 그의 죄악에서는 그 어떤 현실적인 실체를 찾아볼 수 없으며, 그 어떤 참된 권리나 온전한 모습도 존재하지 않는다. 그래서 멜코르는 끔찍할 정도로 실제적임에도 불구하고, 그의 악마성은 항상 환영으로 남아 있으며 다른 존재를 거쳐야만 할 정도로 파생적이고, 결국 엄밀한 의미에서 볼 때 실재하지 않는 것이다. 톨킨은 성 어거스틴으로부터 궁극적으로 볼 때 악이란 선이 부재한 것이라는 사실을 배웠던 것이다.

톨킨의 가장 중요한 가르침들 중의 하나는 우리가 혐오하는 것이라고 우기는 것들에 잘못 매혹당하지 않도록 하기 위해서는 선에 부여하는 것과 동일한 정도의 헌신의 자세로 악을 다뤄서는 안 된다는 것이다. 악에게 그렇게 마음을 빼앗기는 것은 결국 악으로 하여금 승리하게 만드는 일이다. 그래서 사루만을 끌어들인 실수에 관한 엘론드의 다음과 같은 장엄한 경고는 참으로 시사하는 바가 크다. "선한 의도로든 악한 의도로든 적의 마법을 너무 깊이 연구하는 것은 항상 위험합니다"(1.278). 니체가 경고한 바와 같이 우리는 악의 심연을 너무나 깊숙이 들여다보아서는 안 된다. 그렇게 하는 순간 악이 다시 우리를 깊숙이 끌어당기기 때문이다. 기독교의 교리나 고백문들 중에서 그 어느 것도 "우리는 마귀를 믿사옵니다"라고 선언하지 않는다는 점도 주목할 필요가 있다. 그리스도인들은 악마가 참된 존재라고 믿지 않는다. 오직 하나님만이 참되시다. 또 그리스도께서 지옥으로 내려가셨음을 신앙으로 고백할 때 이 지옥 역시 영원한 실체가 아니라 피조된 영역이다. 이런 맥락에서 톨킨은 악을 그림자라고 아주 지혜롭게 묘사하고 있다. 즉 악은 빛으로부터 파생된 이차적인 것이지, 그것 자체가 최초의 것이거나 또는 홀로 존재하는 것은 결코 아니다.

톨킨은 또 죄악은 항상 선을 비틀고 왜곡시키며 전도(轉到)시키는 것임을 정확하게 묘사한다. 악이 저지르는 일을 묘사함에 있어서 톨킨이 즐겨 은유로 사용하는 것이 바로 "손상"(marring)이다. 악은 결코 선을 파괴하거나 없앨 수 없고, 다만 더럽히고 손상을 가할 수 있을 뿐이다. 악은 그저 선(善)에 빌붙어 기생할 뿐이므로, 사악한 멜코르는 그 어떤 형태로든 독창적이면서 자유로운 피조물을 만들어낼 수 없다. 그는 다만 원래 만들어진 피조물에 대한 변형체나 모조품을 만들어낼 수 있을 뿐이다. 엔트족을 경멸하면서 변형체로 다시 길러낸 육식성의 거인 이외에, 멜코르는 일루바타르가 만들어 놓은 요정들로 다시 끔찍한 오크들을 만들어 냈다. 프로도는 모르도르 내부 깊숙한 곳을 주목하면서 이렇게 말했다. "오크들을 길러낸 어둠은 흉내만 낼 줄 알지 새롭게 만들어낼 줄은 몰라. 진정으로 새로운 것은 만들지 못하는 거야. 어둠은 오크에게 생명을 준 것이 아니라 이들을 파멸시키고 일그러뜨려 놓았을 뿐이야"(3.190).

악은 자유롭게 헌신할 여지를 결코 허용하지 않고 항상 억압하고 노예로 만들기 때문에 오크들은 진정한 충성심에서가 아니라 두려움과 증오감으로 멜코르와 사우론에게 복종한다. 그리고 이들이 하는 일은 『호빗』에서 알 수 있는 바와 같이 매우 능숙한 경우에라도 항상 사악하고 파괴적이다.

> 오크 족속은 본래 잔혹하고 악의가 있으며 사악한 마음을 지녔다. 그들은 아름다운 것들은 만들지 않고, 괴상한 것들만 잔뜩 만든다. 그들은 대체로 지저분하고 더럽지만, 노력을 기울이면 누구 못지않게 갱도를 파고 채굴도 할 수 있다. 물론 최고로 숙련된 난쟁이들과 비교할 수 없지만 말이다. 그들은 또 망치와 도끼, 칼, 단도, 곡괭이, 부젓가락, 그리고 고문 도구들을 잘 만들었다…… 아마도 훗날 세상에 문제를 일으킨 기계들, 특히 수많은 사람들을 단번에 죽이는 교묘한 장치들을 만든 건 바로 이놈들이었을 것이다(H, 60).

톨킨이 오늘날의 죽음의 문명의 악마적 근원에 관하여 명백하게 밝히는 바와 같이 오늘날의 핵무기는 분명 멜코르의 후예들이 만든 제품일 것이다. 그러나 오늘날 우리는 가운데 땅이 겪었던 것보다 실상은 훨씬 더 사악한 시대를 살고 있다. 『반지의 제왕』에서 사우론의 부하 오크족들은 적의 목을 베서 그 머리를 곤도르에 있는 성벽 밖으로 내던졌는데, 여기에서 우리는 골룸까지 파멸시키는 끔찍한 악의 실상을 보게 된다. 그런데 여기에서 우리가 악의 잔혹한 실상을 대하게 되더라도 톨킨의 고백에 따르면, 만일 그가 현대 세계의 끔찍한 악을 비유적으로 묘사하려고 했었더라면 그는 전쟁의 끔찍한 결과들을 『반지의 제왕』에서 볼 수 있는 것보다 더 소름끼치게 묘사할 수도 있었다고 한다. "절대반지는 사우론까지도 파멸시킬 수 있었다. 그러나 그는 절대반지로 파멸되기보다는 오히려 반지의 노예가 되었으며, 사우론의 요새인 바랏두르 역시 파괴되지 않고 오히려 점령당했다."(1.7).

현대적인 악의 끔찍한 실상이 비유적으로 명백하게 드러나지는 않지만 그러나 톨킨의 작품에서 우리는 제2차 세계 대전 중에 자행된 끔찍한 범죄와 비극들에 대한 암시들을 다소 찾아볼 수 있다. 나무수염 엔트가 들려준 이야기에 의하면 무시무시한 우루크하이는 사우론에 의하여 만들어진 사악한 인간 종족에 불과한 것이 아니라 사우론이 오크와 인간을 서로 교배시켜서 만들어낸 끔찍한 결과라고 한다. 이렇게 사악한 전사들은 헬름 협곡의 전투에서처럼 끔찍한 폭력과 파괴력을 휘두르는 것은 천성상 어찌 보면 당연한 것이다. 그러나 이들 우루크하이는 단순히 판타지 속에만 등장하는 가공의 전사들이 아니라, 톨킨이 이러한 이야기를 저술하고 있던 당시를 비추어보면, 나치의 과학자들이 인간의 생명을 마치 우루크하이 전사들처럼 조작할 수 있는 물건처럼 취급했던 당시의 끔찍한 실상들이 떠오르게 만들기도 한다. 당시 나치의 과학자들은 사우론과 같은 불순한 욕망에 휩싸여서 순수한 게르만족 슈퍼인간을 만들어 내려는 유선적인 교배 작업에 빠져들어 있었다. 그러나 당시는 지금과 달리 이를 위한 유전공학 기술이 충분히 발달되지 않아서 실패로 끝났으나, 만일 개발만 되었더라면 이들은 이를 충분히 전용하려고 들었을 것이다. 교배를 통해서 만들어진 우루크하이라는 가공의 무시무시한 전사를 등장시키면서 톨킨이 전하려는 메시지는, 하나님께서 주신 것으로서 결코 다른 것으로 바뀔 수 없는 독특한 선물로서의 인간의 생명의 고귀함에 대한 근본적이 인식이 거부되는 곳에서는 그러한 잔혹하고도 끔찍스러운 결과가 나타날 수밖에 없다는 것이다.

멜코르와 사우론의 사악한 간계 때문에 이들은 자유민들로부터 공격을 받게 될 뿐만 아니라 탐욕스럽고 복수심에 불타는 멜코르를 붙잡기로 결심한 충직스러운 발라들로부터도 공격을 받게 된다. 그래서 격렬한 전쟁이 벌어지고 이 와중에서 발라들은 멜코르를 붙잡아서 제3시기 동안 만도스의 방에 감금하였다. 이 기간 동안 멜코르는 매끄러운 말을 통해서 자신의 죄를 뉘우친 척 가장하였으며 자비로운 만웨로 하여금 자기의 죄를 용서해서 사슬에서 풀어줄 것을 간청하였다. 이 부분에서 톨킨은 순진무구한 자가 사악한 자들의 기만 앞에 말 그대로 전혀 악의가 없이 대하는 것을 아주 노골적으로 보여주고 있다. 여기에서 톨킨이 보여주려는 것은 선함은 사기에 대하여 끔찍할 정도로 취약하다는 점이다. "만웨에게는 악이라고는 전혀 없었으며, 심지어 그는 악을 이해할 수 없었다"(S, 65). 하지만 톨킨은 또한 참된 덕목들이 번성하기 위해서는 악에 대한 지식과 경험이 필요하다고 보는 파우스트적인 견해는 인정하지 않았다. 톨킨이 보기에, 악은 순결한 자에게까지도 결국은 본래의 사악한 본성을 드러낸다고 보았다. 사슬에서 풀려났지만 멜코르의 속임수가 곧 충직스러운 발라들에게 명백하게 드러나게 되어 다시 감금된다. 그러나 이번에 멜코르는 허공 속으로 영원히 추방당하게 되며, 이곳에서 그는 마지막 날까지 머물렀다가 악의 무리들을 결집하여 다고를라드로 돌아올 것이며 이곳에서 선은 결국 승리를 거둔다.

그런데 불행하게도 멜코르가 지녔던 사악한 유산은 계속 이어진다. 요정들 중에서 가장 강력한 요정인 놀도르는 그만 유혹에 빠지고 만다. 놀도르 요정은 모든 요정들 중에서 언어와 학식에 있어서 가장 탁월했었으며, 그림과 조각, 그리고 금속 세공에 있어서도 발군의 실력을 가지고 있었다. 놀도르 요정을 이렇게 묘사하면서 톨킨은 악이라는 것은 종종 저급한 것보다는 가장 최고급으로부터 유래된다는 점을 독자들에게 반복적으로 확인시켜준다. "최고의 타락이 최악이다"는 고대의 경구는 성경적으로 타당하다. 예수님의 수제자였던 베드로 역시 가장 악하게 예수님을 부인한 자였다. 그래서 탁월한 공예 기술에 대한 놀도르 요정의 자만심, 특히 놀도르의 아들인 페아노르가 살아 있는 빛을 발하는 세 개의 마법의 보석인 실마릴을 만들었다는 교만 때문에 이들은 결국 이기적이고 감사할 줄 모르는 존재가 되어버린다.

발라 중의 하나인 대지의 여왕 야반나가 웅골리안트에 의하여 독살당하여 파괴된 나무들을 다시 되살리기 위하여 페아노르에게 실마릴을 요청하였다. 그러나 페아노르는 야반나의 청을 거절하였다. 페아노르의 거절은 멜코르의 충동질 때문이 아니라 자기 스스로의 이기심 때문이었으며 이는 바로 모든 악의 근원이기도 하다. 그런데 이를 계기로 페아노르는 일루바타르가 불공정하게도 요정들의 창조적인 자유를 제한했다는 멜코르의 유혹적인 주장에 쉽게 넘어가게 된다. 놀도르의 여러 요정들은 이들과 발라를 위해서 만든 지상의 낙원인 발리노르에 남아 있으라는 일루바타르의 명령을 거역한다. 대신에 이들은 자기 스스로의 길을 찾아 발리노르를 떠난다. 한편 멜코르는 실마릴을 훔쳐 가운데 땅으로 달아나자, 페아노르는 그에게 더 사악하면서도 적절한 이름으로 "세상의 검은 적"이라는 뜻을 담아 "모르고스"라는 이름을 붙인다. 다른 요정들도 페아노르에 대한 충성을 다짐하고, 도망친 모르고스를 추격하는데 함께 동참하면서 이들은 발리노르에서 더욱 멀리 떠나간다. 일루바타르의 아름다운 세상에서 적당하게 지정된 장소에 머무르라는 명을 거절하였기 때문에 이러한 반항적인 놀도르 요정들은 가운데 땅으로 추방당하게 되지만, 나중에 죄를 뉘우친 일부 요정들은 다시 불사의 땅으로 귀향하게 된다.

2. 자기탐욕으로서의 악의 실상

모르고스가 초래한 가장 사악한 행위는 여러 마이아들을 유혹시켜서 자신의 목적에 동원했던 일이다. 얼마나 많은 마이아들이 일루바타르에 대한 반역에 동조하였는지는 알 수 없지만 이들 중에는 "공포의 악마" 발로그도 들어 있었다. 그러나 반역의 무리들 중에서 가장 사악한 존재는 "혐오스러운 자"라는 뜻을 가진 사우론이었다. 이 사악스러운 존재는 "모르고스의 그림자처럼 그리고 그의 원한을 품은 망령처럼 등장하였으나, 결국은 모르고스의 뒤를 따라 똑같이 공허 속으로 흩어지고 말았다"(S. 32). 사우론은 발라와 여러번 전쟁을 일으켰으며 일루바타르가 만든 여러 선한 피조물들을 파괴하였다. 그러나 그 역시 만웨의 전령이자 기수(旗手)인 에온웨라는 마이아에게 패배하고 만다. 그런데 모르고스처럼 사우론 역시 자신의 죄악을 회개하는데 동의하지만, 모든 것을 집어삼킬듯한 교만 때문에 그는 그러한 비천해 보이는 행동을 할 수 없었다. 대신에 그는 가운데 땅의 자유민들을 자신의 뜻에 복종시킬 새로운 전략을 구상하였다. 그가 교묘히 설득하여 유혹했던 놀도르 요정들(그들 중에 특히 보석세공 요정들을)의 창조적인 능력과 결합시켜 힘의 반지들을 만들었다. 이 중에 아홉 개는 인간을 위하여 일곱은 난쟁이들을 위하여 만들었다. 이 모든 반지들은 악마와는 거리가 먼 것으로서 반지를 끼고 있는 자로 하여금 엄청난 선을 달성할 수 있도록 해 주는 신비한 반지였다.

그러나 믿을 수 없는 일이지만 사우론은 단순해 보이는 금반지 하나를 만들었는데, 그는 여기에 인간을 위해서 만들어진 아홉 개의 반지를 지배할 능력을 포함하여 자신이 가지고 있던 여러 재능과 힘을 부여해 놓았다.

인간 종족들과의 전쟁에서 사우론이 항상 성공을 거둔 것은 아니었다. 엘렌딜의 장자인 이실두르는 사우론의 손가락에서 절대반지를 끊어내서 그를 패배시켰다. 이후 이실두르는 이 반지를 파괴하라는 충고를 무시하고 오히려 반지의 힘에 매혹되어 반지를 포기하기를 거부한다. 그러나 창포벌판(Glandden Fields)의 전투에서 반지는 이실두르의 손가락에서 빠져 나가버리고 그는 이 반지를 안두인 강에서 잃어버리고 만다. 그리고 오랜 세월이 흐른 후 이 반지는 다시 데아골이라는 호빗에게 발견된다. 그런데 우리는 이 부분에서 톨킨의 이야기가 성경 창세기의 카인과 아벨에 관한 이야기와 매우 흡사하다는 점을 발견하게 된다. 외관상 명백한 이유가 제시되지 않았으나 하나님이 기쁨으로 제물을 받아주었던 아벨처럼, 데아골 역시 그 어떤 명백한 공적이 없었음에도 불구하고 절대반지를 발견하게 된다. 그러나 데아골의 친구인 스미골은 친구의 행운에 강한 질투심을 품게 되고, 그는 카인처럼 친구가 얻은 뜻밖의 행운을 용납해 줄 수가 없었으며, 결국 절대반지를 차지하려고 그를 살해한다. 스미골은 자신의 맹렬한 욕심을 자백하지 않고 오히려 절대반지는 당연히 자신이 차지해야 할 생일선물이었다고 주장한다. 여기에서 톨킨은, 악이라는 것은 교묘하게 유혹하면서 결국은 진리마저도 압도해버리는 힘을 가지고 있음을 보여준다. 죄악을 범한 자들은 항상 이렇게 자신을 정당화하려고 한다. 아담이 자신의 범죄에 대한 책임을 하와에게 전가했던 것처럼 스미골 역시 자신의 사악한 선택을 필요했던 것으로 그럴듯하게 둘러댄다. 여기에서 톨킨이 지적하려는 것은 죄악은 좀처럼 스스로를 위해서 범해지는 경우가 없고 거의 대부분 타당하다고 우기는 선의 이름으로 행해진다는 것이다.

적어도 도덕적인 영역에서 볼 때 절대반지의 좀 더 치명적인 힘은, 반지 소유자가 타인과 나누는 연대감을 무너뜨리는 힘을 지니고 있다는 것이다. 절대반지를 오직 혼자만이 간직하려는 처절한 열망에 스미골은 다른 호빗들과의 접촉을 피하고 모든 공동체로부터 떨어져서 오직 혼자서 살아간다. 그는 또 신선하게 자라나는 식물과 초목들의 향기에 구역질을 느끼며 렘바스라고 불리는 요정들의 빵을 혐오한다. 스미골은 또 요리된 음식을 거부하면서 결국은 문명화된 삶의 근본이랄 수 있는 따뜻한 식사를 싫어한다. 반지를 소유한 것이 원인이 되어 그의 성격도 너무나도 철저하게 바뀌어서 그는 더 이상 스미골이라고 불리지 않고 골룸으로 불린다. 골룸이라는 새로운 이름은 그가 목구멍에서 계속적으로 불쾌한 소리를 내는데서 생겨났다. 날생선을 잡아서 먹는데 반지를 집착적으로 사용하기 때문에 골룸은 완전히 식욕에 얽매인 피조물이 되고만 것이다. 무언가를 꿀꺽 삼키는 불쾌한 소리들이 결국 골룸의 정체성을 구체화시키며, 이를 통해서 톨킨은 우리의 인격이 결국 우리가 하는 행동의 질에 의하여 결정됨을 말하고 있다. 좋든 나쁘든 간에 내면의 확신들을 명백하게 드러내 보여주는 것이 바로 외부의 행동이다. "선한 사람은 마음의 쌓은 선에서 선을 내고 악한 자는 그 쌓은 악에서 악을 내나니 이는 마음의 가득한 것을 입으로 말함이니라"(눅 6:45).

악은 그 자체의 본질을 가지고 있는 것이 아니라 선에 기생하여 살아가는 것이기 때문에, 골룸은 그가 버렸던 다른 존재들이나 공동체와의 온전한 연합을 대체시킬 가짜 공동체를 만들었다. 그가 목구멍으로 계속 우물거리는 것은 날고기에 대한 그의 집착의 흔적뿐만 아니라, 가공의 공동체이기도 한 그 자신과 계속해서 수다를 떠는 흔적이다. 반지를 오랫동안 지니고 있다보니 골룸은 반지를 "내 보물!"이라고 부르지만 자신 역시 이렇게 부르면서 결국 자기 자신을 반지와 완전히 동일시하기에 이르렀다. 그리고 그는 자신이 마치 하나가 아니라 둘이라도 되는 것처럼 자신을 복수인칭대명사, "우리"라고 부른다. 죄악으로 초래된 분열과 불화는 참으로 강력해서 골룸은 결국 자기 자신과 싸우고 불화하기에 이른다. 그는 말 그대로 일구이언(一口二言)하는 피조물이 되었으며, 이중 인격자가 되었으며 자신에게만 집착하는 존재가 되어버렸다. 반지 때문에 생겨난 소유욕은 골룸을 또한 타인을 비인격적 존재로 대하게끔 하였다. 그는 프로도에 관하여 말하면서 "너"나 또는 "그이"라는 상호 공동체적인 용어 대신에 "그것"(it)이라는 비인격적 용어를 사용한다. 골룸은 이러한 천박한 습성을, 빌보가 반지를 발견했을 때 처음으로 드러냈으며, 빌보와의 수수께끼에서 이전보다 더욱 심해진 모습을 보여준다. 격노한 골룸은 빌보에게 이렇게 묻는다. "그 놈 주머니에 있는 것이 뭐지?" 빌보가 달아나자, 골룸은 다음과 같이 천박한 저주를 퍼붓는다. "도둑놈이야! 도둑놈! 골목쟁이 녀석! 우리는 끝까지 네 놈을 저주할거야!"(1.22) 골룸은 프로도를 종종 "주인님"이라고 부르기는 하지만, 골룸에게 있어서 프로도는 더 이상 진정한 "당신"은 아니다. 즉 그에게 프로도는 사랑할 수는 없다고 하더라도 최소한 존중해 주어야 할 동료 호빗이 아니라 증오스러운 비인격적 물건일 뿐이다.

    악은 이렇게 골룸으로 하여금 자신과 불화하도록 스스로를 분열시킬 뿐만 아니라, 사우론의 수하들처럼 서로를 대적하게 만든다. 사우론의 노예인 오크들은 자기들끼리 항상 싸운다. 이들 흉칙한 괴물들이 서로 으르렁거리며 덥석 물고 뜯으며 싸우다가 잘된 일이지만 결국 메리와 피핀을 놓치기도 한다. 배신자 마법사인 사루만 역시 자신의 부관인 뱀혓바닥 그리마와 진정한 형제애를 나누지 못하기는 마찬가지이다. 이들 서로간의 적대감은 이들이 결국 사우론과 의사소통을 할 수 있도록 했던 천리안의 돌인 팔란티르를 부주의하여 떨어뜨린 데서 명백하게 드러난다. 선한 목적이라고 주장하는 것을 위하여 함께 협력하자고 간달프를 교묘하게 유혹하는데서 사루만이 실패한 직후에 뱀혓바닥은 불같이 노하여 이 돌을 오르상크의 탑에서 아래로 내던졌다. 그런데 아라곤이 간달프에게 설명하는 바와 같이, 그리마가 마법사 사루만을 과녁으로 삼아서 이 돌을 내던졌는지는 분명치가 않다. "조준이 서툴렀는데 이는 그가 당신과 사루만 중에서 누구를 더 증오하는지를 아직 정하지 못했기 때문일 겁니다"(2.189). 여기에서 톨킨은 간접적인 방식이긴 하지만 다음과 같은 기독교의 매우 심오한 진리 하나를 제시하고 있다. 하나님에 대한 사랑으로부터 비롯되지 않은 모든 사랑은 결국 미움으로 뒤바뀐다. 뱀혓바닥은 타락한 마법사 사루만을 위해서 자신의 생명을 바쳤기 때문에 그 목적이 채워지지 않자 그를 멸시하게 되고 마지막에는 사루만의 목을 자르고 만다.

악마가 꾸미는 모든 연합전선 속에 내재한 상호 불신은 피핀이 손에 넣으려고 했으나 결국은 사우론의 투시에 자신을 노출되게만 했던 천리안의 돌, 팔란티르에 매혹되었을 때에도 잘 드러난다. 사우론은 피핀이 사루만에게 포로로 붙잡혔으며 오르상크에 감금되어 있다고 추측하였다. 그러나 실상 팔란티르는 원정대의 손으로 넘어갔다. 하지만 사루만이 이러한 실수를 사우론에게 그대로 자백한다고 하더라도 그는 분명 거짓말을 하는 것으로 의심을 받을 수밖에 없다. 왜냐하면 간달프가 말하는 것처럼 이들 사이에는 신뢰라고는 전혀 찾아볼 수 없기 때문이다.

결국 사루만은 자기가 저지른 악행 때문에 위기에 몰리게 되었지. 실상은 사우론에게 보낼 포로도 없으니 말이야...... 그러나 사우론으로서는 사루만이 포로를 내놓지도 않고 또 천리안의 돌도 의도적으로 사용하지도 않는다고 믿을 수밖에 없겠지. 사루만이 진실을 말하더라도 별 소용이 없을 거야...... 그래서 사루만은 원하든 원하지 않든 사우론에게는 반역자로 보일 거야. 바로 그 점을 피해보려고 그는 그토록 우리를 거부했는데도 말이야!(2.205)

별로 격려가 될성 싶지 않으나 악에 내재한 이러한 자기 파멸적 특성이란 것이 결국 톨킨이 원정대에게 안겨다주고 싶어하는 희망 중의 하나이다. 골룸의 반역에 대하여 낙심한 피핀을 위로하기 위하여 간달프는 그에게 이런 사실을 상기시킨다. "배신자는 흔히 무심코 자신의 본성을 드러내고 자기가 의도하지도 않은 좋은 결과를 가져올 수도 있지"(3.89). 악은 종종 의도하지 않은 좋은 결과를 가져온다는 이 조그만 확신은 원정대의 규모가 점점 작아져서 마지막에는 겨우 두 명만 남게 됨에 따라 원정대에게는 더 없이 중요해진다. 원정대는 작지만 여전히 고결한 사회를 유지하는 반면에 그들의 적은 얼마나 숫자가 많고 강력한지에 관계없이 진정한 공동체를 이루지 못한다. 세오덴 왕은 이러한 이상한 확신을 다음과 같은 격언으로 들려준다. "때로는 악이 악을 쳐부순다"(2.200). 갱단이나 폭력배들은 서로가 굳게 단결해서 그들이 가진 공동의 선을 위하여 엄청날 정도의 충성심을 품고 있으며 때로는 그들의 목숨을 타인에 대한 테러를 위해서 과감히 희생하기도 하기 때문에, 그들의 삶은 이러한 원칙에서 상당히 예외적인 것처럼 보일런지 모른다. 그러나 심지어는 조직적인 범죄 집단의 경우라도 조금이라도 배신하는 자는 가차없이 처단해버리는 것에서 알 수 있는 것처럼 이들 사이에도 서로간의 불신과 살의가 자리하고 있기는 마찬가지이다. 테러분자들은 그래서 상호간의 신뢰 위에 세워진 자유로운 공동체의 변형체라고 할 수 있으며 그들은 초월적인 선의의 목적보다는 사악한 목적에 헌신된 한시적 공동체이다.

스스로를 파멸로 이끄는 악의 경향성 안에서는 그 어떤 간편한 위안거리도 얻을 수 없다. 레골라스는 살육당한 다섯 오크족들의 시체를 발견했을 때 이로부터 어떤 위안거리를 찾아보려고 한다. "오크족들의 적은 우리와는 친구가 될 수 있잖아." 그러나 아라곤은 요정 레골라스의 이러한 순진한 생각에 대하여 다음의 사실을 상기시켜준다. "오크족들은 스스로 내분이 일어났던 것이지." 어떤 한 오크 종족은 자기네보다 더 사악한 다른 오크 종족을 끌어들였던 것이다. 샘과 프로도 역시 이러한 오크족들의 내분 덕분에 키리스 웅골에서의 죽음의 문턱에서 탈출할 수 있었다. 프로도는 오크족들의 이러한 상호간의 적의를 결코 이상하게 생각하지 않았다. 왜냐하면 "그러한 상호간의 적의는 모르도르의 정신"이기 때문이다. 하지만 프로도는 악마의 자기 파멸적인 경향에서 그 어떤 희망의 실마리를 찾아서는 안 된다는 것을 경고하고 있다(3.203). 악마의 자기 파멸적 특성은 자신을 삼키는 과정에서 엄청난 선까지 함께 파괴시킨다. 다만 위대한 지혜와 심지어는 더 위대한 인내만이-그것이 반지 원정대에게서 비롯된 것이든 아니면 일상적인 죽을 운명에 처한 존재들로부터 비롯된 것이든-사우론의 방책을 물리칠 수 있다. 악을 물리치기 위해서 또 다른 악에 의존하는 것은 세오덴의 '때로는 악이 악을 쳐부순다'는 경구를 다음과 같이 기이하게 수정해야 할 결과가 초래될 것이다. '때로는 선이 선을 쳐부순다.'

The Lord Of The Rings

3. 사우론의 눈과 갈라드리엘의 거울: 그릇된 전망의 유혹

사우론이 드디어 패배하자 그의 아름다운 육신은 파괴되어버려서 더 이상 외관의 모습을 취할 수 없게 된다. 그리고 이제 그의 악마성은 좀 더 사악한 영적인 방편에 의존해야만 하게 되었다. 아마도 사우론은 육체적인 모습을 드러내기로 했던 결정에서 어떤 교훈을 얻었음직하다. 비록 그의 정확한 모습은 불분명하지만 그의 유일한 외모는 눈꺼풀이 달리지 않은 거대한 눈으로 나타난다. 그 눈 하나가 바로 사우론의 외관인 셈이다. 그런데 이 눈은 기껏해야 정보와 지식을 가져다주지만, 올바른 분별력과 지혜는 전혀 가져다주지 못한다. 게다가 하나의 눈만으로 사우론은 풍부한 관점과 깊은 전망이 부족했다. 그가 지닌 압도적인 능력과 광대한 시야에도 불구하고 그는 아주 조금밖에는 파악하지 못했던 것이다. 그에게는 타인에 대한 공감적 상상력, 즉 타인의 마음과 삶 속으로 들어갈 수 있도록 해 주는 힘이 전혀 없었다. 악마의 세계는 말 그대로 불합리하다. 사우론의 눈은 아무것도 들을 수 없으며, 일루바타르로부터는 그 어떤 명령도 받지 못한다. 모든 것을 보지만 전혀 보지 못하는 가운데 그는 불합리와 혼돈, 그리고 무질서의 영역 속에 거하고 있다. 은유적으로 볼 때 사우론은 귀머거리인 까닭에 원정대의 이타적 정신을 결코 이해할 수 없었다. 이마 엄청난 괴력을 소유하고 있으면서 사악한 수단을 동원해서 더 강력한 괴력을 얻으려는 사우론은 결사적으로 절대반지를 버리려고 하는 프로도의 열망을 결코 이해할 수 없었다.

톨킨이 눈과 보는 일을 무시하면서 귀와 듣는 일만 순진하게 중시하는 것은 결코 아니다. 곤도르의 입구에는 보는 것과 듣는 자리 둘이 동시에 있다. 그리고 반지를 끼면 누구든지 청각과 시각이 엄청나게 강해진다. 그러나 톨킨이 자신의 작품세계에서 들리는 말의 가치를 중시하고 있음은 의심의 여지가 없다. 고대 언어에 대한 그의 탁월한 지식과, 과거의 언어들을 다시 신선하게 듣고 말하고 싶은 열망, 이들 언어에 깃들어 있는 지혜에 대한 그의 애착, 이 모든 것들 속에서 톨킨은 성경적 전통에 근본적으로 일치하고 있었다. 하나님과 세상을 향한 이스라엘의 주된 관계는 청각적인 양상을 취하고 있다. 하나님의 백성은 항상 그의 인격적인 말씀에 반응할 것을 요청받는 것에서 알 수 있듯이, 이스라엘의 정체성은 본질적으로 쌍방의 대화체적인 특성을 지니고 있다. 하나님께서 아브라함이나 모세, 다윗, 혹은 엘리야나 다니엘의 누구에게 말씀하시든 관계없이, 그의 말씀은 –세상을 근본적으로 위에서 아래로 뒤집는 행동으로서의– 순종을 향한 요청으로 이들에게 임한다. 이스라엘은 하나님의 말씀을 우선적으로 듣고 반응하도록 지음받았다. 그래서 이들 백성은 여호와에 대한 어떤 형상이든지 만드는 것이 금지되어 있는 것은 그리 놀랄 일이 아니다. 눈에 보이는 하나님이라면 흠 잡을 데는 없으나 골목대장에 불과할 것이다.

듣는 일을 매우 중시하는 성경적 입장이 결코 우연히 만들어진 것이 아니다. 우리는 보이는 것에 대해서 자신을 차단시킬 수도 있으며, 바라보고 싶지 않은 이미지나 장면에 대해서는 눈을 가릴 수도 있다. 이와는 달리 귀에는 원하지 않은 목소리를 차단할 그 어떤 귀덮개도 없다. 게다가 귓불은 듣지 못하게 하기 위해서가 아니라 더 잘 들리도록 하려고 달려 있다. 귀는 선포된 메시지를 받아들이는 기관이며 그래서 그 명령에 순종하거나 거절할 선택만 있을 뿐이다. 순종은 "듣다"는 뜻을 담고 있는 라틴어의 "audire"에서 유래되었다. 성경도 하나님을 본 자는 아무도 없다고 계속해서 선언하는 동시에 많은 사람들이 하나님의 말씀을 들었음을 강조한다. 예수님 역시 시각에 의하기보다는 청각으로 사람들을 부르셨다. 즉 "눈이 있는 자는 볼지어다"가 아니라 "들을 귀가 있는 자는 들을지어다"고 말씀하셨다(마 11:15). 예수님은 또 보는 것이 믿는 것이라고 생각하는 의심 많은 도마를 향하여 이렇게 말씀하셨다. "보지 못하고 믿는 자들은 복되도다"(요 20:29). 사도 바울도 이와 비슷하게 권면하고 있다. "우리가 소망으로 구원을 얻었으매 보이는 소망이 소망이 아니니 보는 것을 누가 바라리요. 만일 우리가 보지 못하는 것을 바라면 참음으로 기다릴찌니라"(롬 8:24-25). 원정대의 여정의 상당 부분은 끈기 있는 기다림으로 이어져 있다. 그들은 기다리면서 대부분의 시간을 대화로 보냈다. 그리고 이로부터 과거의 이야기를 듣고, 현명한 자로부터는 가르침을 받으며, 그들의 삶이 함께 휘말려 들어간 엄청나게 복잡한 역사에 대하여 배워갔다.

하지만 지식이라는 것이 그것을 가진 자가 지식의 한계에 대하여 알지 않으면 그 지식은 무제한적으로 좋은 것만은 아니다. 이 점 역시 성경과 일맥상통하는데, 창세기 2장의 창조기사에서 나타난 바와 같이 하나님처럼 선악을 분별하는 지식에 대한 욕망은 결국 타락으로 이어진다. 샘과 프로도는 갈라드리엘의 마법의 거울을 들여다 본 후로 지식이라는 것이 위험할 수도 있음을 깨닫는다. 이 거울은 과거와 현재의 모습뿐만 아니라 가능한 미래의 모습을 보여주는 물동이였다. 그러한 비범한 전망들은 엄청난 축복이 될 수도 있다. 그러나 미래를 들여다보는 것은 특히 위험하다. 왜냐하면 미리 바라본 미래의 모습이 참혹하다면 그것을 본 자는 절망에 빠질 것이기 때문이다. 샘과 프로도는 자신들 앞에 펼쳐질 모습들이 참으로 끔찍하다는 것을 알게 되었다. 거울을 들여다보았을 때, 샘은 프로도가 쉴로브의 소굴에 죽은 듯이 뉘어져 있는 모습을 보게 된다. 그는 또 사우론과 그의 졸개들에 의하여 나중에 샤이어 땅이 약탈당할 모습도 보게 된다. 프로도가 사우론의 섬뜩한 모습을 힐끗 보게 되었을 때처럼, 심지어는 현재 상황에 대한 지식도 그것이 특히 악한 것일 때에는 절망감을 안겨다준다.

> 프로도는 어둠 속을 들여다보았다. 칠흑 같은 심연 속에서 서서히 작은 눈 하나가 나타나 점점 커지면서 결국은 거울을 가득 채웠다. 그 눈동자는 너무나도 섬뜩해서 프로도는 눈길을 돌리거나 비명조차도 지르지 못하고 그 자리에서 꼼짝도 못하고 얼어붙었다. 그 눈가에는 불꽃이 이글거렸고 고양이 눈처럼 노란 눈동자는 날카로운 눈초리로 그를 응시했다. 눈동자의 검은 부분이 마치 창문처럼 열리면서 어둠이 드러났다(1.379).

여기에서 톨킨이 강조하고 싶은 것은 악이란 참으로 존재하는 어떤 것이 아니다. 오히려 악은 아무것도 아닌 허무이다. 그리고 여기에 악의 진정한 파괴력이 숨어 있는 것이다. 만일 악을 논리적으로 설명할 수 있다면, 그래서 그 악이라는 것이 선에 대한 왜곡이나 일그러짐 정도로 완전히 설명이 가능해진다면, 이를 계기로 그 악은 완전히 정복될 수도 있을 것이다. 그러나 악은 끔찍스러울 정도로 아무것도 아닌 것, 이름도 없는 캄캄한 허공이기 때문에, 합리적이고 도덕적인 통제에 온전히 순응하려고 들지 않는 불합리와 모순으로 가득 차 있는 것이다. 앞에서 살펴본 바와 같이 악에는 항상 불합리한 특성이 있다. 사우론의 힘은 올바로 이해하지 못하게 방해하고, 당혹감을 초래하며, 그래서 좌절감을 끌어낸다. 사실 좌절감은 원정대로 하여금 자신들의 임무를 그만두고, 내버려두고, 적군에게 굴복하도록 계속해서 유혹한다. 샘과 프로도가 자신들의 음울한 미래를 보게 되었을 때, 그들은 임무를 포기하고 되돌아가고픈 유혹을 느낀다. 이를 통해서 톨킨은 대부분의 사람들이 만일에 자신의 암담한 미래를 미리 보게 된다면 그들 역시 그러려고 한다는 점을 상기시켜준다. 그러나 두 호빗은 그렇게 하지 않았다. 대신에 그들은 갈라드리엘의 다음과 같은 권면을 염두에 둔다. "이 거울은 많은 것들을 보여주지만 또 그 모든 것들은 아직 일어나지 않았음을 명심하세요. 그리고 그 환상을 본 사람이 그것을 막아보려고 길을 바꾸지만 않는다면 오히려 그 일은 일어나지 않을 수도 있습니다"(1.378).

4. 악덕보다 미덕에 호소하는 죄악

구약성경과 신약성경은 계속해서 스스로를 의롭게 여기는 행위를 죄악으로 규정하고 있다. 이스라엘은 자신들이 여호와 하나님으로부터 선택받았으며 율법에 순종하는 백성이라고 하는 그릇된 자만감에 계속해서 근방의 이방인들을 멸시하곤 했다. 예수가 바리새인들을 책망할 때에는 그들의 악덕보다는 그들이 자랑하는 미덕, 즉 자신들이 구원받을 만한 이유를 하나님이 아니라 자기 자신들에게서 찾으려는 자만심을 비판하였다. 이러한 문제는 자신들의 거룩한 삶 덕분에 하나님 앞에서 의롭다함을 받는다고 생각하는 경향이 있는 그리스도인들에게서 좀 더 심각한 모습으로 나타난다. 그래서 로마서와 갈라디아서에서 사도 바울은 그리스도 안에서 얻은 자신들의 구원을 근거로 다른 사람들을 비난하는 자들에 관하여 계속해서 책망한다. "그러므로 남을 판단하는 사람아 무론 누구든지 네가 핑계치 못할 것은 남을 판단하는 것으로 네가 너를 정죄함이니 판단하는 네가 같은 일을 행함이니라"(롬 2:1). 자기를 의롭게 여기는 죄에 대한 경고는 동일하지만 사도 바울은 갈라디아 교회 성도들을 향해서는 좀 더 긍정적인 맥락에서 이렇게 호소한다. "너희가 짐을 서로 지라 그리하여 그리스도의 법을 성취하라 만일 누가 아무것도 되지 못하고 된 줄로 생각하면 스스로 속임이니라"(갈 6:2-3).

 톨킨은 또 악은 우리의 악덕보다는 선한 덕목들을 먹잇감으로 삼는다는 근본적인 확신을 계속 제시한다. 그것이 지식이나 용기든, 또는 근면함이나 충성심이나, 아름다움이든 상관없이 우리가 가진 장점이나 미덕은 우리로 하여금 그러한 덕목들이 부족한 사람들을 멸시하도록 자극하건, 또는 자신의 이기적인 목적을 위하여 이런 덕목들을 동원하도록 부추긴다. 심지어는 『반지의 제왕』에 등장하는 인물들 중에서 가장 고결한 존재인 간달프조차도 그러한 유혹으로부터 자유롭지 못하다. 그에게서 찾아볼 수 있는 현저한 덕목은 동정심이며, 그 때문에 자신은 절대반지를 결코 지녀서는 안 된다는 점도 잘 알고 있다. 절대반지는 한편으로는 그에게 약한 자들을 너무나도 철저하게 보호해 줄 힘을 가져다 줘서 결국은 이들이 더 이상 강성해지지 않게 될 수도 있다. 그런데 또 다른 한편으로 절대반지의 힘은 그에게 모든 악을 용서해 줄 수 있도록 만들 수도 있으며, 그렇게 되면 자비와 정의, 용서와 회개 사이의 적절한 긴장마저 사라지고 말 것이다. 그래서 프로도가 그에게 반지를 넘기려고 하자 간달프는 간절하면서도 두려운 마음으로 거절한다.

"안 돼!" 간달프는 벌떡 일어서면서 외쳤다. "그 힘을 소유하게 되면, 나는 너무나도 강한 능력의 소유자가 될 거야. 그리고 반지도 나에게 더 강하고 치명적인 힘을 휘둘러 댈거야." 그의 눈에 불꽃이 일어났고, 그의 얼굴은 속에서 불길이 타오르는 듯 벌개졌다. "나를 유혹하지 말게! 나는 암흑의 군주처럼 될 생각은 털끝만큼도 없어. 혹 내 마음에 그 반지가 끌린다면 그것은 동정심 때문이야. 약자를 위한 동정심. 선한 일을 할 수 있는 힘에 대한 열망 말일세. 그러나 나를 유혹하지 말게! 나는 감히 그것을 취할 수 없을 뿐만 아니라 사용하지 않고 그저 안전하게 보관할 자신도 없네. 반지를 사용하고 싶은 욕망은 내 힘으로 억누를 수 없는 유혹이야. 내 앞길에는 너무나도 많은 시련이 놓여 있어서 나는 아마도 그것을 사용하지 않고는 못 배길 것이네"(1.70-71).

요정여왕 갈라드리엘도 절대반지를 자신에게 넘기려고 할 때에 이와 비슷한 유혹을 받았다. 그녀는 일루바타르에 대한 자기의 놀도르 요정들의 배신을 상당부분 구제해 주기도 하였다. 또 그녀는 원정대와 친구가 되어 마법의 망토와 신비한 음식, 그리고 원정대의 목숨을 지켜주는 다른 선물들도 준다. 그녀가 프로도에게 준 작은 유리병에는 실마릴과 두 나무에 들어있던 태고의 빛의 일부도 들어 있는데, 이 유리병 덕분에 샘과 프로도는 지옥같이 캄캄한 쉴로브의 소굴에서 벗어날 수 있었다. 그러나 놀랄 만한 아름다움과 거룩함에도 불구하고 그녀만이 느끼는 독특한 유혹으로부터 그녀 역시 자유롭지는 못했다. 반지를 손에 넣는다면 그녀는 무서우리만큼 아름다워질 수도 있으며, 그녀의 눈부신 모습을 사실상 모두가 숭배하려고 할 정도가 될 것이다.

여기에서 톨킨은 오늘날의 세상에서는 아름다움과 악을 함께 파악하는 것이 어렵다는 점에 대하여 경고하고 있다. 아름다운 요정이 느꼈던 두려움은 사실상 예전 세대의 마음 속에 계속 자리했던 것이지만 오늘날 우리가 자칫 놓칠 수 있는 부분이다. 그리고 이보다 더 주의할 점은 무언가 한 가지라도 부족한 장점이 선하다는 사실이다(MC, 151). 천사에 관한 성경적 관점에서 알 수 있는 것처럼, 요정들도 자신들의 미덕과 장점에 관하여 두려워해야 한다. 선하면서도 아름다운 갈라드리엘은 자신 역시 절대반지를 소유할 가능성에 관하여 생각해보았음을 고백한다. 그렇게 되면 그녀는 반역자 요정 페아노르의 마음 속에 먼저 일어났던 욕망, 즉 자기 혼자서 통치하고픈 오래된 욕망을 성취할 수도 있다. 그래서 프로도가 반지를 넘기려고 하는 것은 갈라드리엘에게는 생애 최대의 시험이나 마찬가지였다.

지금 당신이 나에게 내놓으려는 것을 나 역시 마음 속으로 오랫동안 탐내 왔음을 부인하지는 않습니다. 오랜 세월 동안 나는 만약 절대반지가 내 손에 들어오면 어떻게 할까 생각해 왔지요. 그런데 놀랍게도 그것이 이제 내 앞에 나타났군요! 먼 옛날에 만들어진 이 악마는 사우론 자신이 일어서든 쓰러지든 간에 여러 가지 방식으로 활동하는 것 같군요. 만일 내가 협박하거나 아니면 강제로 그 반지를 당신에게서 빼앗는다면 그 반지는 본래의 이름값을 제대로 하게 되지 않을까요?(1.381)

그러나 보로미르와 사루만과는 달리, 그리고 파라미르와 샘처럼 갈라드리엘 역시 반지의 유혹을 물리칠 수 있었다. 빌보 역시 반지를 여러 번 사용했지만 어떤 심각한 위험을 겪지 않았다. 무엇 때문에 이런 차이가 생기는가? 왜 누구는 치명적인 유혹을 극복할 수 있는 반면에, 또 누구는 여기에 굴복하고 마는가? 보로미르와 사루만 모두는 자신들을 지도자와 영웅으로 간주하였다. 또 이들의 사랑은 이기적인 욕망과 야망으로 뒤틀려 버렸다. 그러나 이와는 대조적으로 다른 이들은 예수가 청결한 마음이라고 불렀던 것과 유사한 그 어떤 것을 마음 속에 지니고 있었다(마 5:8). 이들은 마음에 정직한 영혼과 양심을 고이 간직하고 있었다. 또 이들은 자신을 군주보다는 종으로 여겼다. 이들 마음 속에 담긴 사랑의 마음은 모두가 선을 향하여 올바로 정돈되어 있었다. 빌보는 책을 저술하고 시를 지으며 호빗족들의 유익을 위하여 요정들의 작품을 번역하는데 헌신하였다. 샘도 그 무엇보다도 자신의 주인 프로도를 섬기는데 최선을 다했다. 파라미르는 왕의 귀환을 대비하여 곤도르를 보존하는데 전념하였다. 갈라드리엘도 사악한 세력의 공습으로부터 로리엔을 보호하기만을 원했다. 이들의 사랑과 삶이 올바른 목적을 향하여 정돈되어 있었기 때문에 절대반지는 이들에게 그 어떤 해악도 끼칠 수 없었다.

사우론의 공격으로부터 로리엔을 지켜내기에는 갈라드리엘의 위대한 힘만으로는 부족해보이고 그래서 절대반지가 그녀에게 큰 도움이 될 것 같았기에, 그녀는 다른 호빗이나 인간들보다 타락할 가능성이 훨씬 컸던 것이다. 바로 이런 이유로 그녀는 가장 단호한 태도로 이 유혹을 물리쳐야만 했다. 그녀 스스로도 고백하는 것처럼, 만일에 그녀가 반지의 강압적인 힘을 소유하게 되면 그녀의 아름다움은 타인을 자유롭게 초대하는 것이 아니라 강압적으로 얽어매는 것으로 나타날 것이다. 그리고 모든 사람들은 그녀의 아름다움에 머리 숙여 경배할 것이며 자신들의 의지까지도 그녀에게 바쳐야만 할 것이고, 결국 모든 자유와 참된 아름다움은 종말을 고하게 될 것이다. 이런 이유로 그녀는 프로도가 반지를 양도하려는 것을 강력하게 거부해야만 했다.

드디어 반지가 여기 있습니다. 당신은 나에게 반지를 공짜로 주겠다고 하는군요. 그러면 당신은 암흑의 군주 대신에 암흑의 여왕을 세우는 것입니다. 나는 암흑의 여왕이 되지는 않겠지만 아침과 같이 아름다우면서 동시에 밤처럼 무서운 여왕이 되겠지요. 바다와 태양과 산 위의 눈처럼 아름다운 여왕! 그러나 폭풍과 번개처럼 무시무시한 여왕 말입니다. 나는 온 땅을 뒤흔들 수 있을 만큼 강해질 것이고, 모두가 나를 사랑하면서도 또한 두려움에 떨겠지요(1,381).

모르고스가 자기 자신만의 고독한 음악을 좋아하여 일루바타르의 공동체적인 화음을 거부했던 것처럼 갈라드리엘 역시 반지를 쥐게 되면 자유로운 공동체가 아니라 노예들 집단을 통치하게 될 것이다. 그리고 그녀는 새로우면서도 더 사악한 제2의 사우론이 되는 것이다. 그러나 이런 유혹을 물리침으로서 갈라드리엘은 예전보다 더 사랑스러운 반지 원정대의 후견인으로 거듭났다. 프로도는 갈라드리엘의 손가락에 세 가지 요정반지 중의 하나인 네냐가 끼워져 있음을 발견한다. 그 반지는 사우론의 공습으로부터 로리엔을 안전하게 지켜주었던 반지이다. 그러나 만일에 프로도가 절대반지를 파괴하는 일에 실패하면 사우론은 분명 이곳을 공격하여 붕괴시키고 말 것이다. 자기 백성들과 영토가 곧 쑥대밭으로 짓밟힐지도 모르는 암울한 미래에 직면해서도 갈라드리엘은 침착함을 지키고 있었으며 이것이 그녀를 그토록 훌륭한 모습으로 만들어 주었다. 그녀는 어떤 일말의 운명에 자신을 내맡기기보다는, 자신이 감당해야 할 미래의 소임이 꼭 현실로 성취되기만을 소망하였다.

"만일 당신(프로도)이 성공한다면 우리의 힘도 약화되고 로스로리엔은 사라지고 말 것입니다. 시간의 물결이 그 위를 휩쓸고 지나가겠지요. 우리는 서쪽으로 떠나야 하던가, 아니면 아무 골짜기나 동굴에서 형편없이 지내다가 모든 것을 잊고 또 모든 이들로부터 잊혀질 것입니다."
프로도는 고개를 숙였다. "그렇다면 어떻게 되고 싶으시나요?" 한참 만에 프로도가 물었다.
"운명대로 되겠지요." 그녀가 대답하였다. "자기 땅과 일에 대한 요정들의 사랑은 바다보다 깊어서 그것을 잃어버리면 그것은 그 무엇으로도 달랠 수 없을 만큼 큰 슬픔입니다. 그러나 그들은 사우론에게 복종하느니 기꺼이 모든 것을 포기할 겁니다. 이젠 그를 알기 때문이지요"(1,380).

다른 인물들은 갈라드리엘처럼 악의 힘을 그렇게 쉽게 극복하지 못했다. 예를 들어 보로미르는 용감한 전사이자 참으로 영웅적인 인물이었다. 그는 사우론의 죽음의 위협도 두려워할 줄 몰랐다. 그럼에도 불구하고 그는 사우론을 무찌르기 위해서는 원정대가 절대반지를 사용하자고 주장하였으며 분별없이 허세를 부렸다. 그러나 곤도르에는 모르도르의 대공세에 대항할 충분한 군대가 없다는 것을 알고서 절망에 빠져서 그의 시야 역시 흐릿해졌다. 그가 보기에 유일한 희망이란 반지로 사우론을 과감하게 공격하는 것에만 있는 것 같았다.

보로미르는 미덕들의 불가분성을 구분하는데 실패하였다. 누구든지 지혜와 정의와 절제, 그리고 다른 덕목들과의 결합이 없이는 진정으로 용감할 수 없는 것이다. 게다가 기독교적 맥락에서 볼 때 선을 지키기 위하여 목숨을 과감히 포기하려는 의지로서의 용기라는 덕목은 순교라고하는 새로운 덕목으로 급진적으로 변화하였다. 순교는 목숨을 지키려고 자신의 신앙을 부인하기보다는 기꺼이 죽음을 택함으로서 그 신앙을 분명히 증언하는 것이다. 이러한 모습이 바로 원정대가 펠렌노르 벌판의 전투에서 분명하게 보여주는 증언으로서, 사우론의 대군 앞에서 이들은 마치 도살장으로 끌려가는 어린양처럼 무기력할지라도 자신에게 주어진 사명과 그에 대한 믿음을 결코 포기하지 않고 끝까지 지키는데서 잘 나타난다.

보로미르는 꼭 자신이 죽어야 한다면 무엇보다도 영웅적인 죽음을 택하고 싶었다. 그러나 그는 반지를 소유하게 되면 자신의 찬란한 용기가 타락하게 될 것을 미리 분별하지 못했다. 설령 그가 반지를 사용하여 사우론을 물리치더라도 그는 갈라드리엘과 간달프 모두가 경고한 바와 같이 그 다음에 새롭고도 더 사악한 암흑의 군주가 될 것이다. 그러한 역설을 깨닫지 못한 보로미르는 프로도로부터 반지를 빼앗으려고 하였다. 그러자 프로도는 원정대 일원이었던 보로미르로부터 도망치고자 반지를 다시 끼어야만 했다. 원정대를 단결시킨 미덕을 부패시키는 악의 힘은 너무나도 사악하여 결국 원정대는 외부의 공격이 아니라 내부의 분열로, 사루만이나 반지요정들과 같은 적군에 의해서가 아니라 영웅적인 용맹의 이름으로 행동하는 보로미르라고 하는 원정대 일원에 의하여 무너지고 말았다.

> 진실된 마음을 품은 사람들은 결코 반지 때문에 타락하지는 않아. 미나스 티리스의 우리는 오랜 시련에도 잘 견뎌 왔지. 우리가 바라는 것은 마법사의 힘이 아니라 우리 자신을 지킬 수 있는 힘, 정의를 세울 수 있는 힘이라구. 그런데 보게나! 이 어려운 시기에 운명은 우리에게 그 힘의 반지를 가져다 주었어. 나는 그것을 선물이라고 부르겠네. 모르도르에 대항하는 우리에게 주어진 선물이라고. 그런데 그것을 사용하지 않는 것은 정말 미친 짓이야. 적의 힘을 이용하여 적을 치는 것이지. 두려움을 모르는 냉정한 자만이 승리를 쟁취할 수 있어. 위대한 지도자나 전사라면 이러한 때에 어떻게 행동해야 할 것인가? 아라곤이라면? 만일 그가 거절한다면 이 보로미르는 어떤가? 그 반지는 나에게 지휘권을 부여하겠지. 만일 내가 모르도르 일당을 쫓아내면, 모든 사람들이 내 깃발 아래로 모여들지 않을까?(1.414)

보로미르가 펼치는 주장의 논리를 살펴보면 그의 용맹도 이미 타락하였음을 알 수 있다. 그는 먼저는 사우론을 용맹스럽게 무너뜨리는 것을 원했지만, 그 다음에는 영웅적인 전사를 칭송하기보다는 그저 절대반지를 정당하게 휘두르는 자로서 자신을 추켜세우다가 마지막에는 자기 혼자에게만 주어질 영광에 갈채를 보내면서 무자비한 살인자를 칭송하기에 이르렀고, 결국 그의 이야기는 대꾸하는 사람 없이 혼자 지껄이는 말로 끝을 맺었다.

5. 영생불사와 눈에 보이지 않게 만드는 힘에 대한 유혹

　절대반지가 지닌 강력한 매력 중의 하나는 이 반지가 소유자에게 지속적인 생명력을 가져다준다는 것이다. 골룸은 가운데 땅에 사는 유한한 피조물들 중에서 가장 오랫동안 그 반지를 지니고 있었으며, 덕분에 그의 생명은 엄청나게 연장되었다. 즉 그는 매우 나이가 많다. 하지만 그의 생명이 양적으로는 오래 늘어났으나, 그의 삶의 질은 전혀 나아지지 않았다. 오히려 그는 반지에게 완전히 갉아 먹힌 것이나 다름없었다. 이기적인 욕망을 자기 소멸적으로 만족시키는 과정에서, 그의 상상력은 전적으로 자신에게만 집중하게 되고 그 까닭에 그는 육체적으로나 영적으로 완전히 쇠약해져버렸다. 그러나 골룸에 관한 간달프의 설명에 따르면, 일그러진 이 피조물에 사악함이 도사리고 있었지만 그는 야비하기보다는 오히려 애처로울 지경이었다고 한다. 악은 스스로를 처벌한다. 간달프가 설명하듯이, 반지에 대한 골룸의 뒤틀린 사랑은 그가 그토록 우상시했던 것에 대한 은밀한 증오로 뒤바뀌었다.

　　골룸이 예전에 동경했던 산 속의 모든 "위대한 비밀"도 알고 보니 텅 빈 어둠뿐이란 것이 드러났고, 이젠 더 이상 발견할 것도 없고 할 일도 없어서 물고기를 잡아먹는다거나 쓰라린 과거를 회상하는 것이 소일거리였지. 그도 역시 불쌍한 처지였던 거야. 그는 어둠을 증오했지만 빛은 더욱 싫어했고 만물을 증오했다네. 그 중에서도 반지를 가장 증오했지...... 그는 자신을 미워하면서도 사랑한 것처럼 반지도 미워하면서 사랑한 거야(1.64).

　톨킨에게 있어서 현대인들이 삶의 질보다는 양에 더 집착하는 것이 바로 이들의 불신앙의 증거나 다름없었다. 인간에게 할당된 성경적인 연한(年限)을 넘어서 생명을 연장하려는 집착은 생명을 주신 하나님보다는 생명 그 자체를 우상시하는 것이다. 누군가 지적했듯이 인간이 생존하는 중요한 목적이 무엇인지에 관하여 물어보면 현대 서구의 대다수 사람들은 이렇게 대답할 것이다. "생존의 목적은 죽지 않고 살아 있는 것이고, 살아 있는 목적은 즐거운 시간을 갖기 위함이다." 그런데 현대인의 유일한 두려움이 있다면 그것은 죽음에 대한 공포이다. 그래서 건강과 오락산업들이 새롭게 발전하는 가운데, 소위 "발전된" 선진국의 대다수 시민들은 사실상 쉬지 않고 한 두 종류의 치료요법을 받거나 이로부터 즐거움을 맛보는데 관심을 쏟고 있다. 중세 시대의 도시들은 대성당에 집중되어 있었던 반면에 현대의 도시들은 거대한 의료단지 주변을 중심으로 건설되고 있으며, 심지어는 근교도 그 중심부에는 테니스나 골프장으로 뒤덮여 있다. 이렇게 장수와 오락에 열광하는 상황을 바라보면서 톨킨은 우리가 시편 기자가 가르치는 고대의 정직을 잃어버렸음을 보여주고 있다. "우리에게 우리 날 계수함을 가르치사 지혜의 마음을 얻게 하소서"(시 90:12). 앞으로 살펴보겠지만 톨킨은 죽음을 가장 탁월한 선물들 중의 하나로 간주하였다.

절대반지는 장수에 대한 유혹만큼이나 강력한, 말 그대로 보이지 않게 만드는 힘에 대한 유혹도 가지고 있었다. 반지를 끼면, 적어도 사우론과 반지악령들에게서는 예외겠지만, 다른 존재들의 시야에서 사라질 수 있다. 그러나 이상하게도 절대반지는 순결한 존재들, 즉 불사의 땅에서 사는 존재들의 시야를 차단하지는 못했다. 보이지 않게 만드는 절대반지의 힘은 그것을 끼고 있는 동안에 자신들을 추격하는 사람들로부터 도망칠 수 있었던 빌보와 프로도 모두에게는 참으로 유익했었다. 하지만 이 경우에 절대반지는 이들이 다만 우연한 기회에 그렇게 할 수 있도록 도왔을 뿐이다. 이런 모습을 통해서 톨킨이 전하는 메시지는 죽지 않고 계속적으로 생명을 유지하는 것과 시야에서 사라지는 능력을 갖는 것은 악하다는 것이다. 날생선에 대한 과도한 탐욕을 채우기 위하여 골룸이 계속해서 절대반지를 사용하자, 결국 이상의 두 가지 재능은 그를 철저하게 파멸시키고 말았다.

톨킨은 플라톤이 『국가론』(the Republic)에서 언급했던 내용 중에, 그것을 끼고 있으면 보이지 않게 만드는 마력을 지닌 기게스의 반지에 관하여 알고 있었음이 분명하다. 이 책에서 글라우콘은 선한 일을 하는데는 외부적인 위협이나 보상이 필요하지 않다는 소크라테스의 주장에 반박하기 위하여 그 신화를 언급한다. 소크라테스의 주장에 따르면 선행은 그 자체로 만족스러운 것이며 그래서 그 어떤 보상도 필요하지 않다는 것이다. 그러나 글라우콘은 주장하기를 기게스의 이야기는 만일에 강제력이 없을 때 인간의 본성은 어떻게 되는지를 잘 보여준다는 것이다. 기게스는 자신의 마술 반지를 가지고서 그가 원하는 것은 무엇이든지 손에 넣을 수 있었다. 그는 자신을 보이지 않게 만드는 이 반지를 이용해서 물건을 훔치며 붙잡히지도 않고 사람을 죽이고 심지어는 왕비가 알아채지 못하게 그녀의 침대에 들어가서 그녀를 유혹하며, 왕을 살해하기까지 할 수 있었고 결국은 스스로 왕좌에 올랐다. 기독교인이었던 톨킨은 합리주의자 플라톤과는 달리 인간의 타락한 본성에 관하여 잘 알고 있었으며 그래서 그는 소크라테스보다는 글라우콘의 입장을 더 지지하였다. 골룸은 악마의 유혹하는 힘이 보이지 않게 만드는 마력으로 나타날 때 이것이 결국은 얼마나 파괴적인지를 잘 보여주는 증인인 셈이다.

6. 절대반지의 강제적인 힘

사우론이 직접 나서서 불행에 빠진 원정대와 반지 소유자 프로도를 유혹하지 않을 때라도 그 절대반지 스스로가 프로도를 유혹하였다. 반지를 끼고 있으면 그는 다가오는 위험으로부터 즉시 도망칠 수 있으며, 그렇게 해서 비록 친구들의 목숨은 어찌하지 못한다 하더라도 자신의 목숨은 지킬 수 있었다. 프로도가 고분악령들(the Barrow-wights)에게서 도망치기 위해서 반지를 사용하려고 했을 때 그랬던 것처럼 악은 항상 자신의 행위를 정당화시킬 수 있다. "그는 자기 혼자라도 살아남아서, 메리와 샘, 그리고 피핀에 대해서는 안타까워하면서 풀밭을 자유롭게 뛰어가는 자신의 모습을 생각해 보았다. 그 상황에서는 자신도 어쩔 수 없었다고 하면 간달프도 이해해 줄 것 같았다"(1.152). 그러나 프로도는 초기의 이러한 유혹을 극복하였으며, 반지의 유혹에 대한 그의 저항 역시 매번의 거절 속에서 더욱 강해졌다. 하지만 절대반지의 강압적인 위력은 계속해서 프로도를 짓눌렀으며, 자기만 살아남고 싶은 내면의 열망이 줄어들수록 그가 물리쳐야만 하는 외부의 위력은 더더욱 강해졌다.

질병이나 노쇠 때문에, 또 심지어는 마음과 정신의 문제 때문에라도, 육신의 삶이 쉽게 피로해지는 것은 의심의 여지가 없으며, 그런 이유로 육신의 몸에서 벗어나고 싶은 유혹이 드는 것이다. 요정들은 종종 너무나도 깊은 슬픔에 빠지면 그들의 영이 몸에서 자유로이 벗어나버리기도 한다. 하지만 빌보로 하여금 인생에 지치도록 만든 것은 반지 때문이었다. 비록 빌보는 여전히 강건한 것처럼 보이지만, "기력이 없어 쓰러질 지경입니다. 무슨 뜻인지 아시겠지요? 이는 마치 버터 한 조각으로 빵을 너무 많이 발라먹은 것 같습니다"(1.41). 절대반지는 빌보의 수명을 늘려주었지만 그의 인생의 질을 향상시켜

주진 못했다. 골룸의 삶도 그렇게 심각하게 파괴되었던 것도 그리 이상한 일이 아니다. 그는 무려 5백년 동안이나 반지를 지니고 있었으나, 그 때문에 그는 거의 유아, 심지어는 동물과도 같은 상태로 퇴보하고 말았다.

한편 프로도는 절대반지를 상대적으로 짧은 기간 지니고 있었지만 그 역시 반지 때문에 곧 피로해졌다. 또 그는 사우론과 그의 노예들에게 발각될 소지도 있겠지만 반지를 끼고서는 악마의 위협으로부터 벗어나고픈 유혹도 느꼈다. 심지어는 로벨리아처럼 프로도가 별로 초대하고 싶지 않은 먼 친척까지도 반지를 끼고서는 도망가고 싶은 유혹이 들게 만들 정도이다. 프로도는 그러한 유혹을 간달프에게 털어 놓았다. "솔직히 말해서 빌보 아저씨의 반지를 끼려고 했어요. 정말 사라지고 싶었다니까요"(1.48). 그러나 그로 하여금 아마도 허공 속으로 사라지고 싶게 만든 것은 절대반지 자체가 가지고 있는 강력한 힘이었다. 절대반지로부터 우러나오는 이 유혹은 특히 그가 반지악령들의 공격에 직면했을 때 더욱 심해졌다. "어떤 힘이 그로 하여금 이전의 모든 경고들을 무시하도록 압박을 가해 왔으며 그는 그냥 거기에 굴복하고 싶었다. 위험으로부터 벗어나겠다거나 아니면 좋거나 나쁜 어떤 행동을 취해야겠다는 생각이 아니었다. 그냥 반지를 한번 껴보아야겠다는 생각만 들었다"(1.207-8).

절대반지가 가지고 있는 사악함의 본질은 유혹하는 힘뿐만 아니라 속박하는 힘에서도 찾아볼 수 있다. 반지는 의지를 속박한다. 간달프도 이 위력을 파괴할 수 없었으며, 그렇게 하고 싶은 열망도 들지 않을 정도였다. 다만 프로도가 반지를 운명의 화산 속으로 던져서 파괴한다면 그의 마음과 의지는 반지의 억압에서 비로소 자유로워질 것이다. 간달프는, 강제력과 악 사이의 관계뿐만 아니라, 자유와 선(善) 사이의 심오하면서도 역설적인 관계에 대하여 이렇게 설명한다. "프로도 자네 역시 반지를 쉽게 버리지 못하네. 물론 파괴할 수도 없고 말일세. 그리고 나 역시 억지로라면 모를까 자네에게 그것을 강요할 수도 없네. 그렇게 억지로 하면 자네도 좋아하지 않겠지"(1.70). 간달프가 자신의 힘으로 프로도를 반지의 속박에서 자유롭게 해준다면 이는 그 호빗을 간달프의 꼭두각시로 만다는 것이나 다름없다. 하지만 이 대안 역시 바람직하지 못하다. 프로도를 옥죄려했던 반지의 마력보다 더 강하게 다시 프로도를 짓누를 것이기 때문이다.

여기에서 톨킨은 진정한 자유는 스스로 선을 택하여 이를 행하는 것이며, 악을 행하는 것은 달리 말하자면 자유롭지 못한 상태에서 행하는 것, 즉 자유로워야 할 의지가 오히려 억압당한 상태에서 행동하는 것이라고 주장했던 사도 바울과 어거스틴, 그리고 이들의 수많은 추종자들의 입장에 매우 가깝다. 이들은 한결같이 주장하기를 하나님의 은혜는 우리로 하여금 악에 대하여 올바로 반응할 수 있도록 해준다고 하였다. 이러한 탁월한 신학적 전통에 비추어 볼 때, 우리는 우리가 스스로 용감하게 내린 결정들의 합산이라기보다는 위로부터 은혜로 받았던 은사들의 산물이라고 말하는 것이 더 나을 것이다. 그런데 모든 악이 다 문제가 되는 것은 아니다. 악은 우리가 알아채지 못하게 아주 은밀하게 유혹해 들어오기도 하지만 또 다른 한편으로 어떤 악은 우리의 의지와의 격렬한 투쟁을 야기시키기도 한다. 절대반지는 희생자들을 들볶는 와중에서, 가장 강력한 의지를 향해서 그에 버금가는 유혹의 손길을 뻗쳤다. 원정대가 반지악령들과 처음 조우하게 되었을 때에 프로도는 이러한 쓰라린 사실을 깨닫게 되었다.

> 프로도 역시 동료들만큼이나 두려움에 떨고 있었다. 그 역시 마치 한 겨울의 추위라도 만난 것처럼 덜덜 떨고 있었으나 반지를 끼고 싶다는 순간적인 유혹에 정신이 팔려서 두려움을 잠시 잊어버렸다. 반지를 끼고 싶은 유혹이 너무나도

강해서 그는 다른 생각을 전혀 할 수가 없었던 것이다...... 그는 말조차도 할 수가 없었다. 프로도는 샘이 자기를 바라보는 것을 알았다. 샘은 지금 프로도가 대단히 어려운 지경에 처해 있음을 아는 것 같은 표정이었으나 프로도는 그에게로 고개를 돌릴 수가 없었다...... 그는 눈을 감고 잠시 자신과 싸우고 있었다. 그러나 그의 저항은 역부족이었고 반지를 꿴 줄을 꺼내서 왼손집게 손가락에 반지를 끼웠다(1.207-8).

원정대 일행이 사우론과 그의 무시무시한 군대와의 마지막 전투를 향하여 점점 더 가까이 다가갈수록 그들은 악의 맹공에 과감히 도전하겠다고 하는 자신들의 의지를 더욱 강하게 발휘해야만 했다. 그러나 그들 중 일부는 다른 이들에 비해서 좀 더 쉽게 반지의 유혹을 물리치는 것 같다. 예를 들어 파라미르는 고백하기를 길 위에 떨어져 있는 반지를 자기가 발견했더라면 그는 결코 이것을 줍지 않았을 것이라고 한다. 또 샘 역시 반지를 쉽게 내던져버릴 마음이 있었다. 그러나 톨킨이 자신의 소설에서 계속적으로 강조하는 바는 반지의 위력은 가장 강력한 의지라도 이를 무너뜨릴 수 있다는 것이다. 이 점에 대하여 간달프는 보로미르에게 이렇게 경고한다. "반지의 힘은 너무나도 위력적이어서 아무나 그것을 함부로 사용할 수 없습니다. 이미 스스로 위대한 힘을 소유한 자만이 반지를 이용할 수 있을 뿐이지요. 그러나 그런 자들조차도 그 때문에 더욱 치명적인 화를 자초할 수도 있습니다. 반지에 대한 욕망이 이들의 마음을 타락시키는 것입니다"(1.281).

바로 이러한 욕망 때문에 보로미르는 타락하고 말았다. 그가 프로도에게서 반지를 빼앗는데 성공해서 그가 약속한 것처럼 사우론과 싸우는데, 그리고 더 나아가서 사우론을 무너뜨리는데 그 반지를 사용할 수도 있을 것이다. 그러나 그 다음에 그는 자신을 새롭고도 더 사악한 악의 군주로 등극시키고 말 것이다. 간달프는 반지의 이러한 파괴적인 힘에 관하여 보로미르의 부친인 데네소르에게 다음과 같이 설명한다. "그가 만일 이 반지를 움켜잡았더라면 그는 타락하고 말았을 것입니다. 그는 자기 자신을 위해서 그것을 가지려고 했을 것이고, 그가 돌아왔을 때에 당신은 아들을 제대로 알지 못했음을 비로소 깨닫게 될 것입니다"(3.86). 간단히 말하자면 절대반지는 인간의 강력한 의지만으로는 쉽게 무너뜨릴 수 없는 강제력을 심어 놓는다. 톨킨은 "절대권력은 절대적으로 부패하기 마련이다"는 액튼 경의 경구에 전적으로 동의했다.

절대반지를 지니고 있던 프로도는 자신을 속박하는 반지의 위력이 점점 거부할 수 없을 정도로 강해지는 것을 느꼈다. 이 점은 빌보에게도 마찬가지였다. 빌보가 자신의 고별생일잔치에서 반지를 하찮은 목적으로 사용했던 것은 장난기어린 행동이었다. 그러나 간달프가 그에게서 반지를 받으러 돌아왔을 당시에 빌보 역시 반지의 위력에 깊숙이 매료되기는 마찬가지였다. 사실 마법사 간달프는 빌보가 반지를 자기에게 넘겨주기 전에 혹독한 진노로 빌보를 위협할까 하는 생각도 가졌다. 심지어는 프로도와 반지 원정대가, 깊은 골(Rivendell)에서 정신을 잃고 비실거리는 빌보를 방문하게 되었을 때도 이 나이든 호빗은 여전히 반지에 대한 욕망을 떨치지 못했으며, 그 유혹은 너무나도 강해서 여전히 그를 유혹할 정도였다. 심지어는 전혀 악의가 없던 샘도 쉴로브의 소굴 근처에서 거의 죽은 것처럼 보이는 프로도에게서 반지를 주워들었을 때 자신의 의지를 얽어매어드는 반지의 강제적인 위력을 느꼈다. 이 때 샘은 마치 자기 몸이 스스로 마치 반지 속에 살고 있기라도 한 양, 자기 손이 거역할 수 없는 힘을 따라서 저절로 반지를 향하여 움직여 가는 것을 느꼈다. 그러나 결정적으로 그의 마음은 타락하지 않았으며, 자기 주인인 프로도를 섬기는 것 이외에 달리 바라는 것이 없으며, 그의 순수한 마음은 키리스 웅골 탑 속에 있는 적의 책략을 간파하였기 때문에 반지의 유혹을 거절할 수 있었다.

그의 마음에는 여러 환상들이 일어났으며, 위대한 영웅 샘 와이즈가 불칼을 들고 암흑의 땅으로 진격하고 있는 모습도 보였다. 그리고 자신의 명령에 따라 무수한 군사들이 그를 따라 진격하면서 바랏두르를 전복시키고 있었다. 다음에는 갑자기 모든 구름이 걷히고 밝은 태양이 빛났다. 그의 명령에 따라 고르고로스 계곡은 꽃과 수목의 동산으로 변했고 많은 열매들이 맺혔다. 그는 그저 절대반지를 끼고서 이 모든 것들을 명령하기만 하면 되는 것이다. 그러면 모든 일들이 이뤄질 것이다.
  이러한 시험의 순간에 샘을 단호하게 붙잡아 주었던 것은 그의 주인에 대한 사랑이었다. 그리고 무엇보다도 그 내면 깊숙한 곳에서는 소박한 호빗다운 분별력이 여전히 살아 있었다. 비록 그러한 환상들이 자신을 속이는 속임수가 아니라고 하더라도, 샘은 자신이 그러한 엄청난 짐을 감당할 정도로 그렇게 큰 인물이 아니라는 것을 그의 마음 깊숙이 잘 알고 있었다. 한 나라만큼이나 크게 부풀어오르지는 않더라도 자기 손으로 가꿀 수 있는 조그만 정원의 정원지기 정도가 그가 바라는 것이며, 또 자신에게 어울리는 것이라고 생각했다(3.177).

이와는 대조적으로 프로도의 의지는 절대반지의 속박하는 힘에 압도되어갔다. 반지가 만들어졌던 사우론의 소굴 중심부로 점점 다가갈수록, 프로도를 억압하는 힘은 더욱 강해졌다. 그 위력은 프로도를 육체적으로 쇠약하게 만들 뿐만 아니라 그의 정신을 완전히 고갈시켜서 완전한 무기력과 절망감 속에 빠뜨려 놓았다. 자신이 맡은 심부름을 방해하는 장애물들이 점점 흉포해지고 격렬해짐에 따라서 그 임무를 결코 성공시키지 못할 것이라는 끔찍한 공포감이 프로도를 깊은 비관 속으로 밀어 넣었다. 절대반지는 프로도의 머릿속에서 이어지는 매번의 생각까지도 사로잡기 시작하였다. "이제 그것이 내 마음 속에 항상 보이기 시작했어. 불타오르는 거대한 수레바퀴 같은 거 말이야...... 나는 지금 어둠 속에서 완전히 무방비 상태라구. 샘! 나와 불 수레바퀴 사이에는 아무런 덮개조차도 없어. 이제는 눈을 뜨고 있는데도 또렷이 나타난단 말이야. 그밖의 다른 것은 모두 사라져 버렸어"(3.196, 215).

불충한 골룸에게는 계속해서 동정을 보여 왔으며, 이제 운명의 산에 도착하느라고 너무나도 기진맥진해져서 한 걸음도 걸을 수 없게 된 프로도는 스스로를 방어할 힘도 잃어버리고 의지도 거의 바닥이 나버렸던 것 같다. 그런데 마지막 순간에 절대반지를 빼앗으려고 골룸이 프로도의 등 위로 뛰어올랐을 때, 그는 마치 골룸이 벌레라도 되는 양 힘껏 뿌리쳐 내렸다. 갑자기 그토록 강해지고 무자비해진 프로도를 바라보고서 샘은 깜짝 놀랐다. 마지막 순간에 프로도는 자신의 임무를 완수해야 한다는 영웅적인 결심에 집중했던 것이 분명하다. 고결한 목적과 아울러 강인함이 그를 너무나도 강력하게 사로잡아서 그는 사실상 그렇게 변했던 것이다. 그래서 샘은 프로도에게서 "흰 옷을 입은 형체이지만 동정심이라고는 전혀 찾아볼 수 없는" 강인한 모습을 대하게 되었다(3.221). 그러나 프로도의 성결함과 권능도 그의 최고 정점의 순간에 사우론과 같은 사악한 힘에 압도되고 말았다. 그리고 자신과는 전혀 다른 또렷하고도 우렁찬 목소리로 말하는 순간, 그의 마음과 의지 모두를 공격한 강제적인 악마 때문에 복화술사가 되어버린 것이다. "마침내 도착했다. 하지만 내가 하러 온 이 일을 난 할 수 없어. 아니 하지 않겠어. 이 반지는 내 것이야!"(3.223)

이러한 장면은 이 소설에서 가장 놀라우면서도 역으로 절정부분에서 가장 어울리지 않는 순간이기도 하다. 절대반지를 운명의 산으로 가져오려는 그의 모든 노력의 마지막 순간에, 프로도는 자기 스스로의 의지의 부족 때문이 아니라 그 반지가 결국은 그를 압도해버렸기 때문에 그만 마지막 지점에서 실패하고 말았다. 이 원정은 환호에 찬 승리로 끝나지 못하고 실망스러운 패배로 끝났다. 톨킨은 독자들 모두가 원했던 평범한 영웅적 종결에 대한 기대에 찬물을 끼얹은 것이다. 하지만 톨킨은 이를 통해서 매우 중요한 것, 즉 급진적인 선과 급진적인 악을 서로 끔찍하게 대비시켜서 독자들에게 보여주었다. 이를 통해서 톨킨은 프로도와 같은 선한 인물 속에 있는 가장 고결한 선이라도 가장 강력한 악의 유혹을 받을 수 있음을 극명하게 보여주고 있다. 이는 마치 예수가 승리의 환호와는 전혀 거리가 먼 외침과 함께 운명하면서 겟세마네의 기도가 결국은 골고다의 외침에서 끝나는 것과 비슷하다. 그러나 십자가는 완벽한 패배이나 온전한 패배로 달성된 가장 완벽한 승리인 까닭에, 십자가는 기독교의 가장 위대한 "선한 대파멸"(eucatastrophe)이라고 할 수 있다.

원정대의 임무는 용맹스런 프로도에 의하여 달성되지 못하고 탐욕의 늪에 빠진 골룸이 프로도의 손가락에 끼어 있던 반지를 물어 빼앗아서 화산의 틈바구니 가장자리에서 춤을 추다가 용암의 심연 속으로 떨어짐으로써 끝나버렸다. 사우론의 목소리는 골룸이 만일 반지를 빼앗으면 불 속에 던져질 것이라고 경고한 적이 있었다. 그러나 이 예언은 어느 누구도 미리 예측하지 못했던 방법으로, 어쩌면 반지가 스스로를 파멸시키는 방법으로 성취되었다. 다수의 독자들은 원정대의 임무가 이렇게 끝맺는 것에 대하여 조금은 서운하게 생각한다. 그들은 프로도가 반지를 운명의 산의 끓는 용암 속으로 의기양양하게 던져버리면서 영웅적으로 승리를 쟁취하기를 원했던 것이다. 그러나 이러한 종결이 독자들에게 안겨다주는 것은 잘했다고 치켜세우고 환호해 주는 전통적인 영웅들의 모습 속에 들어 있는 바로 우리 자신의 모습이다. 그러한 종결방식은 또 악이란 인간과 호빗의 노력으로 충분히 물리칠 수 있는 것이라고 하는 확신을 가져다 줄 것이다.

그러나 톨킨은 그러한 착각을 단호히 거부하였다. 절대반지에 속박의 힘을 부여함으로써 톨킨은 오늘날의 세계에서 가장 끔찍한 죄악이 무엇인지를 밝히고 있다. 즉 그것은 바로 인간의 정신을 얽어매고 있는 다양한 폭정들이다. 이 중에 가장 명백한 사례는 이전 세기에 팽배했던 다양한 전체주의이다. 자기 나라 정부로부터 직접적으로 살육당한 수백만의 사람들 이외에, 더 많은 사람들이 억압적인 체제 아래 불안과 공포감 속에서 몸을 도사리며 살아야만했다. 이들 역시 반지 원정대를 짓눌렀던 바로 그러한 매일의 공포 속에서 살아야만 했던 것이다. 톨킨은 이 소설을 통해서 인간의 정신이 그러한 소름끼치는 압박과 공포를 감당하면서 살도록 의도된 것은 결코 아님을 강조하고 있다. 하지만 민주적인 국가에서 소위 자유로운 삶을 살고 있다는 우리 역시 스스로의 억압을 만들어 냈다. 과거의 전체주의 통치가 사람을 정치적으로 속박하였다면, 안락과 편리함을 중시하는 오늘날의 문화는 인격적으로 속박하는 유혹거리들을 우리에게 던져주고 있다. 한편 『반지의 제왕』은 매력적인 유혹과 악마의 속박을 극복할 수 있도록 하는 파격적인 대안적 삶의 방식도 독자들에게 함께 제시하고 있다. 악의 참상에 대한 인간의 반작용과 아울러 신성한 교정 작업이 이제 우리가 다음 장에서 계속해서 살펴볼 주제이다.

The Lord Of The Rings

The Counter-Action to Evil: Tolkien's Vision of the Moral Life

제3장 악에 대한 반작용: 도덕적 삶에 관한 톨킨의 전망
   1. 지혜와 분별력: 자기희생을 가져오는 덕목
   2. 정의: 자비를 필요로 하는 덕목
   3. 용기: 내에서 생기는 덕목
   4. 절제: 기분 좋은 고행을 산출하는 덕목

The Counter-Action to Evil: Tolkien's Vision of the Moral Life

악에 대한 반작용:
도덕적 삶에 관한 톨킨의 전망

3

톨킨이 『반지의 제왕』에서 묘사하는 악의 실상은 참으로 무시무시할 정도로 솔직하고 분명히 설득력 있지만 그러나 이것이 이 책에서 말하려는 핵심은 아니다. 만일에 톨킨 자신이 이교적이고 기독교 이전의 풍조에만 머물렀더라면, 이 책에서 묘사되는 악의 실상이 책의 핵심으로 부각됐을 수도 있을 것이다. 그러나 톨킨은 고대 북유럽과 게르만의 영웅적 인물을 칭송하는 문화에 매력을 느꼈지만, 이러한 문화 속에 자리하고 있는 지배적인 암흑과 절망에만 머무를 수는 없었다. 고대의 이교 세계는 악에 대해서는, 이생에서나 내생에서든, 다만 저항해볼 수 있을 뿐 결코 정복될 수 없다고 여겼다. 앞에서 가경자 비드(可敬者, the Venerable Bede)의 견해에서 살펴본 것처럼, 고대 북구인들에게 있어서 삶이란 마치 참새 한 마리가 밝게 비취는 연회장의 한쪽 끝으로 날아 들어가서 다시 캄캄한 흑암 속으로 빠져나오는 것으로 이해하였다. 삶이란 그렇게 캄캄한 허무로부터 밝은 빛 속으로 날아 들어왔다가 다시 영원한 흑암 속으로 빠져나가는 것이라고 보았다. 그러나 톨킨이 고대 북구인들의 삶에 대한 냉혹한 현실주의에 동의했다 하더라도, 그는 분명 자신의 작품세계에 심원한 기독교적 확신을 주입시켜 놓은 헌신적인 가톨릭교도였다. 이러한 기독교적 확신들 중에서 중요한 것들로는 빛이 어두움의 운명을 규정짓는다는 것과, 현재의 삶 속에서 악이 부분적으로는 승리한 것처럼 보인다고 하더라도 그 승리는 결코 영원한 것이 아니라는 것, 이생에서의 참된 삶은 결국은 승리를 거둘 선에 대한 분명한 확신과 전망에 의하여 그 살아갈 힘을 얻는다는 점과, 그래서 멜코르와 사우론, 그리고 그의 노예들이 세상에 초래한 악의 대참상에 대항할 탁월한 수단들이 우리에게 주어졌다는 사실 등등이다.

톨킨의 판타지 소설이 계속적으로 호소력을 발휘할 수 있는 이유는 희망에 대한 밝은 전망과 아울러 이러한 전망으로부터 파생되는 도덕적이고 종교적인 힘에서 찾아볼 수 있다. 내가 가르치는 많은 학생들은 『반지의 제왕』을 읽고나서 내용이 매우 깔끔하다는 느낌을 받았다고 한다. 이들이 강조하고자 하는 것은 이 책이 퇴폐적인 섹스에 관하여 언급을 회피해서 좋았다는 것보다는, 좀 더 의미심장한 것으로서, 쩨쩨하게 찰나적인 한순간에만 집착하고 있는 독자들의 마음을 도덕적이고 영적인 삶에 관한 영속적인 관심으로 돌려주기 때문에 좋았다는 것이다.

그런데 톨킨이 『실마릴리온』과는 달리 『반지의 제왕』에는 은연중에 기독교적이 가치관을 심어 놓았지만 그렇다고 해서 그가 세속적인 덕목들을 완전히 배제시키지는 않았다. 초대교회는 주변 문화들 속에 들어 있던 탁월한 가치들을-특히 도덕적인 덕목들과 가르침에 있어서는―열린 마음으로 대했던 것들을 잘 알고 있던 톨킨은 이러한 고대의 기독교적인 입장을 그대로 따랐다. 톨킨은, 마치 이스라엘 사람들이 애굽의 보물을 가나안 땅으로 가지고 들어왔던 것처럼 기독교인들 역시 이교의 보물들을 잘 활용할 필요가 있다는 어거스틴의 입장에 공감하였다. 어거스틴은 지적하기를, 이교도들의 좋은 덕목들이라도 하나님과는 무관한 채로 오직 자신들과만 관련된 것이라면 이런 덕목들은 부도덕한 것이라고 하였다.

이런 맥락에서 톨킨은 주장하기를, "모든 사람들과 그들의 모든 노력이 허무로 끝날 것이고, 그들의 모든 영광(또는 우리식으로 말하자면 '문화'나 '문명')도 사라질" 베오울프에 골고루 스며들어 있는 것과 같은 절망적이고 가망이 전혀 없는 주제라도 그리스도인들은 이를 결코 무시할 자격이 없다고 하였다(MC, 23).

톨킨은 기독교의 계시가 인간의 지식과 노력을 온전히 성취하고 완성하는데 전혀 부족함이 없다는 어거스틴과 아퀴나스의 입장에 동의하였다. 그는 이렇게 중세의 위대한 신학자들에 의하여 발전된, 이교적인 사상과 기독교적 사상의 통합에 전적으로 동의한 가톨릭교도였기에, 우리는 분별력과 정의, 용기, 그리고 절제라는 네 개의 고전적인 혹은 기본적인 덕목들을 중심으로 그의 작품을 살펴봄으로써 작품세계 속에서 그려지는 도덕적 삶에 관한 그의 견해를 파악하고자 한다. 이러한 기본 덕목들은, 심지어는 이스라엘과 그리스도를 통하여 주어진 계시와 별개로, 인간의 존재가 근본적이면서도 필수불가결한 방식으로 번성하도록 해 주는 것들이다. 하지만 우리가 명심해야 할 점은 인간이 추구하는 모든 소망과 이에 대한 가능성들은 이미 하나님의 선물이라는 사실이다. 『참회록』의 서두에서 성 어거스틴은 다음과 같이 천명하고 있다. "주께서는 주의 영광을 위하여 우리를 지으셨으며 우리의 마음은 주님 안에서 안식할 때까지 결코 참

안식을 얻지 못합니다." 결국 소위 이교적인 덕목들이라는 것은 인간 스스로의 성취물이 결코 아니라, 인간의 삶 속에 이미 그리고 항상 임재하여 계시는 하나님의 은혜로운 역사이다.

덕목들은 신적인 기원을 가지고 있기 때문에, 도덕적인 삶이라는 것은 윤리적 개선을 위한 어떤 프로그램도 아니며, 무언가를 더 잘 해보고자 하는 단호한 인간적 의지나 노력이 아니다. 어거스틴이 다음과 같이 분명하게 천명한 바와 같이 우리는 먼저 하나님 자신의 은혜에 따라 가르침을 받는데 익숙해져야만 한다. "심지어는 거룩한 사람들이 우리를 도와주거나 또는 심지어 하늘의 천사들이 여기에 함께 참여한다고 하더라도, 사람이 하나님에 관하여 배울 수 있도록 하나님께서 준비시켜 주시지 않으면, 하나님과 함께 하는 삶 속에 내포된 거룩한 것들에 관해서 우리는 아무것도 올바로 배우지 못한다. 이는 시편에 하나님을 향하여 '주는 나의 하나님이시니 나를 가르쳐 주의 뜻을 행케 하소서'라고 하는 것과 같다"(On Christian Doctrine, 4.33). 따라서 하나님의 은혜로 고취될 때라야 비로소 이러한 기본 덕목들은 가능할 뿐만 아니라 거룩한 것으로 변화된다. 이 때 이 덕목들은 인간의 평범한 잠재력을 뛰어 넘어서 초월적으로 선한 것을 성취하게 된다. 또 다시 어거스틴의 견해에 비추어 볼 때에, 이럴 때라야 비로소 기본 덕목들은 기독교인의 삶의 기초로 작용하게 된다.

올바로 사는 것은 무엇보다도 전심으로, 마음과 정성을 다하여 하나님을 사랑하는 것이다. 바로 이러한 (절제로부터) 그 사랑은 온전하고 부패하지 않게 된다. 그리고 어떤 불행도 이 사랑을 방해하지 못하며 (그리고 이것이 바로 용기이다), 이 사랑은 오직 하나님에게만 순종하며 (그리고 이것이 정의이다), 그리고 기만과 속임수로 무너지지 않으려고 사물을 올바로 분별하는데 주의를 기울인다(그리고 이것이 바로 분별력이다)(On the Morals of the Catholic Church, 1,25, 46).

그리스도인으로서 톨킨은 『반지의 제왕』에 고전적으로 귀한 것으로 인정되어 왔던 다음의 기본적인 덕목들을 심어 놓았을 뿐만 아니라, 이런 덕목들이 온전히 성취될 때에는, 다음과 같은 결실로 열매 맺으리라는 확신도 심어 놓았다. 분별력이 온전히 성취된다면 거룩한 어리석음으로 열매 맺힐 것이고, 정의는 과분한 은혜로, 용기는 예기치 못했던 인내로, 그리고 절제는 즐거운 자기 부인으로 열매 맺히리라는 확신이다.

1. 지혜와 분별력: 자기희생을 가져오는 덕목들

간달프라는 이름은 그가 받은 지혜의 은사를 암시한다. "마법사"(Wizard)라는 용어도 지혜로움을 의미하는 중세 영어의 "wys"에서 파생되었다. 톨킨의 신화(또는 작품세계)에 등장하는 마법사에 대한 적절한 이름은 이스타리(Istari)로서, 이는 배움을 추구하는 학자를 의미한다. 그래서 간달프의 지혜는 학식과 관련되어 있다. 지혜는 기독교적 전통에서도 매우 중요한 덕목이기도 하다. 잠언과 전도서 모두는 지혜로운 자를 가리켜서 교훈을 잘 받는 자, 또는 타인의 조언에 귀를 기울이는 자라고 한다. 현자(賢者)가 가지고 있는 절제와 신실한 인품은 그로 하여금 시의적절한 방법에 따라서 행동하도록 해주며, 그래서 지혜는 지적인 덕목인 동시에 매우 실천적인 덕목이다. 현자는 또한 교사이며 학자이고 저술가이며, 그들의 지혜는 오랜 세월의 경험 속에서 얻어진 것이기 때문에 이들은 간달프처럼 보통은 나이가 많다. 현자의 반대는 바보인데 이들은 분노와 그릇된 욕망에 사로잡혀서 결국 그릇되게 행동한다. 간달프가 사루만을 "어리석은 자"라고 부르는 이유가 바로 이런 것 때문이다(2.188). 어리석은 자는 심지어는 하나님까지 부인하게 된다. "어리석은 자는 그 마음에 이르기를 하나님이 없다 하도다"(시 14:1). 구약성경에서의 지혜는 하나님의 선한 창조로부터 이끌어내지만, 신약성경에서는 예수 그리스도 안에서 참된 지혜를 찾는다. 그리스도는 지혜를 가르치는 교사, 랍비이다. 그는 가르침에 현자들의 경구와 비유적인 스타일을 사용하였으며, 그의 제자들로 하여금 "내게 배우라"고 청하셨다(마 11:29). 사도 바울 역시 지혜를 극찬하였다. 그리고 그는 그리스도인들에게 "지혜 없는 자 같이 말고 오직 지혜 있는 자 같이 행할 것"(엡 5:15)과, 영광의 하나님으로부터 "지혜의 정신"을 받을 것을 권면하였다(엡 1:17).

분별력이라고 하는 고전적인 덕목은 지혜에 관한 기독교적 견해와 별개의 것이 결코 아니다. 하지만 분별(prudence)이라고 하는 용어가 오늘날에는 원래 의미로 회복될 가망이 없을 정도로 변질된 것도 사실이다. 오늘날 우리는 분별력이 있는 사람들이란 그저 자신만의 안위를 보존하려는 속 좁은 사람들로 간주하는 실정이다. 그러나 이와는 달리 고대 그리스와 로마 사회에서 분별은 여러 덕목들 중에서 핵심적인 것으로서 다른 모든 덕목들의 기초가 되는 것으로 간주하였다. 분별력은 추구하는 진리에 대한 분명한 지식을 제공할 뿐만 아니라 그 지식에 따라 행동할 능력도 제공하기 때문에, 다른 덕목들을 지도하는 위치에 있다. 분별력 있는 사람은 특정한 상황에서 여기에 합당한 결정을 내린다. 아라곤은 이러한 분별력과 지혜를 지녔기 때문에 그는 장차 곤도르와 아르노르를 통치하는 왕으로 합당한 인물이다. 그는 원정대로 하여금 명백하게 드러나는 선과 악 사이의 선택이 아니라 둘 다 똑같이 내키지 않는 대안들 사이에서 합당한 결정을 내리도록 계속해서 돕는 역할을 한다.

메리와 피핀은 오크족들에게 붙잡혀가고, 프로도와 샘 둘만이 먼저 모르도르로 달아나버려서, 원정대가 최초로 분열에 직면하게 되었을 때, 아라곤은 자신의 탁월한 분별력을 유감없이 보여주었던 것 같다. 이러한 상황에서 그는 반지를 지니고 있는 프로도와 샘을 도와야만 하는 것처럼 보일 것이다. 그러나 아라곤의 지혜는 명백하지가 않고 오히려 미묘한 진리, 즉 그들은 호빗족 중에서 가장 허약한 자들(메리와 피핀)을 구출해야 한다는 쪽을 택한다.

"잠깐 생각해 봅시다!" 아라곤이 말했다. "이제라도 이렇게 불행한 날의 악운을 바꿀 수 있는 올바른 선택을 내려야 하겠소." 그는 잠시 말없이 서 있었다. 그리고는 드디어 무겁게 입을 열었다. "나는 오크들을 쫓겠소. 마음 같아서는 모르도르까지 프로도와 함께 가고 싶소. 하지만 만일 지금 우리가 그를 따라 광야로 가려면 나는 포로로 잡혀 간 호빗들을 고문과 죽음 속에 내버려 둬야 하오. 드디어 내 마음이 분명하게 말하는구려. 이제 반지의 사자의 운명은 내 손에서 벗어났소. 우리 원정대는 이제 소임을 다 했소. 그러나 여기에 남은 우리는 힘이 남아 있는 한에는 동지들을 내버려둘 수는 없소. 자! 이제 갑시다! 당장 급하지 않은 것은 훌훌 털어버리고. 어서 길을 재촉합시다!"(2.21)

아라곤이 마음에서 우러나오는 지령에 호소하는 것에서 우리는 분별력이라는 것이 실은 양심과 동의어라는 사실을 알 수 있다. 마음은 욕망이 자리하는 곳이며, 가슴도 전통적으로는 양심의 본거지로 간주되어 왔으며, 마음 역시 욕망이 자리하고 있는 곳으로 악하게 타락할 수 있는 곳인 동시에, "여호와의 교훈은 정직하여 마음을 기쁘게 하는" 곳이기도 하다(시 19:8). "만물보다 거짓되고 심히 부패한 것은 마음이랴 누가 능히 이를 알리요마는"(렘 17:9), 마음 속의 욕망이 선을 지향하도록 하기 위해서는 그 마음은 분별력과 지혜로 변화되어야 한다. 그리고 그 마음 속의 양심이 올바로 형성될 때에 비로소 우리는 진실을 직감대로 분별하며 그에 따라서 신속히 행동할 수 있다.

  톨킨은 교육이라는 것을 선한 덕목들을 훈련시키는 기회로 간주하는 기독교의 전통적인 입장을 지지하였다. 이러한 그의 모습은 그의 작품에서 등장인물들이 고대의 전승들을 배우는 것을 묘사하는데 여러 페이지들을 할애하는 경우에서 쉽게 찾아볼 수 있다. 특히 반지 원정대가 그들의 삶에 도덕적이고 영적인 방향을 제시하는 여러 이야기들과 전설들을 자주 듣고 여기에 귀를 기울이는 모습을 자주 접하게 된다. 특히 『반지 원정대』의 "과거의 그림자"와 "엘론드의 회의"를 다루는 장은 단순히 이야기의 역사적 배경만 제시하는 것이 아니라 아주 세심하게 정렬된 지혜를 담고 있다. 이외에도 그의 작품 여러 곳에서 우리는 분별력 있는 지혜를 자주 접할 수 있으며, 특히 『반지의 제왕』 전편에 걸쳐서는 인간의 오랜 투쟁으로부터 얻어졌으며 이제 간결하게 표현된 지혜로서의 다음과 같은 여러 경구들도 자주 대할 수 있다. "급할 때는 늦는 것을 참기 어렵지만 늦는 것이 아주 안 오는 것보다는 낫다"(3.110). "기대하지 않았던 도움은 두 배나 반가운 것이다"(3.123). "희망은 종종 더 이상 찾아볼 수 없을 때 생겨난다"(3.153). "너무 자주 보았던 것은 더 이상 보이지 않는다" (MR, 316). 물론 이러한 케케묵은 경구들은 종종 수정되어야 할 때도 있다. 샤이어 땅에서 적군의 공습을 모두 물리쳐내고 본래의 행복이 회복되었을 때에 감지네의 가퍼 노인은 이렇게 외쳤다. "끝이 좋아야 모든 것이 좋은 법이지." 심오한 진리를 담고 있는 압축적인 지혜는 아름다운 리듬으로 표현되기도 한다.

황금이라고 해서 모두가 반짝거리는 것은 아니며
방랑자라고 해서 모두가 길을 잃은 것은 아니라네.
속이 강한 사람은 늙어도 늙지 않으며
뿌리가 깊은 나무는 서리에도 끄떡 없지.
잿더미 속에서도 불씨는 살아날 것이며
어둠 속에서도 빛은 솟아오를 것이라네.
부러진 칼날도 다시 벼려질 것이고
잃어버린 왕관은 다시 왕에게로 돌아가리(1,260-61).

1) 명성과 로맨스 문제에서 경솔하게 처신할 때의 결과들

분별력과 지혜가 부족하면 친구와 좀 더 커다란 공동체의 선보다는 그저 자신의 선만을 추구하면서 어리석고 경솔하게 행동할 수밖에 없다. 톨킨은 분별력이 있었더라면 탄복할 인물로 남았을 에오윈에게서 그러한 무분별한 모습을 탁월하게 그려내고 있다. 그녀는 여성이라는 이유로 자신에게 금지된 것을 받아들일 수 없었다. 세오덴 왕과 그의 전사들이 왕궁에 남아 있을 때 백성들을 보호하고 시중드는 일을 떠맡고 싶지 않았다. 그녀는 용감한 남자 이상의 용맹을 지녔으며, 자신의 이러한 모습이 처녀 수비군으로서의 역할을 맡는 가운데 온전히 드러나서 사람들로부터 인정받기를 원했다.

"당신의 책임은 당신의 백성들과 함께 있는 것이오." 아라곤이 대답하였다.
"저는 그 책임에 대해서는 너무나도 많이 들어왔어요." 에오윈이 애원하였다.
"하지만 저도 에오를 왕가의 후손이 아닌가요? 저는 그저 보모가 아니라 여전사라구요. 저는 그동안 충분히 기다렸어요. 더 이상 주춤거리기만 하지 않고 이제 제 뜻대로 인생을 살면 안 되나요?"

"당신처럼 그런 일을 명예롭게 할 수 있는 사람은 그리 많지 않을 겁니다."

"저는 그렇게 항상 기사들이 떠난 뒤에 남아서 집이나 돌보고 그들이 돌아오면 음식과 침대나 준비해야 한단 말인가요?"

"아무도 돌아오지도 못할 그런 시간이 올지도 모릅니다. 그 땐 아마 명성이 따르지 않는 용감한 행동이 필요할지도 모릅니다. 왜냐하면 당신의 고향을 지키기 위한 마지막 용감한 무용을 기억할 사람이 하나도 남지 않을 테니까요. 하지만 칭송받지 못한다고 하더라도 용감한 행위가 아닌 것은 결코 아닙니다."

이어 그녀가 대답하였다. "당신의 말씀은 이런 뜻이군요. 당신은 여자다. 당신의 역할은 집 안에 있다. 그러나 남자들이 전장에서 명예롭게 전사해서 더 이상 집이 필요하지 않으면 그 때 집에 남아 불에 타 죽을 수도 있다는 거죠. 하지만 저는 에오를 왕가의 후손이지 시중드는 여인네가 아니에요. 전 말을 탈 줄도 알고 칼을 다룰 수 있어요. 고통이나 죽음도 두렵지가 않아요."

"그러면 당신이 두려워하는 것이 무엇이오, 공주?"

"새장이에요. 빗장이 걸린 새장 안에 남아 있는 것 말이에요. 그 새장은 나중에 정말로 위대한 일을 할 기회가 이제는 더 이상 돌이킬 수 없이 사라진 다음에야 열리겠지요"(3,57-58).

전통적으로 강요된 역할로부터 여성들을 해방시키는데 있어서 오늘날의 여성해방주의자들처럼 열성적인 경우는 없을 것이고, 톨킨 역시 이 문제에 깊이 공감하였음이 분명하다. 그러나 에오윈은 우리가 주의해야 하는 무분별한 처신의 사례를 잘 보여준다. 그녀는 무엇보다도 명성을 갈망하였다. 그래서 용맹스럽게 행동하는 것, 특히 백성들을 지키다가 영웅적으로 장렬하게 전사함으로써 사람들에게 기억되는 것만이 영구적으로 가치 있는 일이라고 믿었다. 물론 톨킨은 에오윈을 쉽게 비판할 수 있는 인물로 간단히 설정해 놓지는 않는다. 다만 그녀는 현재의 명성과 미래의 영예를 중시한다는 점에서 고대나 현대의 여러 문화들, 특히 도덕적으로나 종교적으로 적당한 초월적인 경배의 대상이 없는 문화와 서로 일치한다.

　에오윈의 간청에 대하여 아라곤은 톨킨이 단호하게 제시하려는 맥락에서, 그리고 결코 시대에 뒤떨어지지 않은 관점에서 해답을 제시한다. 아라곤이 두려움을 모르는 이 여인에게 던진 대답은, 그녀에게 주어진 소임은 스스로 만족스럽게 여길 만한 욕구의 문제가 아니라, 주어진 책무를 신실하게 감당하는 문제라는 것이다. 아라곤 자신이 전투에 출전하는 이유 역시 어떤 명성을 원해서가 아니라 다만 이 임무가 자신에게 주어졌기 때문이다. 그러면서 아라곤은 결국은 존경받지 못할 수도 있는 행동을 하는데서 영예를 찾으라고 에오윈에게 권면한다. 즉 외부로부터 주어지는 보상 때문이 아니라 본래 그 속에 내재한 장점을 가지고 있는 덕목에 따라서 행동하라는 것이다. 고대의 이교도들 역시 세속적인 명성을 가져다주는 행동을 중시하였다. 그래서 예수님도 이와 비슷한 맥락에서 다음과 같은 질문을 던지신 것이다. "사람이 만일 온 천하를 얻고도 제 목숨을 잃으면 무엇이 유익하리요"(막 8:36). 그러나 예수님께서 그의 제자들에게 요청하신 것은 세상의 명성이 아니라 본래적으로 그 안에 내재적인 가치를 지니고 있는 덕목을 따라서 행할 뿐만 아니라, 십자가를 지는 제자도의 삶, 즉 하나님의 나라 안에서 궁극적인 가치를 발견하는 덕목에 따라서 행하라는 것이었다.

　세상의 명성에 대한 갈망보다 더 미묘하면서 좀 더 기만적인 것은 아라곤을 사랑하는 에오윈의 로맨스 속에 깃들어 있는 무분별함이다. 에오윈은 위엄이 넘치고 용감하게 행동하는 아라곤에게 마음이 끌렸다. 그녀는 매우 친밀한 표현으로 그에게 말을 해서라도 그의 마음을 사로잡고 싶었다. 그래서 그녀는 "당신"이라고 하는 정중한 표현보다는 "그대"라는 다정다감한 표현을 사용하였다. 아라곤이 결코 남쪽으로 함께 동행하여 사우론의 군대와 맞닥뜨릴 수 없음을 상기시키자, 그녀는 다음과 같이 끌리는 말로 답변했다. "그대와 함께 동행하는 이들도 마찬가지지요. 그들은 다만 그대와 헤어질 수 없어서 함께 가는 것입니다. 그대를 사랑하니까요"(3.58). 에오윈의 사랑에 응답할 수 없는 아라곤은 마음이 아팠다. 하지만 그는 에오윈에게로 결코 돌아올 수 없는 길을 떠나는 중이다. 그는 이미 요정여왕 아르웬과 결혼을 약속한 상태이다. 결코 깨트릴 수 없는 신실함을 지닌 남자로서 아라곤은 또 다른 여인과의 사랑을 나눌 그 어떤 가능성조차도 생각할 수 없었다. 게다가 좀 더 중요한 점으로 아라곤은 에오윈의 사랑은, 부정적인 의미로 볼 때, 자기도취적인 로맨스였음을 알고 있었다. 그녀로 하여금 아라곤을 참으로 잘 알고 진정으로 사랑할 수 있도록 해 주는, 아라곤에 대한 경험이 그녀에게는 전혀 없었다. 대신에 그녀는 아라곤의 이미지에 매혹되어 있었다. 그래서 어찌 보면 그녀는 아라곤의 화려한 모습에만 집중함으로써 결국은 자기 자신의 심적인 만족만을 추구하고 있었던 것이다. 이런 이유로 아라곤은 분별력 있는 지혜를 가지고 다음과 같은 고백을 그녀의 오빠 에오메르에게 쏟아 놓았다.

> 이 세상의 불행 중에서, 결코 보답을 받을 수 없는 아름답고 용감한 여인의 사랑을 그저 바라만 보고 있어야 하는 남자의 심장보다 더 쓰라리고 부끄러운 일은 아마도 없을 거요...... 하지만 에오메르, 난 그대에게 그녀가 나보다 그대를 진정으로 사랑한다는 것을 말할 수 있소. 그녀는 그대를 알고 사랑하지만 나에 대해 그녀가 느끼는 감정은 그림자와 관념에 불과하오. 영예와 위업 그리고 로한의 평원에서 멀리 떨어진 외지에 대한 막연한 동경, 그러한 것에 지나지 않소(3.143).

에오윈이 마침내 곤도르 군주 데네소르의 왕자인 파라미르가 자신의 진정한 결혼 상대자임을 깨달았을 때, 이들은 사랑의 연정뿐만 아니라 공동의 경험을 계기로 결혼하게 되었다. 이들은 모두가 펠렌노르 벌판의 전투에서 부상당했으며, 특히 에오윈은 이곳에서 참으로 용맹스럽게 싸웠다. 그리고 치유의 집에서 이들은 승리로 우쭐해진 영웅으로서가 아니라 부상당한 전사로서 서로의 참 모습을 알게 되었다. 그들은 사랑에 빠진 것이 아니라 진정한 사랑을 깨달은 것이다. 파라미르는 에오윈의 아름다움이 그녀의 고난과 긴밀하게 얽혀 있음을 깨달으면서, "그 비탄에 잠긴 아름다움에 그의 심장이 찔린 듯한 느낌을 받았다"(3.237). 그리고 에오윈은, 아라곤이 그의 군사들과 함께 돌아올 것을 파라미르 역시 인내를 가지고 기다리고 있음을 알게 되면서 점차로 자신의 완고한 의지를 누그러뜨렸다.

여기에서 톨킨이 지적하는 점은 낭만적인 사랑이 예상과는 달리 부주의한 실수에 빠질 수 있다는 점이다. 사랑에 빠졌다라고 말하는 것이 참으로 적절한 표현이다. 정념이라는 것은 우리가 떠맡는 것이라기보다는 겪는 것이다. 톨킨은 고전적인 의미에서 볼 때 에로스는 성적인 각성이나 관심보다는 자신을 자신 밖으로 불러내는 어떤 것, 우리 자신과는 전혀 다른 대상을 향한 갈망, 또는 그 어떤 욕구의 만족 이상의 만족감을 가져다주는 것에 대한 열망을 의미한다. 톨킨의 약 천 이백 페이지 이상이나 되는 소설 전편에서 파라미르와 에오윈이 성채의 뜰을 거니는 장면이 가장 전형적으로 에로틱한 순간이라고 할 수 있다. 이들은 비록 "미래에 대하여 잘 알 수 없었으며, 무엇인지 잘 알 수 없는 어떤 것을 기다리면서도" 서로 손을 꼭 붙잡고 있는 자신들의 모습을 보았다(3.240). 그들은 이제 이기적인 관심에서 벗어나 서로에 대한 참되고도 영원한 관심을 갖기 시작하였기에 결정되지 않은 미래에 대해서도 준비가 되어 있었다. 그들은 그렇게 진정한 사랑의 지혜를 배웠던 것이다.

2) 분별력과 지혜 그리고 도덕적 성장

분별력이라고 하는 것은 타인으로부터, 특히 간달프와 같이 지혜로운 친구로부터의 조언과 상담을 기꺼이 듣고 수용하려는 자세와도 밀접하게 관련되어 있다. 『반지의 제왕』에서 원정대는 계속해서 간달프의 탁월한 지식과 분별력 있는 지혜에 절대적으로 의존해야만 했었다. 간달프는 반지를 습득한 사실에 관하여 빌보가 자신에게 거짓말을 했음을 알게 되었을 때에, 마법사는 도대체 무슨 일이 일어났는지를 정확하게 알아내야겠다는 결심을 하였다. 그런데 무심코 던진 내용 같지만 이 결심 직후에 다음과 같은 중요한 구절이 이어진다. "마법사는 진실을 중요하게 생각하는 것 같았다"(1.22). 진실이란 일시적인 것이 아니라 은밀히 지속되면서 삶을 인도해주는 것이기 때문에 매우 중요하다. 비록 이 소설의 배경은 고대의 기독교 이전의 상황이지만, 안정된 것이라고는 아무것도 없으며 모든 것이 뒤죽박죽되어 있는 세상에서라도 여전히 지속되고 있는 진리와 선, 그리고 아름다움에 관한 명백한 객관성을 계속해서 강조하고 있는 톨킨의 분명한 모습을 독자들은 결코 놓칠 수 없다. 진리의 항구적 가치에 관한 톨킨의 확신은 에오메르와 아라곤의 대화 속에서 가장 선명하게 표현되고 있다.

"세상이 너무나도 이상해졌습니다." 에오메르가 말했다. "요정과 난쟁이가 한 일행이 되어서 우리가 매일 거닐던 들판을 지나가고 숲 속의 요정과 이야기를 나누고도 그대로 죽지 않고 살아 있으며, 우리 조상들이 마크로 오기 전에 이미 부러졌던 그 검이 전장으로 다시 되돌아오다니 말입니다. 이러한 시대에 인간이 무엇을 해야 할지를 어떻게 판단할 수 있겠습니까?"
"전에 했던 대로 해야지요." 아라곤이 대답했다. "선과 악이 뒤바뀐 것은 아니니까요. 그리고 요정과 난쟁이에게 적용되는 선과 악은 인간들에게도 동일하게 적용되는 것이지요. 자기 집에서와 마찬가지로 황금숲 로스로리인에서도 선과 악을 분별하는 것은 당연한 일이오"(2.40-41).

아라곤과 간달프, 그리고 엔트족 나무수염의 지혜가 없었더라면 원정대의 임무는 결코 성공할 수 없었을 것이다. 그런데 간달프의 조언에는 평범하지 않은 솔직함이 담겨져 있다는 점에서 주목할 필요가 있다. 구약성경의 선지자들처럼 간달프는 행동을 제시함에 있어서 어떤 관례적이거나 평이한 길을 좀처럼 제시하지 않는다는 점이다. 원정대가 실제로 처한 상황에 관한 진실을 찾아서 오랫동안 없어졌다가 나타날 때면 다시 "슬픔과 위험한 소식들"도 함께 몰고 오곤 한다. 간달프가 이렇게 불길한 예언을 하기 때문에 뱀혓바다 그리마는 간달프에게 "폭풍을 알리는 까마귀"라는 별명을 붙여주었다. 끔찍할 정도의 솔직함 때문에 활기찬 소식과 편리한 대안들을 기다렸던 사람들은 간달프에게 실망하거나 화를 내기까지 했다. 그러나 간달프의 설명에 따르면 자신은 진리를 분별하고 이를 올바로 알리지 않으면 안 된다는 것이다. 또한 "나는 내 도움이 필요할 때에만 등장"할 뿐이라는 그의 고백처럼, 그는 결코 요청하지도 않은 충고를 전하는 귀찮은 인물이 결코 아니다(3.21).

분별력은 종종 속 좁은 탐욕과 이기심과는 거리가 먼 관대함과 개방성을 지닌 폭 넓은 도량과 긴밀하게 관련되어 있다. 또 분별력 있는 사람은 자신이 처한 상황 속에서 가장 합당한 방식대로 행동할 수 있기 때문에, 결국 분별력은 다른 어떤 덕목들보다도 도덕적인 성장을 가능하게 하는 덕목이다. 이들은 또한 순종을 요구하는 고결한 덕목들도 잘 지킨다. 『반지의 제왕』에서는 원정대의 일원 모두가 임무를 완수하는 과정에서 엄청난 정도로 도덕적이고 영적인 성장을 이뤄내기 때문에 지속적으로 독자들에게 호소력을 발휘한다. 주인공이 커다란 변화를 겪지 않고 그대로 고향으로 돌아오는 다른 모험 이야기들과는 달리 원정대가 임무를 완수해 가는 과정에서 모든 일원들은 선을 위하여 많은 부분에서 발전을 거둔다. 심지어는 원정대의 분열에 결정적인 원인이 되었던 보로미르조차도 장렬하게 생을 마감한다.

분별력이라고 하는 것은 지적으로 탁월한 사람이나 학식이 많은 사람만이 지니고 있는 것은 결코 아니다. 분별력은 공식적인 교육이나 세상적인 명민함은 부족하지만, 단순한 마음과 의지라도 덕스러운 삶에 온전히 순응하여 삶을 꾸려 가는 사람들에게서도 종종 찾아볼 수 있다. 그래서 시편 기자는 다음과 같이 선언한다. "여호와의 증거는 확실하여 우둔한 자로 지혜롭게 하며"(시 19:7). 호빗족 중에서 가장 나이가 어리고 경험이 부족한 메리와 피핀은 오랜 세월의 원정대 여정을 거치면서 도덕적인 성인으로 성장한다. 메리와 피핀이 고향 땅 샤이어로 돌아왔을 때 오랜 친구들은 이들을 거의 알아볼 수 없을 정도로 변한 모습을 보고서 놀라게 된다. 그런데 이들의 외모가 그렇게 변한 것은 그저 엔트족들이 이들을 너무나도 빨리 자라게 했기 때문만은 아니며 이는 또한 이들의 비약적인 영적 성장을 보여주는 하나의 표시이기도 하다. 레골라스와 김리 역시 엄청난 정도의 도덕적인 성장을 겪게 된다. 이들은 과거 역사적으로 적으로 시작했으나 화해한 친구로 여정을 마치며, 김리는 불사의 땅으로 떠나는 마지막 여행에 레골라스와 함께 동승한다.

프로도는 처음부터 호빗족 중에서는 탁월한 인물에 속하였으나, 여정을 통해서 그의 자비는 비약적으로 넓어졌으며, 무엇이 옳은 것인지에 대한 감각도 더욱 확고해졌으며, 비록 마지막에는 사우론에게 패배하기도 했으나 절대반지를 파괴하는 임무에 대한 헌신이 더욱 확고해져가면서 그의 도덕 역시 엄청나게 성장하였다. 하지만 원정대 일행 중에서 가장 많은 도덕적 변화를 겪은 인물은 한 때는 여러 모로 무능했던 감지네의 샘 와이즈다. 원래 그는 의심의 여지가 없이 종이었으며 순진하게 그저 뒤만 졸졸 따라다니는 존재에다가 요정들과 전설에 등장하는 올리폰트(Oliphaunts)를 만나고 싶어 했던 인물이었다. 소작농의 어투와 품행과 사고방식을 지녔던 샘은 영웅 후보감과는 전혀 거리가 멀었다. 그러나 그는 운명의 산 속의 가파른 비탈길을 따라 프로도와 함께 반지를 나르는 사려깊으면서도 용맹스러운 인물로 자신의 역할을 끝내며, 마지막으로는 호빗골의 미래의 시장의 모습을 갖추고서는 고향으로 돌아온다. 그리고 사루만의 하수인들에 의하여 샤이어 땅이 황폐해진 이후에, 다시 이 땅의 본래 아름다운 모습을 회복시키는데 결정적인 역할을 감당한다.

원정대는 이제 나머지 생애 동안에 스스로 잘 꾸려갈 수 있도록 해줄 도덕적이고 영적인 지혜들을 충분히 터득했다고 확신한 간달프는 마지막 부분에서 마음 놓고 회색 항구를 향하여 여행을 시작할 수 있었다. 기독교적인 용어로 표현하자면 이들은 엄청난 성화의 과정을 겪었던 것이다. 톨킨도 자신의 작품 속에 깔려 있는 도덕적인 구조를 가리켜서 "주로 비천한 자들이 고귀하게 변해 가는 것"으로 묘사하였다고 했다(L, 237). 단테의 『연옥』 마지막 부분에 등장하는 버질처럼, 간달프는 자신의 원정대 친구들 각자가 자신의 인생에 대한 참된 주인의 자격을 얻었음을 인정하고 이를 선포하였다. 물론 주목할 만한 차이점들이 있기는 하지만 간달프는 예수님께서 그의 제자들을 뒤에 남겨두고 떠나가신 모습을 떠올리기에 충분하다. 중요한 차이점은 예수님께서는 "너희를 모든 진리 가운데로 인도하시는" 조언자 성령님을 보내기 위하여 제자들에게서 떠나가셨다. 그리고 성령은 마지막 부활에서 다시 만나기까지 믿음의 힘든 길을 가야 하는 그리스도의 추종자들과 여전히 동행하신다. 그런데 두 가지의 이별에는 엄청난 차이점이 여럿 들어 있지만, 유사점 역시 주목할 만하다. 간달프가 동료들 곁을 떠날 수 있었던 이유는 임무를 수행하는 과정에서 원정대가 겪었던 어려움과 유혹들, 또 그 과정에서 보여준 단결과 희생의 행위와 같은 모든 것들은, 비록 그의 도움이 없더라도, 남은 삶을 충분히 고결하게 살아갈 수 있도록 해 주리라 믿었기 때문이었다.

간달프가 동료들을 위로했다. "지금은 자네들과 함께 있지만, 그러나 나는 곧 떠나야 하네. 나는 샤이어로 가지는 않을 걸세. 그 문제는 자네들 스스로 해결해야 하네. 자네들은 그런 일을 할 수 있을 만큼 훈련받았잖은가? 아직도 이해하지 못하겠는가? 내 시대는 끝났어. 이젠 일을 바로잡거나 도와주는 것은 내 임무가 아니네. 그리고 이보게들. 자네들에겐 이제 더 이상 도움이 필요 없어. 이미 충분히 성장했으니 말이야. 아주 크게 자라났네. 자네들은 이미 위대한 인물들이야. 난 자네들 중 그 누구에 대해서 더 이상 걱정하지 않는다네"(3. 275).

『반지의 제왕』 초두에서부터 끝까지 간달프는 지혜와 분별력을 가장 완벽하게 구현하는 인물로 그려지고 있다. 다만 아이센가드에서 사루만을 믿을 때나 또는 골룸이라는 시험거리를 원정대에 그냥 남기고 떠날 때처럼 아주 드물지만 그의 판단도 실수할 때가 있다. 하지만 그 역시 회색의 간달프에서 백색의 간달프로 마치 신격화될 정도의 엄청난 도덕적 변화와 성장을 경험하게 된다. 그의 심오한 지혜가 가장 인상적으로 드러나는 경우는 절대반지의 힘을 무너뜨리기 위한 전략, 즉 그 반지가 원래 만들어졌던 운명의 산으로 이를 다시 가지고 가서 용암 속에 던져서 녹여 없애는 전략이다. 요정의 군주 에레스토르는 원정대가 절대반지를 그저 아무 곳 깊숙한 곳에 내던져버리면 사우론에게 더 이상 시달리지 않을 거라고 지레짐작하면서 간달프의 전략을 어리석고 절망적인 것이라고 비난하였다. 그러나 에레스토르는 도덕적으로 세심한 문제를 올바로 분간할 분별력도 부족하였으며, 간달프의 지혜가 피상적인 분별력의 수준을 훨씬 초월했음도 간과하지 못했다.

간달프가 대답했다. "절망적이거나 어리석은 짓이라고요? 절망은 아닙니다. 왜냐하면 절망이란 의심의 여지가 없이 끝장난 것을 바라보는 이들에게나 어울리는 말이기 때문입니다. 우리는 그렇지 않습니다. 모든 가능한 방법을 검토해 본 뒤에 남는 필연을 인식하는 것은 오히려 지혜로운 것입니다. 거짓된 희망에 매달리는 이들에게는 그것이 우둔하게 보이겠지만 말입니다. 좋습니다. 우리의 겉모습, 적의 눈에 보이는 가면은 어리석음이라고 합시다. 왜냐하면 그는 매우 현명하고, 또 자신의 악의 저울로 모든 일들을 정확하게 판단할 테니 말입니다. 그러나 그가 알고 있는 유일한 척도는 욕망, 즉 권력을 향한 욕망뿐입니다. 그는 타인의 생각을 모두 이 척도로 판단합니다. 어느 누가 반지를 거부한다거나, 반지를 가지고 있는 우리가 그것을 파괴하려고 한다는 것은 그의 사고방식으로는 도저히 생각할 수도 없을 것입니다. 우리가 반지를 파괴하려고 한다면 우리는 분명 그를 논외로 쳐도 좋을 것입니다(1.282-83).

3) 분별력의 한계와 어리석어 보이는 자기희생

톨킨의 작품에서 우리는 사도 바울이 고린도교회 성도들을 향하여 권면하는 것과 매우 유사한 요청들을 종종 접하게 된다. 사도 바울은 고린도전서에서 종종 지적하기를 불신앙적인 세상은 고난으로 말미암은 구원의 복음을 그저 어리석은 것으로 간주한다는 것이다. "십자가의 도가 멸망하는 자들에게는 미련한 것이요 구원을 얻는 우리에게는 하나님의 능력이라…… 하나님께서 이 세상의 지혜를 미련케

하신 것이 아니뇨?…… 하나님의 미련한 것이 사람보다 지혜 있고 하나님의 약한 것이 사람보다 강하니라…… 그러나 하나님께서 세상의 미련한 것들을 택하사 지혜 있는 자들을 부끄럽게 하려 하심이라"(고전 1:18, 20, 25, 27).

사우론은 이 세상의 권력자들의 앞잡이로 등장하는 까닭에 그는 이 세상의 지혜를 지니고 있다(요 12:31). 그가 확신하는 바는 절대반지를 소유하는 이는 누구를 막론하고 더 강한 힘을 얻기 위하여 그 반지를 사용하리라는 것이었다. 타락한 세상에서 일반적으로 부자는 더 많은 부를 원하며, 강한 자는 더 강한 힘을 그리고 유명한 자는 더 탁월한 명성을 얻기를 원한다. 이것이 바로 고전적이든 기독교적이든 분별력 있는 지혜가 항상 비판하는 내용이다. "하나님께서 세상의 미련한 것들을 택하사 지혜 있는 자들을 부끄럽게 하려 하시고 세상의 약한 것들을 택하사 강한 것들을 부끄럽게 하려 하시며 하나님께서 세상의 천한 것들과 멸시받는 것들과 없는 것들을 택하사 있는 것들을 폐하려 하시나니"(고전 1:27-28). 이렇게 참으로 놀라울 정도로 역설적인 진리, 즉 강한 자와 똑똑한 자, 그리고 의기양양한 자들이 결코 성취하지 못하는 것을 약하고 순진하며 비천한 자들이 해낸다는 진리를 엘론드 역시 다음과 같이 은연중에 피력한다. "그 길은 가야만 하지만 매우 어려울 것입니다. 하지만 강한 이나 지혜로운 이는 결코 멀리 가지 못합니다…… 그러나 역사의 수레바퀴를 움직인 것은 바로 그런 방식이었습니다. 강한 자들의 눈이 다른 곳에 닿고 있는 동안 작은 손들은 바로 자신들이 해야만 하기 때문에 그 일들을 하는 것입니다"(1.283).

2. 정의: 자비를 필요로 하는 덕목

성경에서 "공평"과 "정의"라는 단어는 사랑이라는 덕목을 포함하여 다른 덕목들에 비하여 훨씬 자주 등장한다. 하나님의 정의는 그의 의로움과 법과 계명의 근거이며, 보상이나 징계를 초래하는 신성한 판결의 원천이다.

> 주 여호와의 신이 내게 임하였으니 이는 여호와께서 내게 기름을 부으사 가난한 자에게 아름다운 소식을 전하게 하려 하심이라 나를 보내사 마음이 상한 자를 고치며 포로된 자에게 자유를, 갇힌 자에게 놓임을 전파하며 여호와의 은혜의 해와 우리 하나님의 신원의 날을 전파하여 모든 슬픈 자를 위로하되…… 대저 나 여호와는 공의를 사랑하며 불의의 강탈을 미워하여 성실히 그들에게 갚아 주고 그들과 영영한 언약을 세울 것이라…… 땅이 싹을 내며 동산이 거기 뿌린 것을 움돋게 함 같이 주 여호와께서 의와 찬송을 열방 앞에 발생하게 하시리라(사 61:1-2, 8, 11).

성경적인 관점의 정의라는 개념은 『반지의 제왕』과 기독교 교리 양쪽에서 최후의 심판이라고 부르는 것과 밀접하게 관련되어 있다. 즉 최후 심판의 날에 정의는 온전히 실현되기 때문이다. 하나님의 백성들은, 하나님께서 정의를 요구하실 뿐만 아니라 그 자신 역시 완벽하게 공의로우신 주님이시다는 믿음을 가지고, 자신들 역시 공의롭게 살아갈 것을 요청받고 있다. 오직 그만이 의로운 자와 사악한 자들을 구별하실 수 있다. 그리고 오직 그만이 이생에서나 내생에서든 모든 사람들이 각자가 응당받아야 할 운명을 확정지을 수 있으며, 오직 그만이 참된 자비를 베풀 수 있다. 구약의 선지자들은 이스라엘 안에서 정의를 지켜주는 정책들을 시행하는데 실패한 점, 특히 고아와 과부들, 그리고 가난한 자들과 땅을 필요로 하는 자들을 위한 정의를 실현하는데 실패한 점을 들어서 이스라엘의 왕과 통치자들을 통렬하게 책망하였다. 예수님 역시 공의에 대한 외침에 있어서, 특히 종교 지도자들에 의하여 자행되는 불의를 책망함에 있어서 결코 인정을 두지 않았다. "화 있을찐저 외식하는 서기관들과 바리새인들이여 너희가 박하와 회향과 근채의 십일조를 드리되 율법의 더 중한 바 의와 인과 신은 버렸도다 그러나 이것도 행하고 저것도 버리지 말아야 할찌니라 소경된 인도자여 하루살이는 걸러 내고 약대는 삼키는 도다!"(마 23:23-24)

정의는 성경에서와 마찬가지로 이교의 세계에서, 특히 톨킨이 고대 북유럽과 게르만 지역에 비하여 결코 상대적으로 소홀히 여기지 않았던 고대 그리스와 로마 세계에서도 매우 중요한 덕목들 중의 하나로 간주되었다. 분별력이 선을 분간한다면 정의는 이를 실행에 옮긴다. 그래서 선한 사람은 의로운 사람이며, 그는 다른 사람에게 빚을 졌을 때 이를 온전히 감당하는 사람이다. 반면에 죄는 타인을 향하여 그리고 공동체의 선을 위해서, 그리고 궁극적으로는 하나님께서 의도하시는 선을 행하려 하지 않기 때문에, 결국 모든 죄는 불의한 것이다. 고전적인 가르침에서와 마찬가지로 성경에서도 정의는 사회를 유지시키는 핵심적인 요건으로 간주되고 있다. "네 동족이 빈한하게 되어 빈손으로 네 곁에 있거든 너는 그를 도와 객이나 우거하는 자처럼 너와 함께 생활하게 하되 너는 그에게 이식을 취하지 말고 네 하나님을 경외하여 네 형제로 너와 함께 생활하게 할 것인즉"(레 25:35-36).

정의에 입각하여 우리는 타인에게 베푸는 친절이 응당 그들에게 당연한 것임을 인정할 뿐만 아니라, 낯선 자들과 이방인들에게도 그들이 받아야 할 정당한 보상을 제공한다. 만일에 그들이 당연히 받아야 할 것을 박탈한다면 이는 역으로 우리 자신을 해롭게 하는 셈이다. 그 이유는 이로 인하여 우리는 우리의 생존에 필수불가결한 자들과 관계를 끊는 것이기 때문이다. 우리는 타인과의 올바른 관계를 맺지 않고서는 온전히 우리 자신이 될 수 없다. 따라서 우리의 모든 생각과 말과 행동으로 우리는 세상의 정의에 무언가를 일조하거나 이를 해치는 일을 한다. 또 우리가 타인에게 정당하게 속한 것을 빼앗거나 또는 복구해 주는 것처럼, 인간은 각각의 모든 행위를 계기로 타인과의 관계에서 채권자가 되거나 채무자가 된다. 톨킨의 작품세계에서 잔치를 베풀기를 좋아하던 호빗족들은 이러한 근본적인 진리를 잘 알고 있었다. 그래서 그들은 받는 것보다는 주는 것이 더 복되다고 믿었다. "호빗족들은 우호적이고 잔치를 즐겼으며 손님 접대에 후했고 선물도 넉넉하게 주고 또 열심히 받았다"(1.11).

호빗족들은 우리가 가지고 있는 것은 엄격하게 말하자면 아무것도 우리 것이 아니라는 점을 잘 알았던 것 같다. 우리가 소유하고 있는 모든 것은 하나님께서 모든 이들에게 나눠주신 은혜의 보화들이다. 그래서 타인에게, 특히 낯선 사람들에게 호의를 베푸는 것은 인간이 지니고 있는 이러한 근본적인 공동 사용의 권리를 명백히 드러내는 것이다. 낯선 사람이라도 손님으로 접대하고 환대를 베푸는 것은 성경과 고대의 대부분의 문화 양쪽 모두에서 아주 중요한 관례로 받아들여졌다. 또 성경에는 이방인을 환대하라는 명령이 가득 들어 있다. "타국인이 너희 땅에 우거하여 함께 있거든 너희는 그를 학대하지 말고 너희와 함께 있는 타국인을 너희 중에서 낳은 자 같이 여기며 자기 같이 사랑하라 너희도 애굽 땅에서 객이 되었더니라 나는 너희 하나님 여호와니라"(레 19:33-34). 예수님은 자주 다른 사람들의 접대를 받으셨으며 마태복음 25장에서처럼 자신을 올바로 섬기는 사람과 그렇지 않은 사람들을 구분함에 있어서 타인을 향한 환대를 핵심적인 열쇠로 간주하셨다. 예수님은 또 환대는 이를 보답할 수 없는 사람들에게 베풀어져야 할 것을 강조하셨다. "네가 점심이나 저녁이나 베풀거든 벗이나 형제나 친척이나 부한 이웃을 청하지 말라 두렵건대 그 사람들이 너를 도로 청하여 네게 갚음이 될까 하라 잔치를 배설하거든 차라리 가난한 자들과 병신들과 저는 자들과 소경들을 청하라 그리하면 저희가 갚을 것이 없는 고로 네게 복이 되리라"(눅 14:12-14).

피곤에 지친 나그네를 환대하는 것은 가운데 땅의 정서에 있어서 필수적으로 중요한 까닭에 이것이 약하거나 빠질 때에는, 간달프가 로한의 왕에게 따끔하게 지적하는 경우처럼, 특별한 주의를 불러일으킨다. "셍겔의 왕자 세오덴 왕이여! 전하의 궁중 예법이 요즘은 다소 해이해졌군요"(2.118). 이 때는 정말로 예외적인 경우였다. 『반지의 제왕』 전편에 걸쳐서 원정대는, 여정의 맨 초두에는 농부 코튼으로부터 시작해서 중간에는 톰 봄바딜과 엘론드, 갈라드리엘, 파라미르, 로한의 기수들로부터 도움을 받으며, 마지막에 메리와 피핀도 나무수염으로부터 큰 도움을 받는다. 또 아라곤이 아르웬과 결혼잔치 연회를 위해서 곤도르 왕국 전 지역을 개방할 즈음에는, 『반지의 제왕』에서 등장하는 환대가 최고 절정을 맞는다. 이렇게 환대는 가운데 땅에서 정의를 실현함에 있어서 결정적인 요소였으며, 선물을 자유로이 베풀고 받음으로서 결국 어느 누구도 단지 자신만의 이기적인 선을 추구할 수 없음이 분명하게 드러났다.

1) 안전과 만족에 집착하는 자들의 한계

본인은 학생들로 하여금 샤이어 땅의 다양한 삶의 질에 관하여 묘사해보도록 하는데 호빗족들의 이상하고도 특이한 습관들은 매우 유쾌하고도 사랑스러운 것들이다. 그렇게 한 다음에 본인은 학생들로 하여금 호빗족들에게서 찾아볼 수 있는 중요한 문제가 무엇인지를 한 번 지적해보라고 한다. 그러면 한결 같이 긴 침묵이 이어진다. 학생들의 침묵이 무엇을 말하는 것인지가 자명하다. 호빗족들의 문제는 역설적이긴 하지만 아무런 문제가 없다는 점에 있다. 그들 서로간의 관계는 너무나도 평화스러웠으며 그들이 누리는 기쁨은 너무나도 즐거운 것이었고, 그들이 준수하는 법 역시 참으로 공평한 것이어서 사실상 그들은 에덴동산과 다름없는 삶을 누렸다. 샤이어 땅의 삶은 사실 톨킨이 이상적으로 간주하고 있던 삶에 관한 전망으로 구성되어 있었다. 호빗족들은 세상의 고생을 짊어지는 것과는 거리가 멀고 오히려 마지막으로 황폐해지지 않고 남아 있는 가운데 땅의 한쪽 구석에서 이상적인 삶의 동산을 보존하는 운명을 갖고 태어난 듯하다. 하지만 이들의 안전하고도 느긋한 삶도 결코 오래가지 못하고, 자기만족과 여유가 오히려 화근으로 작용한다. 최근의 기억에도 그 어떤 위급한 상황에 대한 경험들이 남아 있지 않기에 그들의 삶에는 위기 따위는 결코 닥치지 않을 거라고 생각했다. 그러나 톨킨이 지적하려고 하는 바는 내부의 안락과 그에 따른 정신적 쇠퇴는 외부의 공격만큼이나 치명적이라는 사실이다. 호빗족들은 샤이어 땅 밖의 여러 알려지지 않은 친구들의 경계와 보호 덕분에 누릴 수 있었던 안전에 대하여서도 당연하게 생각하기에 이르렀다.

> 가운데 땅의 한 쾌적한 구석에서 그들은 안전한 삶을 풍족히 누리면서도 어둠의 세력들이 나돌아다니는 바깥 세상에 대해서는 점차로 무신경하게 되었고, 결국 이들은 평화와 풍요로움은 가운데 땅에서는 당연한 일이며 모든 양식 있는 자들의 당연한 권리라고 생각하기에 이르렀다. 그들은 샤이어 땅에 오래도록 평화롭게 유지될 수 있도록 해 준 보호자들과 그들의 노고에 대하여 조금이

나마 알고 있었던 사실도 잊어버리고 무시하기에 이르렀다. 사실상 그들은 밖으로부터 보호받고 있었지만 그 안에서는 이를 잊어버리고 말았다(1.14).

그러나 호빗족들은 편안한 삶 때문에 파멸당하는 것과는 거리가 멀었다. 이와는 달리 그들은 여전히 "놀라울 정도로 강인하였으며" 상황이 그러하다면 그들이 즐기는 좋은 것들이 없이도 살아갈 수 있었다. 그렇다 하더라도 톨킨은 모든 다른 피조물들을 괴롭히는 유혹으로부터 호빗을 완전히 자유로운 존재로 묘사하지 않았다. 절대반지를 파괴하는 소임이 프로도에게 주어졌음을 간달프가 설명하자, 이 호빗은 그런 위험한 임무를 감당하려고 자신이 태어난 것은 아니라고 항변하였다. 그는 왜 다른 이가 아니라 바로 자신이 그런 무모한 임무를 떠맡아야만 하는지 물었다. 간달프는 프로도가 호빗족 중에서 아주 고귀한 자라는 점을 잘 알고 있었다. 그래서 반지를 사악한 목적에 이용하지는 않겠지만 그렇다고 해서 반지가 프로도의 손에 들어오게 되고 그가 이를 파괴할 운명을 짊어진 것을 가지고 자신이 그만큼 청렴결백한 것으로 생각해서는 안 된다고 경고한다. 간달프는 프로도가 반지의 운명에 개입하게 된 것에는 매우 심오한 신비가 꿈틀거리고 있음을 상기시켜 주었다. "선택에 관한 그러한 질문의 해답은 결코 얻어질 수 없네. 이 반지가 다른 사람의 손에 가지 않은 것은 자네에게 무슨 잘난 점이 있어서가 아니란 것을 자네도 잘 알걸세. 자네에게 어떤 힘이나 지혜가 있어서가 결코 아니야. 어쨌든 자네는 선택되었으니 이제 자네에게 있는 힘과 지혜와 용기를 모두 짜내야만 하네"(1.70).

샤이어 땅은 사우론과 사루만의 하수인들이 계속 들락거리면서 즉시로 위협을 받지만 호빗족들에 대한 지속적인 유혹거리는 그들 자체의 타락한 본성 때문이었다. 원정대가 정의를 추구하고 여기에 헌신하기 위해서 그들은 먼저 자신들 속에 있는 불의, 특히 탐욕이라고 하는 반 공동체적인 죄를 극복해야만 했다. 그 이전의 단테처럼 톨킨 역시, 호빗족이건 인간이건, 요정이나 난쟁이에 상관없이, 또 마법사나 심지어는 발라이든 모든 피조물들을 괴롭히는 한 가지 악, 탐욕이라는 불의한 행위에 집중하고 있다. 그리고 이 점에서 톨킨은 다음과 같은 성경적 입장과 동일한 견해를 가지고 있었다. "돈을 사랑함이 일만 악의 뿌리가 되나니 이것을 사모하는 자들이 미혹을 받아 믿음에서 떠나 많은 근심으로써 자기를 찔렀도다"(딤전 6:10). 탐욕은 불의가 구체적인 모습으로 드러나는 기본적인 형태이다. 그 이유는 탐욕은 타인을 희생시켜서 자신의 유익만을 추구하기 때문이다. "탐욕이 일만 악의 뿌리"라는 쵸서의 경구는 이 점을 극명하게 보여준다. 악의 뿌리는 탐욕, 즉 돈에 대한 탐심에 있으며, 이들에게 있어서 돈은 소유를 향한 욕망을 만족시켜주는 것이며, 소유는 곧 불안과 재앙으로부터 우리를 지켜주는 것이나 다름없다. 이러한 것들이 바로 거의 모든 사람들의 마음을 사로잡고 있는 탐욕의 연결고리들이다. 그리고 이러한 탐욕이 바로 우리가 살펴본 것처럼 골룸을 그토록 뒤틀리고 애처로운 피조물로 변형시킨 장본인이다.

 결국은 섭리의 일환이었으나 우연히 반지를 발견했음에도 불구하고 빌보는 반지를 발견한 것에 관하여 거짓말로 둘러댄다. 수수께끼 시합에 이긴 보상으로 골룸이 자기에게 반지를 주기로 약속했음을 들어서, 빌보는 우연보다는 자신의 정당한 권리에 근거하여 반지의 소유권을 주장한다. 여기에서 톨킨이 보여주려고 하는 바는 전쟁뿐만 아니라 탐욕에 의해서도 결국 희생되는 것은 항상 진실이라는 점이다. 사루만 역시 절대반지의 위력에 대하여 너무나도 탐욕적이었던 까닭에 그의 마음과 의지는 완전히 뒤틀리고 변형되고 말았다. 헬름 협곡의 전투에서 사루만의 군대가 패배한 이후에, 만일에 그가 오르상크의 요새로 들어가는 열쇠와 지팡이를 간달프에게 넘긴다면 그를 용서해줌으로 말미암아 주어질 자유를 사루만은 결코 받아들일 수는 없었다. 이기심에 사로잡힌 사루만은 가까운 장래에 선한 행실에 대한 담보물이 되었다가 잘 하면 다시 돌려줄 것이라고 하는 간달프의 은혜로운 약속에 불 같이 화를 냈다.

> 사루만의 얼굴이 분노로 일그러지고 흙빛으로 변하면서 눈은 빨갛게 타올랐다. 그리고는 격렬한 웃음을 터트렸다. 그의 목소리는 이제 거의 절규에 가까웠다. "나중이라고? 그래. 네가 바랏두르의 열쇠까지 차지하고, 일곱 왕의 왕관과 다섯 마법사의 지팡이들을 모조리 손에 넣고, 지금 네가 신고 있는 것보다 더 큰 구두를 한 켤레 샀을 때 말이겠지. 참으로 좋은 계획이군. 내 도움이 전혀 필요하지도 않은 계획이야. 난 달리 할 일이 있어. 바보처럼 굴지 말라구. 나와 협상하기를 원한다면 돌아갔다가 나중에 기회가 되면 다시 찾아와! 그리고 이 멱따는 자들과 네 꽁무니만을 졸졸 따라다니는 조무라기들은 두고 오라구!" (2.188)

여기에서 톨킨은 광란에 사로잡힌 비타협적 자세와 절대적인 자기기만, 그리고 동정적인 분노에 관한 끔찍한 모습을 적나라하게 보여주고 있다. 분노한 탐욕은 자비보다는 불행을 선호하는 법이다. 한때 존경받았던 마법사 사루만은 이기적인 탐욕과 분노로 간달프의 동료들과 호빗의 친구들에게 어리석은 모욕이나 쏟아내는 비천한 자로 전락하고 말았다.

소유에 대한 근본적인 집착의 실상은 모든 것을 집어삼키는 거대한 거미 쉴로브에게서도 잘 드러난다. 쉴로브는 결코 사우론이나 사루만과 그 어떤 동맹을 맺지도 않았으며, 오직 탐식에만 전적으로 집착하여 살아 있는 생명체의 피를 빨아 마시는 데만 열중할 뿐이었다. 그녀는 자신의 비대한 몸집을 먹잇감을 잡는데 뿐만 아니라 이를 으깨서 죽이는 데에도 사용하였다. 그런데 비록 이유는 다르더라도 골룸 역시 탐욕이라는 동일한 죄의 유혹에 빠져 있었기 때문에 쉴로브가 골룸을 동반자로 여기는 것도 그리 놀랄 일도 아니다. 그런데 톨킨은 소비지향적인 우리의 문화 속에 자리하고 있는 도덕적일 뿐만 아니라 육체적으로도 무기력한 모습을 보여주기 위하여 쉴로브를 그렇게 끔찍한 모습으로 묘사하였다.

> 그녀는 누구의 구속도 받지 않고 요정들과 인간들의 피를 빨아 마셨으며, 그림자 같은 거미줄을 짜면서 끊임없이 성찬을 먹어대면서 자신의 몸을 살찌웠다. 살아 있는 모든 생물이 쉴로브의 음식이었으며, 그가 토해 내는 것은 어둠뿐이었다. 그녀는 불쌍한 수컷 자식들과 교미한 후 수많은 사생아들을 낳고는 교미한 수컷들은 죽여 버렸다. 그리고 그녀의 사생아들은 이 골짜기 저 골짜기에 널리 퍼져 있었다...... 그러나 쉴로브의 욕망은 골룸의 욕망과는 달랐다. 그녀는 탑이나 반지, 또는 정신과 손으로 만들어 낸 물건에 대해서 알거나 또 이런 것들을 좋아하지도 않았다. 그녀가 원하는 것은 오직 다른 모든 생물들의 죽음이었으며 자신만이 홀로 생명의 포식을 누리는 것이 그녀의 유일한 바람이었다. 그렇게 해서 산맥도 더 이상 자신을 가로막지 못하고 어둠도 자신을 담을 수 없을 만큼 부풀어오르고 싶어했다(2.332-33).

2) 전쟁의 필요성과 그 한계

죄악은 원정대의 내부에서 뿐만 아니라 외부로부터도 공격해 들어온다는 참으로 괴로운 사실을 톨킨은 인정하였다. 탐욕과 같은 내면적인 욕구들이 유혹이라는 방법으로 작용하는 반면에, 사우론의 강압적인 전략은 주로 외부적이다. 우리가 보아온 것처럼 마지막 장면에서 프로도는 절대반지의 강력한 자력과도 같은 힘에 압도되고 만다. 그런데 이러한 두 종류의 죄를 동일한 방식으로 다룰 수는 없다. 탐욕과 같은 내부적인 죄는 영적이고 도덕적인 훈련으로 극복될 수 있지만 외부적인 죄악의 세력은 무력으로 대처해야만 한다. 사우론과의 투쟁에서 자유민들이 가지고 있는 모든 힘을 최대한대로 활용하지 않는 것은 사우론의 악에 동의하는 것이나 마찬가지이다. 이는 또 설상가상으로 역사의 거대한 수레바퀴에 의하여 산산이 부서질 수밖에 없는 힘없는 사람들을 무방비상태로 놔두는 것이나 다름없다. 이런 점에서 볼 때 톨킨은 결코 평화주의자가 아니었다.

고대 북유럽에서 영웅을 중시하는 문화는 전사들의 무용담에 초점을 맞추고 있었던 까닭에, 톨킨은, 고대사회이든 오늘날이든, 기꺼이 목숨을 걸고서라도 조국과 백성들을 보호하려는 전사들의 용기를 미화하였다. 톨킨은 주장하기를 "자기만의 성격이나 상황의 사슬에 얽매였으나 이에 굴하지 않고 똑같이 신성한 의무감을 가지고 사면초가의 상황 속에서라도 장렬히 죽어갔던 고대의 영웅들을 꼭 존중합시다"고 하였다(MC, 17). 그는 또 로마서 6장 23절에서 죄의 삯에 관하여 언급한 사도 바울의 경고를 나름대로 신중하게 수정하면서 "영웅적 행위의 삯은 사망"이라고 주장하였다. 여기에서 톨킨은 특별히 영적으로 둔감한 이 시대에 비추어 볼 때 "고대의 불요불굴의 정신과 의지를 존중하고 높이는 점"에 매우 주목할 만한 가치들이 있음을 보여주고 싶었던 것이 분명하다. 그의 주장에 의하면, 고대 선조들의 영웅적 행위에 대한 존중감은 인간의 가장 근본적인 투쟁의 실상을 적나라하게 보여주기 때문에 이 시대에도 여전히 타당성을 갖는다는 것이다. 그 투쟁의 실상이란 바로 "인간은 적대적인 세상과의 전투에 직면해 있으며 그러나 조만간에 필연적으로 승리를 거두리라"는 것이다(MC, 18).

『반지의 제왕』은 전통적인 영웅주의에 어떤 요소들이 위험한지를 적나라하게 드러낸다는 점에서 전혀 이교적이지 않은 책이라고 할 수 있다. 실제로 톨킨은 "악의와 탐욕, 그리고 파괴는 영웅들의 삶에 동반하는 악한 측면들"이라는 점에 주목하고 있다(MC, 17). 톨킨의 작품 그 어느 곳에서도 같은 종족을 죽이는 것에서 속된 즐거움을 만끽하는 경우는 찾아볼 수 없다. 그리고 일루바타르의 모든 피조물들은 악의 유혹에 넘어가기 전까지는 모두가 선한 까닭에, 톨킨은 작품에 등장하는 주인공들이 패배한 적군들에게까지 계속해서 자비를 베푸는 자들로 묘사하고 있다. 하지만 사우론의 하수인들에게서는 용서란 찾아볼 수가 없다. 오크족들과 우르크하이들은 전적으로 악하며, 이들을 도륙하는 것은 정의를 실행하는 데서 오는 기쁨을 맛보는 것이나 다름없다. 펠렌노르 벌판의 전투에서 에오메르는 마치 "잔인한 사람들의 군주"인양, "전쟁에 대한 갈망"을 가진 흉포한 전사처럼 싸웠다. 심지어는 자비로운 세오덴 왕도 그리마가 그에게 안겨다 준 가장 쓰라린 주문으로부터 깨어나서 그의 군사들에게 거의 자포자기식의 분노감을 심어주었다. 그러자 이들은 무법자들을 처단하면서 실컷 기쁨을 맛보았다.

> 그는 마치 홀린 듯이 보였으며, 옛날 그의 조상들의 투혼이 핏속에서 용솟음치는 것 같았다. 그는 스나우마나 위에 늙은 신처럼 버티고 앉아 있었다...... 그의 금방패가 모습을 드러냈다. 아! 그것은 마치 태양처럼 빛났으며 그의 말발굽에 스친 풀잎들은 찬란하게 부서지고 있었다...... 로한의 병사들은 전투의 환희에 싸여 적을 물리치며 노래를 불렀다. 아름답기도 하고 끔찍하기도 한 그들의 노랫소리는 성 안까지 퍼져 나갔다(3.12-13).

그리스도인으로서 톨킨은 악한 세력과의 전쟁으로 더 심각한 새로운 악이 생겨나지 않도록 하기 위해서는 전쟁의 본질에 대하여 올바로 이해할 필요가 있음을 잘 알고 있었다. 심지어는 선량한 사람들을 지키기 위한 전투로부터 야기되는 광란의 살인과는 달리, 파라미르는 전쟁에 관하여 아주 철저하게 절제된 견해를 가지고 있음을 보게 된다. 그는 결코 죽음이 두려워서 숨어버리는 겁쟁이가 아니었다. 이와는 달리 파라미르는 용맹스러운 보로미르의 동생이며, 보로미르처럼 그 역시 선량한 백성들을 위하여 싸우다가 기쁜 마음으로 죽을 자세가 되어 있는 자였다. 하지만 보로미르는 자신의 용맹에 대하여 거만해지고 분별력을 잃기까지 하였지만, 파라미르는 전쟁에 관하여 아주 온당한 견해를 가지고 있었다. 그는 아주 제한적인 조건 아래에 서만이 전투를 옹호하는, 소위 "정의로운 전쟁"으로 알려진 것에 관한 기독교 이전의 전망을 가지고 있었다. 파라미르는 전쟁의 화려함이나 웅장함에서 그 어떤 즐거움을 찾아볼 수 없었다. 그는 결코 보복적인 목적이 아니라 다만 방어적인 목적으로만 전쟁의 가능성을 제한하였으며, 종종 전쟁이 보증하는 자유와 안정에 대한 목적 안에서 전쟁을 받아들였다.

파라미르가 말했다. "나 자신으로선 백색의 성수가 왕의 궁정에서 다시 꽃을 피우고 은빛 왕관이 돌아오고 미나스 티리스가 평화로워지는 모습을 보고 싶을 뿐이요. 또 예전처럼 미나스 아노르가 빛으로 충만하여 노예들 위에 군림하는 여왕이 아니라 많은 다른 여왕들 같은 한 여왕으로서 아름다운 모습으로 고상하게 군림하는 모습을 보고 싶소. 모든 것을 삼키는 파괴자에 대항해 우리가 목숨을 지키려는 한 전쟁은 일어나겠지요. 하지만 나는 번쩍이는 칼을 그 날카로움 때문에 사랑하지는 않소. 또 화살이 날래다고 해서, 또 전사가 참으로 영광스럽다고 해서 이들을 사랑하는 것은 아니오. 난 오직 그들이 지키는 나라, 누메노르의 인간들이 사는 도시를 사랑할 뿐이며 내 도시가 기억과 오랜 전통과 아름다움, 그리고 현재의 지혜로써 사랑받길 원하오. 노인과 현자의 위엄을 경외하는 것 이상의 두려움의 대상으로는 결코 만들고 싶지 않소"(2.280).

톨킨이 그토록 경탄했던 고대 북유럽의 영웅을 찬미하는 문화 속에서는 이러한 대화를 결코 찾아볼 수 없다. 이보다 더 파격적인 것은 프로도가 『반지의 제왕』 마지막 부분에서 보여주는 죽음에 대한 태도이다. 아마도 그는 강압적인 악이 휘두르는 폭력에 거의 영구적인 상처를 입었던 까닭에 샤이어 땅에서는 조금이라도 폭력이 있어서는 안 된다는 점을 지시한다. 그가 떠나고 없던 오랜 세월 동안, 호빗골은 사우론의 부하들에 의하여 점령되어 공포와 상호간의 불신감이 이 지역을 완전히 사로잡고 있었다. 따라서 샤이어 땅에서 평화와 자유가 온전히 회복되려면 이러한 불량배들이 완전히 뿌리 뽑혀야만 한다. 하지만 프로도는 이를 위해서 샤이어 땅에서 호빗족들을 죽이는 일은 결코 허락할 수 없었다. "호빗들이 적의 편으로 넘어갔더라도 그들을 죽여서는 안돼…… 샤이어 땅에서는 아직까지 어떤 호빗도 고의로 다른 호빗을 죽인 적이 없고 지금도 그건 마찬가지야. 그리고 할 수만 있다면 어느 누구도 죽이지 않는 게 좋아. 성질을 누그러뜨리고 마지막 순간까지 검쓰기를 삼가게!"(3.285) 모든 호빗족들 중에서 최고의 자리에 있던 프로도는 어떤 상대라도 죽이는 일에 참여하는 것은 거부하였다. "프로도는 전투에 참가했지만 칼을 빼지는 않았으며, 주로 동료들의 죽음에 격분한 호빗들이 항복한 적들까지라도 살해하지 못하게 말렸다"(3.295-96). 이러한 장면은 불의에 항거하면서도 저질러질 수 있는 죄악들을 아주 적나라하게 보여준다. 그리고 이러한 내용들이 이교적이고 용맹무쌍한 영웅을 중요시하는 배경을 지닌 소설 속에 담겨져 있다는 점이 참으로 주목할 만하다.

3) 정의의 맹목성과 자비와 복종에 대한 요청

기독교적 전통은 인간의 정의가 하나님의 자비와 결코 분리되지 않는다는 점을 주장하면서 인간의 정의에 내포된 한계를 극복한다. 정의의 여신상이 눈가리개를 하고서 손에는 천칭(저울)을 들고 있는 모습은 자칫 자비와 정의의 관계를 오해하게 만들 소지를 안고 있다. 그 문제는 자못 심각하다. 정의는 모든 사람들이 응분의 대가를 받아야 할 것을 주장하는 반면에 자비는 누군가가 과분한 것을 받을 수도 있음을 암시하는데 그러면 어떻게 이 두 주장이 서로 충돌하는 것을 피할 수 있단 말인가? 그 해답은 하나님과 인간의 관계에 관한 성경적 관점에서 찾아볼 수 있다. 하나님께서는 인간의 존재에 대하여 어떤 의무를 지고 있지는 않고 다만 우리에게 기적적인 은사와 선물을 베푸실 뿐이다. 우리가 이 선물에 대하여 보상하거나, 또는 이를 받을 만한 자격을 갖추기 위하여 할 수 있는 것이라고는 아무것도 없다. 우리가 타락하지 않았다고 하더라도 우리는 전적으로 하나님에게 빚을 진 자들이다. 그런데 한 술 더 떠서 죄악 때문에 삼위 하나님에 대한 우리의 책무는 엄청나게 커져버렸다. 그런데 그리스도를 통해서 우리를 속박으로부터 구원해주심으로 이제 인간의 채무가 완전히 청산되었다. 따라서 아주 심층적인 의미에서 볼 때 하나님의 자비는 그의 공의에 선행하며 공의의 저변에는 자비가 자리하고 있는 셈이다. 하나님의 심판도 사실상 그의 자비를 집행시키는 것이다.

톨킨도 그의 작품에서, 자비는 정의와 모순되지 않고 오히려 정의를 올바로 실행하는 것이라고 하는 심원한 역설적 진리를 반복적으로 제시하고 있다. 그래서 우리는 그의 작품에서 잘못을 범해서 처벌을 받아야 마땅한 인물들이 나중에는 자비의 형태로 시행되는 공의의 처분을 받는 모습을 종종 발견하게 된다. 그리고 그들의 나쁜 행동이 때로는 놀랍게도 좋은 결과를 가져오기도 한다. 예를 들어 에오윈은 곤도르 왕국에 남으라는 명령을 받았으나, 이에 불순종하여 출전한 결과로 펠렌노르 벌판의 전투에서 먼저는 마술사 왕을 태우고 다니던 짐승의 머리를 두 동강냈고, 다음에는 나즈굴의 군주까지도 죽였다. 또 세오덴 왕은 메리더러 궁에 남으라는 명령을 내렸었다. 하지만 그는 비겁하게 전투에서 도망하기를 거부하고 직접 참전하여 마술사 왕이 에오윈을 죽이려는 것을 막았을 뿐만 아니라, 에오윈이 사실상 그 괴물을 무찌르는데 동참하였다. 만일 이들 중에 누구라도 그저 엄격한 규칙대로만 행동했더라면 그 전투는 분명 패배했을 것이다.

자비가 정의를 초월하는 것을 보여주는 또 다른 사례는 피핀의 기특할 정도의 호기심에서 찾아볼 수 있다. 그에게는 무언가를 알고자 하는 욕망이 가득했다. 그의 이런 호기심 때문에 그는 그리마가 팔란티르(천리안의 돌)를 오르상크 위에서 아래로 내던져서 간달프 손에 들어온 그 돌에 집착하게 되었다. 비록 사우론은 사루만을 조종하기 위하여 천리안의 돌을 활용했지만, 피핀 역시 그 돌의 마력에 휘말리고 말아서 결국은 잠자는 간달프에게서 이를 몰래 훔쳐냈다. 그리고는 그 돌 안을 들여다봄으로써 피핀은 자신의 소재를 사우론에게 드러내고 마는 끔찍한 일을 경험하고 말았다. 하지만 간달프는 지나치게 호기심이 많은 이 호빗을 꾸짖기보다는 지나친 호기심으로 초래한 사우론의 치명적인 복수로부터 피핀이 그나마 가까스로 빠져나왔음을 지적하면서 위로해 주었다.

자네는 크게 다치지는 않았어. 자네 눈엔 내가 걱정한 것처럼 거짓은 없어. 그러나 사우론은 자네와 길게 이야기를 하지 않았어. 자네는 여전히 바보, 정직한 바보야. 툭 집안의 페레그린. 좀 더 똑똑한 자들 같았으면 그런 위기에서 훨씬 더 좋지 않은 행동을 취했을 거야. 그러나 이 말을 잘 들어 둬! 자네는, 그리고 자네의 친구들은 전부, 흔히 말하듯 운이 좋아서 구출된 거야. 그러나 행운을 두 번씩이나 기대할 수는 없어(2.199).

행운으로든 아니면 섭리에 의한 것이든 구원의 선물은 결코 악용되어서는 안 된다. 사도 바울이 있었더라면 피핀에게 경고했음직한 것처럼, 은혜를 더하게 하려고 죄를 범할 수는 없는 노릇이다(롬 6:1).

정의를 실행에 옮기려는 자들은 타인에게 자비를 베풀지 못했을 때뿐 아니라, 참으로 터무니없게도, 자신의 정의로움을 자랑하려고 할 때에도 실수하게 된다. 우리는 보로미르가 오직 사우론을 무찌르는 데에만 절대반지를 사용하려고 한다는 자신의 순수한 열망에 관하여 늘어놓는 이야기들을 들어 보았다. 그러나 그의 도덕적인 거만함이 사실은 그가 무너지게 된 중요한 원인이 되었음에는 틀림이 없다. 성경은 그러한 거짓된 의로움을 가리켜서 모든 죄악들 중에서 가장 악한 것으로 지목한다. 그 이유는 이 죄악은 인간의 오류 가능성을 무시할 뿐만 아니라, 자신을 내세움으로서 하나님의 자비도 부인하게 만들기 때문이다. 사도 바울은 자기 스스로의 힘으로 율법의 요구에 순종할 수 있다고 자랑하는 자들을 통렬히 비판하였다. "곧 예수 그리스도를 믿음으로 말미암아 모든 믿는 자에게 미치는 하나님의 의니 차별이 없느니라 모든 사람이 죄를 범하였으매 하나님의 영광에 이르지 못하더니 그리스도 예수 안에 있는 구속으로 말미암아 하나님의 은혜로 값없이 의롭다 하심을 얻은 자 되었느니라"(롬 3:22-24). 예수님 역시 율법을 잘 지킨다는 자긍심을 지녔던 자들을 책망하셨다. "이와 같이 너희도 명령 받은 것을 다 행한 후에 이르기를 우리는 무익한 종이라 우리의 하여야 할 일을 한 것뿐이라 할지니라"(눅 17:10).

예배와 기도는 모든 형태의 거만한 자기 의를 극복할 수 있도록 지정된 기독교적인 수단이라고 할 수 있다. 이 때 그리스도인들은 달리 비교할 수 없는 은혜를 베푸시는 성육신하시고 살아 계신 하나님께 경배드린다. 이 때 보이는 경의와 간청의 자세는 결국 하나님의 자비를 우리 스스로의 힘으로는 결코 얻거나 보답할 수 없음을 극명하게 보여준다. 최상의 감사의 마음을 담은 이러한 행위 속에는 인간의 힘으로 하나님의 은혜를 되갚아보겠다는 헛된 열망이 끼어들 수가 없다. 비록 톨킨은 호빗족들이 예배를 드리거나 기도하는 모습으로 묘사하지는 않고 있지만, 그는 인간에게 결코 되갚을 수 없는 은사를 베푼 자를 경외하는 제3의 좀 더 우회적인 수단으로, "정중한 순종"의 자세를 동원하고 있다. 감지네 샘은 골목쟁이네 프로도를 진정한 자신의 주인으로 알고 섬겼다. 그 이유는 물론 샘의 보잘것없는 말투나 낯선 것에 대한 두려움, 그리고 그의 사회적인 처신의 어눌함의 모든 것들이 암시하는 것처럼 비천한 소작농 가문의 출생 때문이기도 하다. 그러나 샘이 프로도에게 경의를 표했던 보다 더 심층적인 이유는 샘은 프로도의 도덕적 탁월함에 대하여 잘 알고 있었기 때문이었다. 이런 이유에서 샘은 프로도를 가리켜서 항상 "프로도 주인님!"이라고 불렀다. 그는 분명히 누가 주인이고 또 누가 하인인지를 잘 알고 있었던 것이다. 그러나 샘의 정중한 순종의 태도는 자신을 더욱 비천하게 하기보다는 오히려 샘 자신만의 독특한 탁월함으로 고양시켜주는 계기가 되었다. 실제로 샘은 이 책에서 진짜 영웅이 되었다.

호빗족 중에서 가장 나이가 어리고 키도 작은 피핀 역시 불안정하고 신뢰하기 어려운 곤도르의 섭정 데네소르에게 이상하게도 충성을 맹세하고 만다. 물론 피핀은 자신이 충성을 다짐할 만큼 그렇게 태생적으로 용맹스러운 자가 아님을 잘 알고 있었다. 오히려 그는 전쟁을 두려워한다고 솔직히 털어놓았다. 하지만 그는 또 데네소르의 가슴을 아프게 만드는 그 아들 보로미르가 오크족들에게 붙잡혔던 자신과 메리를 구출하려다가 장렬하게 죽음을 당했음도 잘 알고 있었다. 그래서 피핀은 공동기도서에 실린 결혼 예배의 서약식을 생각나게 하는 엄숙한 의식을 통해서 기만적인 데네소르에게 다음과 같이 충성을 약속하였다.

저는 지금 이 순간부터 군주께서 저에게 자유를 주시거나 죽음으로 평화를 주거나 아니면 세상이 종말을 맞을 때까지, 궁핍하거나 풍요롭거나, 평화시에나 전시에나 살든지 죽든지 간에 항상 주군의 명에 따라 충성과 봉사로 말하고 말하지 않을 것을, 행하고 행하지 않을 것을, 오며 갈 것을 곤도르와 곤도르의 섭정께 엄숙히 맹세합니다. 나 샤이어의 팔라딘의 아들 페레그린이 서약합니다(3.28).

정중하게 행동하는 것은 마치 자신이 지금 왕이나 여왕의 궁전에 있는 것처럼 처신하는 것이다. 정중한 말씨는 자연히 정중한 행동을 요청하기 때문에 그런 어투는 말하는 자나 듣는 자 모두를 한껏 고무시킨다. 피핀이 이제부터 고결하게 행동하도록 부름받았음을 알게 된 간달프는 위험할 수도 있지만 그의 충심에서 우러나온 행동을 꾸짖지 않고 내버려 두었다. "고결한 행위가 차가운 충고로 억제되어서는 안 되는 법이지"(3.32). 사실 피핀은 데네소르 앞에서의 엄숙한 서약으로 과분한 대우를 받을 정도의 자리로 자신의 지위가 격상되었음을 알게 되었다. "사람들은 그가 보로미르와 우정을 맺었으며 또 데네소르까지 그에게 명예를 베풀었다고 생각했기에 그에 대한 새로운 경의를 결코 감하지 않았다. 그들은 그가 와 준 데 대해 크게 감사했고, 바깥세상에서 겪은 이야기들을 아주 진지하게 경청했으며, 원하는 만큼의 음식과 맥주를 잔뜩 가져다주었다"(3.40). 한 때 겁이 많았던 호빗은 자신도 거의 죽임당할 뻔했으면서도 무시무시한 트롤

대장을 무찌르면서 모르도르의 암흑의 성문에서 너무나도 잘 싸웠다. 이 때 의식을 거의 잃으면서도 피핀은 자신으로 하여금 그렇게 처음에 데네소르에게 정중한 서약을 할 수 있게끔 했던 참으로 흥겨운 태평스러움을 끝까지 잃지 않았다. "'내가 생각한 대로 이렇게 끝나는구나.' 그는 마치 공중으로 날아가 버린 듯한 느낌 속에서 이렇게 생각하면서, 잠깐이지만 마음 속에서 웃음이 흘러나와 마치 모든 의심과 염려와 공포를 마침내 다 내던져 버린 것 같은 즐거움을 느꼈다"(3.169).

3. 용기: 인내에서 생기는 덕목

만약 분별력과 정의가 마음과 정신에 관계하는 덕목이라면 용기와 절제는 육체와 관계를 맺은 덕목이다. 또 불굴의 용기는 죽음과 밀접하게 관련된, 일종의 삶의 자세라고도 말할 수 있다. 체스터톤(G. K. Chesterton)에 의하면, 용기는 분명 자체적으로 모순된 것이라고 한다. 왜냐하면 용기는 언제든지 죽을 준비가 되어 있는 삶을 살려는 강력한 욕망을 의미하기 때문이다. 세속 사회에서 용기는 의로운 것을 사수하려다가 전투에서 죽는 자들을 통해서 가장 탁월하게 드러난다. 기독교적인 세계에서도 용기는 그리스도를 부인하지 않고 순교자로서 기꺼이 죽음을 선택하는 경우나, 단지 자신의 생명을 보존하려는 목적으로 타인을 죽이는 일은 거부함으로써 잘 드러난다. 또 용기는 반드시 피를 흘려야 할 필요는 없지만, 자신의 영혼을 포기할 정도로 목숨에 집착하는 것은 거부하려는 자세가 항상 뒤따른다. 용기는 두려움 때문에 죄를 범하는 것을 거부하지만 야만적인 악의 권세에 대항해서는 온 몸과 마음의 모든 힘으로 맞서서 싸운다. 용어 자체가 암시하듯이 용기(courage)는 우리 존재의 중심인 마음(cor, 심장)과 그 의도 속에 자리하고 있다. 우리는 타인 앞에서 그리고 하나님의 임재 앞에서 우리 자신의 인격을 보존하기 위하여, 다시 말해서 우리 자신을 도덕적으로 그리고 영적으로 손상되지 않게 지키도록 하기 위하여, 용기 있게 행동하도록 부름을 받았다.

성경에는 애굽의 속박에서 탈출할 때나 또는 약속의 땅을 정복할 때에 항상 용기를 내라는 요청으로 가득 차 있다. 구약성경에 등장하는 영웅들 중에 다수가 기드온처럼 전사들이다. 또 구약에는 하나님께서 멸시하는 것들을 멸시하는 분노처럼 거룩한 진노와 선한 분노를 인정하는 성경적 전통도 자리하고 있다. 시편 기자도 이렇게 부르짖는다. "여호와여 내가 주를 미워하는 자를 미워하지 아니하나이까?"(시 139:21) 신약성경에는 거룩한 전사(戰士)가 등장하지는 않지만, 예수께서는 결코 겁쟁이 주님이 아니셨다. 그는 성전에서 돈을 바꾸는 자들과 행상인들을 몰아낼 때 주목할 정도로 진노하셨다. 그러면서도 그는 제자들이 무기를 집어들고 싸우려는 것을 엄히 금하셨다. 오히려 예수는 제자들더러 누가 오른뺨을 치거든 왼뺨까지 돌려대며, 오리를 청하면 십리를 동행해 주고, 고소하려는 자를 오히려 친구로 대하며, 심지어는 원수를 위하여 기도해 줄 것을 명하셨다. 호전적인 용맹보다는 영적인 용기를 지닌 삶의 실상은 사도 바울이 고린도 교회에게 전하는 권면 속에서 다음과 같이 가장 감동적이며 심원한 형태로 묘사되고 있다.

> 우리가 이 직책이 훼방을 받지 않게 하려고 무엇에든지 아무에게도 거리끼지 않게 하고 오직 모든 일에 하나님의 일군으로 자천하여 많이 견디는 것과 환난과 궁핍과 곤난과 매 맞음과 갇힘과 요란한 것과 수고로움과 자지 못함과 먹지

못함과 깨끗함과 지식과 오래 참음과 자비함과 성령의 감화와 거짓이 없는 사랑과 진리의 말씀과 하나님의 능력 안에 있어 의의 병기로 좌우하고 영광과 욕됨으로 말미암으며 악한 이름과 아름다운 이름으로 말미암으며 속이는 자 같으나 참되고 무명한 자 같으나 유명한 자요 죽는 자 같으나 보라 우리가 살고 징계를 받는 자 같으나 죽임을 당하지 아니하고 근심하는 자 같으나 항상 기뻐하고 가난한 자 같으나 많은 사람을 부요하게 하고 아무것도 없는 자 같으나 모든 것을 가진 자로다(고후 6:3-10).

1) 영웅적이고 고매한 용기

『반지의 제왕』에는, 어떤 것은 너무나도 무자비한 경우도 있지만, 영웅적인 용맹을 보여주는 수많은 사례들이 가득 들어 있어서 굳이 이들을 분류할 필요는 없다. 다만 레골라스와 김리는 오크족들을 죽일 때 마치 무슨 시합이라도 하는 양 그 숫자를 세는 것을 언급하는 정도로 충분할 것이다. 아라곤은 헬름 협곡의 장벽을 타고 올라가서는 오크족들을 대항하여 홀로 당당하게 맞선다. 같은 전투에서 세오덴 왕도 나이 들고 병들어서 죽음을 맞이하지 않고 사루만의 군대가 자기를 죽일 때까지 계속해서 그들과 싸우다가 죽음을 맞이하려고 최후 결전에 임한다. 이렇게 전통적인 영웅들의 장렬한 모습과는 좀 덜 선명하게 용기가 드러나는 경우는 원정대가 보여주는 또 다른 종류의 희생정신에서 찾아볼 수 있다. 이들은 특히 사우론을 무찌를 기회나 희망을 더 이상 찾아볼 수 없는 마지막 절체절명의 순간에, 승리에 대한 분명한 희망을 더 이상 찾아볼 수 없더라도 기꺼이 자신의 목숨을 희생시키는 열의를 보여준다. 모르도르의 암흑의 성문 앞에서 벌어진 마지막 전투 직전에 간달프는 다소 분별력 없어 보이는 용기를 요구하고 나섰다. "신중하게 말하자면 여러분들은 지금 확보하고 있는 요새를 더욱 강화해서 공세를 기다려야 할 것입니다"고 간달프는 지적하고 나서, 또 다음과 같이 덧붙였다. "그러나 내가 주장하는 것은 그런 신중론이 결코 아니오. 난 다만 무력으로는 승리를 얻을 수 없다고 말한 거요"(3.154-55).

그러면서 간달프는 고상한 유형의 항복, 즉 악의 힘을 무너뜨리기 위해서 자신들이 가진 힘을 포기할 것을 재촉하였다. 간달프는 샘과 프로도가 모르도르 안으로 들어갔기를 희망하면서, 그래서 운명의 산으로 점점 나아가고 있으리라는 희망을 가지고 그의 친구들 역시 사우론의 요새인 바랏두르로 정면으로 진격해 들어갈 것을 재촉하였다. 간달프는 그런 정면대결의 결과가 죽음과 작전의 착오로 끝날 수도 있음을 잘 알고 있었다. 하지만 만일에 사우론이 자유민 군대를 물리치기 위해서 오크족과 트롤족 군사들을 밖으로 내보낸다면, 반지를 소지한 프로도와 그의 일행이 반지를 파괴하러 운명의 산꼭대기에 도달하는 것을 알아채지 못할 수도 있는 것이다.

우리는 사우론이 마지막 기력을 다 쏟아낼 때까지 그를 밀어붙여야 하오. 우린 그의 숨은 힘을 다 끌어내 그 요새가 텅 비게 해야 하오. 우리는 지금 당장 그에게 진격해 들어가야 하오. 그에게 물리는 한이 있더라도 우리 자신이 기꺼이 그의 미끼가 되어야 하는 거요. 그는 야망과 탐욕으로 그 미끼를 물겠지. 우리의 성급한 공격에서 그는 새로 반지의 군주가 된 자의 어리석은 자만심을 엿볼 수 있다고 생각할 테니까...... 우리는 눈을 뜨고 자진해서 그 덫으로 들어가야 하오. 용기를 내야하겠지만 그러나 우리 자신을 위한 희망은 그다지 크지 못할 거요...... 그러나 이것은 우리의 의무라고 생각하오. 그리고 이렇게 죽는 것이 여기 그대로 앉아서 새 시대는 결코 오지 않을 거라는 것을 알면서 죽는 것보다는 분명 나을 것이기 때문이오(3.156).

하나로 뭉친 자유민들의 군사들더러 희생양이 되라고 하는 간달프의 요청은 고전적인 문학작품에서 쉽게 찾아볼 수는 없고 오히려 성경적인 전통을 상기시켜준다. 그리스도를 가리켜서 "도살장으로 끌려가는 어린 양"으로 묘사하기 위하여 누가는 구약의 이사야 53장을 인용한다(행 8:32). 사도 바울도 그리스도인들이 최악의 상황에서라도 오직 하나님만을 의지하라고 권면하면서 시편 44편을 인용한다. "우리가 종을 주를 위하여 죽임을 당케 되며 도살할 양 같이 여김을 받았나이다"(롬 8:36). 예수님 역시 제자들에게 분명히 핍박과 심지어는 죽음까지라도 초래할 삶을 제시하셨다. "보라! 내가 너희를 보냄이 양을 이리 가운데 보냄과 같도다"(마 10:16).

The Lord Of The Rings

2) 두려움을 모르는 것의 위험성

용기와 두려움을 모르는 것은 같은 의미가 아니다. 살려는 의지를 잃어버려서 죽음에 대한 두려움이 없는 사람을 가리켜서 좀처럼 용기 있다고 말하지 않는다. 마크 트웨인에 의하면 용기는 두려움에 대한 저항, 또는 두려운 마음을 정복하여 두려움이 없는 상태라고 한다. 그러나 탈레반 테러분자들의 두려움을 모르는 자살테러 공격은 결코 용기에 대한 좋은 예가 되지 못한다. 그들의 불특정 다수에 대한 살인을 동반하는 자살은 영광스런 보상에 집착함으로 비롯된 일종의 선택의 여지가 없는 절망적 거래일 뿐이다. 로마당국의 박해가 절정에 다다를 당시 초대교회는 그리스도인들이 복음을 빌미로 스스로 순교를 자청하는 것을 엄격하게 금하였다. 기독교적 전통이나 이교적 전통 어디에서라도 진정한 용기는 죽음에 대한 열망이나 생명에 대한 멸시와는 전혀 거리가 멀다. 그것이 암이나 전쟁, 혹은 토네이도(강력한 돌풍)나 테러이든 올바로 두려워해야 할 것들은 여러 가지가 있다. 간달프조차도 사우론의 악에 대하여 두려움을 느낀다고 고백하였다. 물론 우리가 가장 두려워해야 할 것은 하나님의 선하심과 그의 공의이다. 왜냐하면 이러한 두려움(경외)이 바로 진정한 지혜의 근본이기 때문이다(시 111:10). 또 조셉 파이퍼(Josef Pieper)가 분명히 지적한 바와 같이 이는 곧 용기의 근본이기도 하다.

> 하나님에 대한 경외가 진정한 용기를 판별하는 궁극적인 시험이다. 허풍쟁이를 침묵하게 만들고 모든 영웅적인 몸짓을 사그라지게 하는 이 시험에 직면하여, 무엇이 자신을 그토록 두려워하게 하는지 정면으로 바라보게 되며 여전히 선한 일을 행하는 것을 단념하지 않는다면 그는 진정 용기 있는 자이다. 그리고 특히 선을 위해서, 그리고 궁극적으로는 하나님의 영광을 위해서 그렇게 하는

것이라면, 그래서 겁쟁이라고 불릴까 두려워서도 아니고 개인의 야망을 위해서 그렇게 하는 것이 아니라면, 이 사람이야말로 진정 용감한 자이다(127).

『반지의 제왕』에는 올바르지 않은 대담무쌍함에서 야기된 거짓된 용기를 보여주는 두 가지 사례가 나온다. 첫 번째 경우는 펠렌노르 벌판의 전투에서 에오윈이 보여준 영웅적 행위에서 찾아볼 수 있다. 이 때 에오윈이 자신의 대의에 대하여 확신하거나 또는 궁극적인 승리에 대한 전망을 가지고 있어서 전쟁터에 뛰어든 것은 아니란 점을 메리는 잘 알고 있었다. 여자라는 이유로 자신에게는 전사로서의 당연한 역할이 주어지지 않은 것에 대하여 에오윈은 말 그대로 격노하였다. 그리고 참으로 슬프게도 메리도 에오윈에게서 "아무런 희망도 없이 그저 죽음을 향하여 질주하는 자의 얼굴"을 발견하였다(3.116). 그녀가 나즈굴의 군주를 죽인 것은 참으로 영웅적인 행동이었음을 결코 부인할 수는 없다. 그러나 여기에서 톨킨이 분명히 지적하는 바는 분노감이 어려 있는 상태에서의 두려움을 모르는 태도는 삶이든 죽음이든 그 어느 것을 위해서도 올바른 기초가 아니라는 점이다. 파라미르와의 사랑으로 분노가 변화될 때에야 에오윈은 비로소 진정한 용기를 얻게 될 것이다.

감지네 샘 역시 쉴로브의 소굴 밖에서 죽은 듯이 누워 있는 프로도를 발견하고 나서야 비로소 잘못된 형태의 두려움 모르는 것과 참된 용기의 차이를 터득하게 된다. 이제 앞으로 어떻게 해야 하는지에 관하여 그는 내면의 자신과 세 가지의 대안을 놓고서 논쟁을 벌인다. 프로도의 목에 매달린 반지를 집어들고서는 혼자서 운명의 산꼭대기로 가져갈까, 아니면 골룸을 쫓아가서 당장에 복수를 해 줄까, 아니면 여기에서 그냥 프로도와 함께 목숨을 끊을까? "그러면서 샘은 번쩍이는 칼끝을 바라보았다. 그는 뒤쪽 어둠의 벼랑과 허무 속으로의 아득한 추락만이 존재하는 곳을 생각해보았다"(2.341). 스스로 목숨을 끊어 프로도의 뒤를 따라가는 것은 용기 있는 행동처럼 보일 수도 있다. 하지만 샘의 진짜 소명은 임무를 완수하는 것이기 때문에 그런 행동은 사실 비겁한 행동이다. 샘은 이 중에 첫 번째 길을 택하기로 결심했으며 자신 역시 주인을 따라서 직접 고난에 동참하는 좀 더 고귀한 역할로 부름받았음을 점차적으로 깨닫게 되었다. 그런데 "절대반지는 그것이 만들어진 장소로 다가갈수록 권능도 크게 증대되었고 샘에게 그런 힘도 부여해 주는 듯 했지만, 그러나 그것이 결코 베풀지 못한 것이 하나 있었다. 그것은 바로 용기였다"(2.344).

고대 북유럽의 영웅을 찬미하는 문화권에서는 죽임당한 자신의 주인을 지키려는 용기는 매우 고결한 덕목이었다. 그리고 주인이 전쟁에서 죽었음에도 불구하고 여생을 계속 살아가는 것은 치욕스런 삶을 사는 것이나 마찬가지였다. 하지만 샘은 결코 고대의 영웅이 아니다. 죽은 것처럼 보이는 프로도 곁에 남아 있으려던 결정은 세심한 고민 끝에 내린 것이 아니라 예기치 못한 은혜로 얻어진다. 샘은 오크족들이 프로도의 몸을 해치고 더럽히는 것을 결코 용납할 수 없는 마음에, 깊이 생각해볼 필요도 없이 그의 본래 성격이 가리키는 대로 행동한다. "그는 원정대의 임무와 자신의 모든 결심을, 그리고 이것들과 함께 모든 두려움과 의구심을 다 내던져 버렸다. 그는 이제 자기가 있어야 할 자리가 어디며 또 지금 어디에 있는지를 깨달았다. 비록 자기가 무슨 일을 할 수 있을지에 대해서는 분명하지 않았지만 그가 있을 곳은 주인 곁이었다"(2.344). 샘은 프로도가 어디 있는지를 즉시 찾아내지는 못했지만, 서로 싸우는 오크들의 이야기로부터 그의 주인은 놀랍게도 살아 있다는 사실을 알게 되고, 프로도에게로 돌아가려는 이 마지막 행위를 통해서 진정한 용기가 무엇인지를 잘 보여준다. "이 바보야! 그 분은 돌아가신 게 아니었어. 네 가슴은 그

걸 알고 있었어. 네 머리를 믿어서는 안 돼. 샘 와이즈. 그건 너의 가장 탁월한 부분이 아니야. 너의 문제점은 네가 진정 희망을 갖지 않았다는 거야"(2.350).

3) 희망어린 인내로 승화하는 용기

원정대는 인내의 연단을 받았기 때문에 참된 용기는 인내 중의 희망에서 우러나온다는 점을 종종 보여준다. 인내는 고대의 금욕주의자들이 매우 중시했으며, 초대 그리스도인들에 의하여 온전히 기독교적 전통으로 흡수된 것으로 용기와 밀접하게 관련을 맺고 있는 덕목이다. 하지만 인내에는 두 종류가 있으며 여기에는 주목할 만한 차이가 존재한다. 먼저 금욕주의자들은 사물은 본래 있는 그대로의 모습에서 결코 벗어날 수 없으며, 영혼의 참된 고결함 역시 무감각하게 진행되는 우주의 흐름에 아무런 불평이 없이 그대로 받아들이는 데에서 찾아볼 수 있다고 확신한다. 그래서 이들은 삶의 고통에 대하여 그 어떤 두려움이나 감정을 느끼려고 하지 않고 이를 다 견뎌내려고 한다. 이러한 유형의 용기는 삶의 고난을 아무런 감정이 없이 냉혹하게 견뎌내려는 일종의 허세이다. 그러나 기독교적인 인내는 이와는 전적으로 다른 것으로서, 이는 현실을 인정하되 초월적인 기쁨과 희망에 의하여 이를 극복할 힘을 얻는 것이다. 그래서 예수께서도 선언하시기를 오직 끝까지 견디는 제자들만이 구원을 받으리라고 하셨다 (마 24:13; 막 13:13). 신약의 히브리서도 "예수는 그 앞에 있는 즐거움을 위하여 십자가를 참으사 부끄러움을 개의치 아니하셨다"고 선언한다(12:2). 바울서신에는 그리스도인이라면 박해와 핍박, 슬픔, 그리고 징벌과 같은 것들을 반드시 견뎌내야 한다는 권면들로 가득 차 있다. 반지 원정대가 보여준 인내의 모습을 신약성경에서 가장 분명하게 보여주는 사도 바울의 권면은 로마서의 다음의 구절에서 찾아볼 수 있다. "다만 이뿐 아니라 우리가 환난 중에도 즐거워하나니 이는 환난은 인내를 인내는 연단을 연단은 소망을 이루는 줄 앎이로다 소망이 부끄럽게 아니함은 우리에게 주신 성령으로 말미암아 하나님의 사랑이 우리 마음에 부은 바 됨이니"(롬 5:3-5).

물론 톨킨은 호빗족들이 보여주는 인내를 지나치게 기독교적인 관점에서 묘사함으로써 자신의 작품세계에 깔린 상상력의 기본 틀을 침해하려고 하지는 않는다. 이와는 달리 호빗족들의 인내는 종종 금욕적인 성향을 띠고 있어 보인다. 샘이 말한 바와 같이 "앞에 무엇이 보이는지"에 상관없이 앞으로 묵묵히 나아가기로 결심을 해야만 했다(2.341). 이 점에 있어서는 피핀도 마찬가지였다. 그 역시 임박한 죽음을 앞두고 그저 "나는 최선을 다해야만 해!"라고 외쳤다(3.168). 아마도 이 구절은 톨킨의 전체 작품세계 안에서 중심 사상을 표현할 만한 구절이다. 왜냐하면 톨킨에게 있어서 이 구절은 모든 인간 존재로 하여금 각자가 최선의 도덕적인 노력을 기울이도록 소환하는 자연세계의 은혜를 아주 극명하게 담고 있는 구절이기 때문이다. 톨킨은 제1차 세계 대전 중에 비참한 전쟁의 참호 속에서 그 어떤 엄한 위임장이 없이도 자신의 책무를 묵묵히 수행했던 군인들을 참으로 존경한다고 고백한 적이 있다. 샘과 프로도가 운명의 산으로 올라가서 타오르는 용암의 불길 속으로 절대반지를 던져 녹여 없애려고 몸부림치는 와중에서 점차로 절망감에 사로잡혀서 아마도 이 임무가 정녕 실패할 수밖에 없겠다는 확신을 가졌었던 것 같다. 그러나 그러한 절망감에도 불구하고, 그들은 앞을 향하여 계속 나아갔다. "노력은 해봐야지." 프로도가 말했다. "그래도 생각했던 것보다는 나쁘지 않은 편이야. 나는 통과하겠다는 생각조차도 품지 못했거든. 지금도 희망이 없기는 마찬가지지. 하지만 할 수 있는 한 최선을 다해 보자구"(3.201).

골룸을 따라서 모르도르를 향하여 죽음늪을 가로질러 건너가고 있을 때, 프로도는 그의 동반자 샘에게 임무가 끝나고 나면 이제 무엇을 할 것인지에 관하여 물어보면서 채근대지 말라고 충고한다. "내 친한 친구 감지네 샘 와이즈! 내 진정한 친구 중의 친구 샘! 그 다음에 어떻게 될 것인지에 대해서는 염두에 둘 필요가 없을 거야. 우리는 지금 그 일을 수행하고 있을 뿐이야. 우리가 그 일을 해낼 수 있다는 희망이라도 있어?"(2.231) 원정대를 떠나간 일행들 중에서 그 누구하나라도 아직 돌아오지 않았다. 이런 상황에서 그들은 다만 자신들로 하여금 임무를 감당케 하고, 최선을 다하게 만들며, 끝까지 견디고, 심지어는 "바랄 수 없는 중에라도 바랄 정도"로 인내하게 만드는 책임에 대한 깊은 인식에 휩싸여서 한 걸음 한 걸음 앞으로 나아갔다(롬 4:18). 물론 여러 가지 면에서 서로가 매우 다르긴 하지만 샘과 프로도는 아브라함처럼 "끝까지 참았으며" 그렇게 하여 약속을 성취하였다(히 6:15).

프로도와 샘의 인내에 성경 구절을 인용하는 것이 나름대로 타당한 이유는 원정대의 인내는 가혹한 것이라기보다는 차라리 즐거운 것이기 때문이다. 암울한 운명에 대한 느낌이 이야기 전편에 깔려 있기는 하지만 호빗들의 시와 노래 덕분에 한결 밝은 분위기를 자아낸다. 피핀은 다음과 같이 털어놓는다. "저희는 바람이나 비보다 더 거친 것들에 대한 노래는 거의 하지 않는답니다. 그리고 제 노래의 대부분도 대개가 웃기는 것이 아니면 먹는 것에 관한 것뿐이랍니다."(3.80). 호빗족들은 스스로를 깎아 내리는 투의 유머를 즐긴다는 점에서 어찌 보면 가장 금욕적이지 않은 존재들이다. 샘 역시 자신을 조롱하는데 정통한 것 같다. 쉴로브의 소굴 안의 공포와 끔찍스러운 흑암 속에서 프로도를 찾으면서도 샘은 중얼거리면서 자신을 향하여 이렇게 우스운 명령을 내렸다. "서두르라고! 이 게으름뱅이야!"

(3.178) 그리고 키리스 웅골 탑의 사우론의 요새로 올라가면서도, 그의 굼뜬 몸집에 어울리게, 은밀하기보다는 다소 시끄럽게 접근해 들어갔다. 그리고 자신을 요정으로 잘못 알아본 오크에게 협박할 때에도 샘은 당시의 상황에 아주 우스운 방식으로 대응했다. "자 이제 내가 왔다. 초인종을 눌렀으니 누구든 나와라! 샤그랏에게 위대한 요정의 무사가 요정의 칼을 들고 찾아왔다고 전해라!"(3.179)

호빗족들은 종종 스스로의 기분을 쾌활하게 하려고 웃기도 한다. 하지만 이들의 웃음에는 좀 더 근원적인 이유가 있다. 샘과 프로도가 죽음 늪을 빠져나와서 이실리엔의 꽃이 만발하고 향기로운 지역으로 들어갈 때처럼, 이들의 웃음은 이 세상의 경이로움에 대한 기쁨과 환희로부터 우러나온다. "골룸은 기침과 헛구역질을 했지만 호빗들은 깊이 숨을 들이마셨다. 샘은 갑자기 웃음을 터뜨렸다. 농담 때문이 아니라 너무나도 마음이 편안해졌기 때문이다"(2.259). 위급한 상황에서도 호빗들이 웃음을 보일 수 있는 이유는 이들은 자신에 대하여 초연하여 비평적인 거리를 두고 바라볼 수 있으며, 그래서 자신의 상황을 너무나 심각하게 받아들이지 않는 여유로운 능력을 지니고 있기 때문이다. 이러한 여유는 특히 샘이 키리스 웅골 탑에서 프로도가 죽었으리라 생각하는 절망적인 상황에서 유감없이 발휘되고 있다. 그러한 절망적인 상황 속에서도 샘은 "샤이어 땅으로 돌아가는 노인"의 노래 가락에 뭐라고 딱히 설명할 수 없는 희망적인 가사들을 노래로 엮어내고 있는 자신의 모습을 발견한다.

태양 아래 서쪽 땅에서
봄에는 꽃들이 피어나고
나무에는 싹이 트고, 시냇물이 흐르고
멋쟁이 새들이 즐겁게 노래한다.

구름 한 점없는 밤이면
흔들리는 너도밤나무
갈라진 머리카락사이에
흰 보석 같은 요정의 별이 열린다(3.185).

 삶에 대하여 이렇게 끈질길 정도로 즐겁고, 심지어는 우스운 관점은 자신들이 맡고 있는 임무는 거대한 우주적 드라마 속에서 아주 작은 한 부분을 이루고 있다는 원정대의 확신에서 우러나온 것이다. 악의 간계와 획책이 그들의 마음 속에 종종 심각한 의심과 회의를 불러일으키기는 하지만, 그들이 설혹 실패하고 그래서 자신들의 존재가 곧 잊혀진다고 할지라도 궁극적으로는 선이 반드시 승리하리라는 것을 확신하였다. 샘은 확신하기를 만일에 사람들이 자신들을 기억해준다면, 그것은 참으로 즐거운 이야깃거리가 될 거라는 것이었다. "'프로도와 절대반지에 대해서 들어보자!' 라고 말하겠지요. 그러면 '그래요! 그건 제가 제일 좋아하는 이야기 중 하나예요. 프로도는 아주 용감했고요. 그렇죠 아빠?' '그렇지 예야! 호빗 중에서 가장 유명한 이지. 참으로 대단한 호빗이야.'" "정말로 대단하구나." 프로도가 대답하고 나서는 가슴에서 우러나오는 길고 맑은 웃음을 터트렸다. 이런 소리는 사우론이 가운데 땅으로 돌아온 후 이 일대에서는 한 번도 들린 적이 없었다(2.321-22). 프로도와 샘은 쉴로브의 소굴로 들어가서 또 다시 진정한 용기와 인내를 보여주게 되는 사건 직전에 참으로 상황에 대하여 초연한 즐거움을 맛보고 있다. 이러한 장면을 묘사함으로서 톨킨은, "판타지 소설은 실제 세상에서 전파되는 복음에 대하여 메아리로 울리는 것, 그래서 복음에 대한 원거리의 반향으로서의 역할을 한다"고 말했던 것을 마음에 염두에 두고 있었던 것 같다(MC, 155).

4. 절제: 기분 좋은 고행을 산출하는 덕목

다른 세 가지 핵심적인 덕목들과 마찬가지로, 절제 역시 오해할 소지가 있다. 절제는 그저 적당하거나 온화한 것이나 또는 극단적인 것을 피하는 것으로 와전될 수도 있다. 절제에 대한 이러한 상식적인 정의는 거의 대부분이 먹고 마시는 것과 성생활에 있어서의 과도함과 항상 관련을 맺고 있다. 물론 절제라는 것이 이러한 문제들을 다루기는 하지만, 이는 졸렬한 자기 비하나 경건한 척 하면서 육체의 욕구에 대하여 무조건 멸시하는 것과는 전혀 다르다. 이와는 반대로, 절제는 우리의 몸과 영혼을 본래의 불가분리의 모습 속에서 합당하게 존중하려는데 관심을 기울인다.

신약성경은 절제를 근신과 연결시키고 있다. "모든 사람에게 구원을 주시는 하나님의 은혜가 나타나 우리를 양육하시되 경건치 않은 것과 이 세상 정욕을 다 버리고 근신함과 의로움과 경건함으로 이 세상에 살고"(딛 2:11-12). 절제의 관심은 우리 자신을 보존하고 더 나아가서 영원에까지 이르도록 하기 위하여 자신에게 주어진 선한 피조물 안에서의 타당한 즐거움의 정도를 조절하는 것에 있다. 삶 속에서 누리는 육체의 감각적인 즐거움은 피조계를 향한 하나님의 아름다운 의지 안에서 허용된 것이긴 하지만 여기에 집착할 때에는 심각한 위험을 초래한다. 그래서 육체의 감각적인 즐거움에는 어느 정도의 조정이 반드시 필요하다. 즉 이런 즐거움들은 영속적인 가치들에 부응하거나 일관성을 지녀야 한다. 이를 위해서는 획일적으로 육체적 감각을 억누르기보다는 이를 분별할 수 있는 능력을 강화할 필요가 있으며 그렇게 함으로서 절제를 행하는 자들은 마치 단련된 철과 같은 강한 영혼을 소유할 수 있어야 한다. 이런 맥락에서 성 어거스틴은 지적하기를 절제하지 않는 영혼은 마치 노예적인 자유에 빠져서 허우적거리는 것이라고 하였다.

　기독교적인 전통은 죄의 진짜 근원을 인간의 신체에서 찾으려는 입장을 강력하게 부인한다. 이러한 견해는 정통 기독교가 정죄한 마니교 이단의 사상에서도 찾아볼 수 있다. 그러나 기독교적인 견해에 따르면 죄의 근원은 육체적이기보다는 영적인 것이다. 그러나 그렇다고 하더라도 우리의 육체적인 감각들은 적절하게 통제되어야 할 필요가 여전히 있다. 육체적 감각들에 대한 통제와 조정에는 사도 바울이 언급한 것과 같은 아주 과격한 고행이 동반될 수도 있다. "이기기를 다투는 자마다 모든 일에 절제하나니 저희는 썩을 면류관을 얻고자 하되 우리는 썩지 아니할 것을 얻고자 하노라 그러므로 내가 달음질하기를 향방없는 것 같이 아니하고 싸우기를 허공을 치는 것 같이 아니하여 내가 내 몸을 쳐 복종하게 함은 내가 남에게 전파한 후에 자기가 도리어 버림이 될까 두려워함이로라"(고전 9:25-27). 여기에서 사도 바울이 취하고 있는 논리는 분명하고 단호하다. 운동선수가 단지 이 세상에서의 상급을 얻기 위해서라도 세속적인 즐거움을 포기하는 것이라면, 그리스도인들은 복음과 하나님의 나라를 위해서 더 더욱 세속적인 욕망에 대한 만족을 더 많이 포기해야만 하지 않겠는가? 특히 성도는 이 세상에서 가장 훌륭한 것보다 무한정 위대한 자로서의 거룩하신 하나님을 인식하고 있다면 더 더욱 그러해야 하지 않겠는가? 결국 성도에게 있어서 절제는 자신의 세속적인 몸으로 하여금 거룩하신 예수 그리스도의 몸에 온전히 참여하도록 하는 결정적인 연단과정인 셈이다.

　절제에 관한 초대교회의 중요한 가르침은 요한1서에 그 뿌리를 두고 있다. 여기에서 우주(코스모스, kosmos)는 하나님과 불화하였으며 더 나아가서 그와 적대적인 관계에 있는 것으로 간주되고 있다. 여기의 짤막한 서신에서 죄를 세 가지 유형으로 간략하게 분류한 다음에 점차적으로 다양한 유형의 죄에 대한 적절한 분석과 아울러 충분한 묘사가 이어지고 있다. "이 세상이나 세상에 있는 것들을 사랑치 말라 누구든지 세상을 사랑하면 아버지의 사랑이 그 속에 있지 아니하니 이는 세상에 있는 모든 것이 육신의 정욕과 안목의 정욕과 이생의 자랑이니 다 아버지께로 좇아 온 것이 아니요 세상으로 좇아 온 것이라 이 세상도 그 정욕도 지나가되 오직 하나님의 뜻을 행하는 이는 영원히 거하느니라"(요일 2:15-17). 육신의 정욕과 안목의 정욕과 이생의 자랑이라는 세 가지 유형의 육욕은 그저 부정적인 이유 하나만으로, 다시 말해서 무조건적으로 억제되어야만 하기 때문에 억눌러져야만 하는 것은 결코 아니다. 오히려 이런 육욕들은 영적인 기쁨과 평온을 위하여 조절되어야만 하는 것들이다. 세상으로부터 거룩하게 초연하여 분리될 때만 비로소 세상의 아름다움과 즐거움을 제대로 맛보며 누릴 수 있다.

1) 프로도와 샘의 육적인 욕망과 자기부인

육욕(concupiscentia)에 대한 오늘날의 어감은 탐욕적이고 불길처럼 타오르는 성욕에 국한되어 사용되는 까닭에 속된 욕망을 온전히 표현하기에 부적합하다. 그러나 이에 대한 예전의 좀 더 오래된 단어는 그것이 육체적이든 영적이든 상관없이 좀 더 미묘한 맥락에서 세상의 것들에 대하여 과도하게 집착하는 것을 포괄적으로 가리킨다. 그래서 육체에 관한 욕망들을 잘못된 방식이나 동기로 통제하려는 경우에 이런 것들을 꼭 금욕적인 처세로 인정할 필요도 없다. 예를 들어서 폭식의 죄악은 그저 비만이라는 피해만을 초래하는 것은 아니다. 거의 모든 사람들이 다이어트와 광적인 식이요법에 지속적으로 매달리면서, 좀 더 날씬해지기를 추구하는 비만형의 문화에서, 폭식은 날씬한 몸매에 대한 과도한 집착의 맥락에서 새롭게 정의할 필요가 있다. 그리고 이러한 문화 속에서 폭식은 영적인 절제에 의해서가 아니라 멋있는 몸매를 중시하는 또 다른 괴팍스러운 문화의 흐름에 의하여 극복되기도 한다. 결국 오늘날의 폭식은 톨킨의 작품에 등장하는 호빗들이 당면했던 음식에 대한 유혹과는 전혀 다른 것이다. 앞에서 살펴본 바와 같이, 호빗들은 육체적인 감각의 만족과 기쁨, 특히 맛있는 음식에 대한 기쁨에 관하여 그 어떤 금욕적인 견해나 입장을 가지고 있지 않았다. 호빗족들은 하루에 여섯 번 식사하는 것에 익숙해 있던 까닭에, 메리는 펠렌노르 벌판에서 힘들게 승리를 거둔 다음에, 그의 마음에는 언제 식사가 제공될 것인지가 너무너무 궁금하였다.

육체에 관하여 매우 긍정적인 입장을 지녔던 작가였지만 톨킨 역시 순전한 믿음에는 금욕주의가 본래적으로 긴밀하게 관련을 맺고 있다고 믿었다. 그래서 육체를 존중하는 것은 거꾸로 육체를 연단하는 것과 일맥상통한다. 광야에서의 마귀의 가혹한 육적인 유혹을 모두 극복하여 자기부인을 향한 이스라엘의 역사의 의미를 온전히 되풀이함과 동시에 그 역사의 의미를 회복하고 나서야 비로소 그는 공생애를 올바로 시작할 수 있었다. 감지네 샘 와이즈는 그러한 금욕적인 삶이 얼마나 힘든 것인지를 잘 보여준 호빗이다. 샘은 원정대 일행 중에서 그 누구보다도 음식에 대한 무절제한 욕망에 약한 인물이었다. 맛있는 식사를 즐기며 포동포동한 풍채를 지닌 샘은 주방 기구를 버리고 온 것에 대하여 서운해하는 요리의 달인이었을 뿐만 아니라 더 이상은 정성껏 준비된 식사를 즐길 수 없다는 사실에 대하여 누구 못지않게 안타까워했다.

그러나 호빗들 중에서 가장 쾌활하고 유쾌한 샘은 이야기의 마지막 부분에서 단지 그의 주방도구에 비교할 수 없을 정도로 값지고 귀한 것을 포기해야만 했다. 운명의 산으로 이어지는 가파른 길을 올라가면서 샘과 프로도는 점차적으로 그동안 지녀 왔던 모든 안락한 보호 장비를 내던졌다. 이들 모두는 스스로를 변장하기 위하여 오크 갑옷이라도 입어야 할 만큼 비참해졌다. 샘 역시 쇠약한 프로도가 보호받을 수 있도록 하려고 갈라드리엘 요정공주로부터 하사받은 요정 망토도 포기했다. 그리고 이들 둘은 마지막에는 잠깐이나마 입었던 오크 갑옷과 무기들도 내던졌다. 하지만 샘이 더욱 많은 육체적 장비들을 포기할수록, 심지어는 배고픔과 목마름으로 그의 몸이 점점 무너져 가면 갈수록, 도덕적인 능력은 더욱 강해져갔다. "샘의 평범한 호빗 얼굴은 안으로 단련된 의지로 인해 엄숙하고도 단호한 모습으로 바뀌었다. 절망과 피로, 그리고 끝도 없이 가야만 하는 황야, 그 무엇에도 굴하지 않을 돌과 강철로 이루어진 생명체로 바뀌어 가는 듯한 느낌이 들며 샘은 사지에 전율을 느꼈다"(3.211). 마지막에 샘이 사실상 완전히 무기력해진 프로도를 가파른 운명의 산 위로 안고 가야만 했을 때에 그는 이 임무에서 중요한 도구이자 사실상 영웅이나 다름없는 자리에 다다르게 된다.

배고픔과 목마름, 그리고 처절한 절망감과 특히 사실상의 모든 희망이 사라진 상황에서 이들 두 호빗은 그리스도께서 마지막으로 골고다를 향하여 걸어 올라갔던 슬픔의 길인 비아 돌로로사(via dolorosa)와 흡사한 길을 걷는다. 특히 샘은 운명의 산 위로 프로도를 데리고 올라가면서 마치 크리스토퍼(Christopher, 그리스도의 증거자 또는 그리스도를 운반하는 자라는 의미를 담고 있는 헬라어의 Χριστοφορος에서 유래함)와 같은 인물이 된다. 그리고 이들 둘은 악의 세력에 대항하는 물리적인 방어수단을 모두 내버리면서, 16세기의 스페인의 신비주의자인 십자가의 성 후안(St. John of the Cross, 1542-1591)이 묘사한 영혼의 "어둔 밤"(noche oscura)을 경험한다. 샘과 프로도가 세속적이고 인간적인 버팀목들을 모두 박탈당하고, 이제는 오직 하나님 이외에는 다른 그 어떤 것을 의지할 수 없는 상황 속에서 밀려오는 새로운 힘을 경험하는 가운데 이러한 어둔 밤은 이들에게 찾아온다. 이런 경험에 관하여 성 후안은 다음과 같이 기록하고 있다. "영혼이 자연스러운 활동 중에라도 어둠과 공허 속을 걷게 될 때에 그와 동시에 그 영혼은 안전한 길을 걷는다." 물론 톨킨은 자신의 작품세계에서 그렇게 과도할 정도의 신학적인 유비를 담아내고 있지는 않다. 하지만 프로도와 샘은 처절하게 무기력해진 상황에서 오히려 역설적으로 힘을 얻는 기독교적인 신비와 유사한 무언가를 경험한다. 또 이들이 운명의 산으로 올라가면서 두 호빗을 마치 성찬의 식사와 유사하게 여전히 굶주림으로 좌절할 수밖에 없는 상황에서도 그들의 의지만큼은 더욱 강인하게 만드는 요정의 빵인 렘바스 몇 조각으로 계속해서 버티어 나가는 모습 역시 기독교적인 측면을 암암리에 보여준다.

2) 눈에 보이는 것을 향한 욕망과 데네소르의 패배주의

육적인 욕망은 단지 육체적인 죄악에 국한되지 않는다. 인간의 눈도 육체적인 쾌락 이상의 것에 집착할 수 있다. 사실 눈의 욕망은 지식에 대한 과도한 욕망과 밀접하게 관련되어 있다. 아담과 하와가 바로 이러한 유형의 시각적인 욕망에 사로잡혔었다. 그들은 금단의 열매로 하나님과 같이 될 수 있는 지식을 얻고자 하였다. 전권을 휘두를 정도의 지식에 대한 파우스트적인 욕망은 계속해서 오늘날에도 영향력을 행사하는 죄악들 속에서 잘 나타난다. 또 오늘날의 물리적인 세계에 대한 과학적 만능주의로 현대인들은 도덕적인 수준 역시 탁월한 정도로 발전했다고 착각한다. 절대적인 지식에 대한 이러한 과도한 욕망이 변형된 모습은 미래의 모습을 미리 알아서 확실성과 안전성을 확보하려고 하는 열망 속에서 쉽게 찾아볼 수 있다. 도덕적인 헌신과 노력에 대한 확신이 부족한 사람들은 종종 눈에 보이는 것을 향한 욕망의 노예가 되기 쉽다. 예를 들어 오늘날 유행하는 점성술이나 성경을 신비하게 해석하는 자들, 그리고 심리 치료술 등등은 미래의 영역에 속한 것들을 적절히 다루고 싶어하는 자들의 욕구를 충족시켜준다. 이들은 예기치 못했던 것들과 이들로 말미암아 초래되는 불안감을 미리 제거하고 싶어한다. 그렇게 함으로써 결국은 절대적으로 하나님을 의지해야 할 필요도 없어진다. 그래서 눈을 절제한다는 것은 지식에 관한 욕구, 특히 미래의 지식에 관한 욕구에 관한 훈련을 의미한다.

  미래에 대한 이러한 유형의 예지(豫知)는 속이 좁은 사람들뿐만 아니라 샘과 프로도처럼 용맹스러운 자들에게도 매우 위험한 것이다. 이들은 갈라드리엘의 거울을 들여다보고 나서 그것을 매우 후회하였다. 안전한 미래의 모습을 알고자 하는 욕망은 곤도르의 섭정 데네소르에게는 좀 더 치명적인 불행을 가져다주었다. 그는 모르도르의 위력이 엄청나게 커지는 것뿐만 아니라 자신의 나라와 백성들에게 몰아닥칠 끔찍한 파멸을 미리 보았다. 그는 전투에서 이미 아들 보로미르를 잃어버렸으며, 이제는 그의 다른 아들 파라미르조차도 오스길리아스에서 미나스 티리스로 철수하는 도중에 부상당하여 누워 있는 처지이다. 그는 미래에서 도저히 그 어떤 가망도 찾아보기 어려웠다. 이런 상황에서 그는 아마도 톨킨이 서구문명과 시대에 대하여 솔깃하게 표현하려고 했음직한 애가를 다음과 같이 반복적으로 노래한다. "서쪽나라는 끝났소." 톨킨은 서구 문명은 더 이상 회복 불가능한 부패와 쇠락의 길을 걷고 있다고 진단한 오스왈드 슈펭글러(Oswald Spengler, 1880-1936)나 다른 여러 학자들의 입장에 동의하였다. 오늘날 우리는 한 때 찬란했던 문명의 황혼기를 보내고 있으며, 데네소르는 비록 시대착오적이긴 하지만 마땅히 우리가 불러야 할 애가를 부르고 있다. "서쪽나라는 끝났소. 서쪽나라 전체가 거대한 화염에 휩싸이고 모든 것들이 멸망할 거요. 재! 재와 연기만이 바람에 날려갈 거요"(3.128).

데네소르에게는 인내라는 덕목이 부족했다. 그는 지금보다 더 나은 날을 소망하고 기다리며 그 날로 나아가려는 의지가 없었다. 데네소르는 천리안의 돌인 팔란티르를 지니고 있었는데, 그런 까닭에 사우론은 앞으로 일어날 수도 있는 여러 끔찍한 전망들만을 그에게 제공해 주었다. 찬란한 미래에 대한 그 어떤 가망도 찾아볼 수 없다고 생각했던 데네소르는 암담한 미래를 위하여 고군분투하기를 거부하고 살 만한 현실을 택했다. 또 그는 곤도르 왕국의 적법한 왕인 아라곤이 왕위에 오르고자 귀환한다는 소식에 대해서도 달갑지 않았다. 이와는 달리 그는 오래 전부터 아라곤을 알아보고 경멸하였다. 하지만 데네소르는 아라곤에 대한 질투감 때문만이 아니라 견딜 수 없는 미래에 대한 탐욕스러운 예지 때문에도 파멸하고 말았다. 오직 아라곤과 같은 미래의 왕만이 사용하기로 되어 있던 천리안의 돌을 사용하면서 데네소르는 패배주의자, 즉 쓰라린 반동주의자가 되고 말았다.

나는 내 평생 동안 해온 대로 앞으로도 해갈 거야. 데네소르가 대답하였다. "그리고 내 앞의 선조들이 해온 그대로, 이 도시의 평화 속에서 군주가 되고, 또 마법사의 제자가 아닌 아들에게 대를 그대로 이어주는 것이지. 하지만 운명이 이를 방해한다면 나는 더 이상 아무것도 하지 않을 거야. 위축된 삶이나 절반으로 잘려나간 사랑이나 추락해버린 명예는 절대로 갖지 않을 거야"(3.130).

한 때 절망에 빠졌으나 비관론에서 벗어나 헬름 협곡의 전투를 도와 승리를 쟁취하게 했던 세오덴 왕과는 달리, 데세소르는 펠렌노르 벌판의 전투에서 승산이 없어 보이는 전투의 희생양에 함께 동참하기를 거부했다. 고귀한 미래에 대한 그의 욕망은 역설적으로 그를 파멸시키고 말았다. 데네소르는 앞으로 있을 파멸에 대한 예지로부터 자양분을 공급받는 지경에 처했지만 결국 이는 그의 절망감만 더욱 키워주었다. 만일에 그가 예전에 찬란하고 영광스러운 삶을 전혀 살아보지 않았더라면 그는 아무것도 생각하지 않았을 수도 있다. 그는 부상당한 아들 파라미르가 앞으로 있을 끔찍한 미래에 직면하지 않도록 하기 위하여 그를 미리 죽여서 화장시키려고 했다. 이러한 끔찍한 존속살해 행위가 막히게 되자, 데네소르는 최후의 자멸적인 절망감 속에서 화장용 장작더미에 스스로를 내던지고 만다. 이를 통해서 톨킨은 미래에 대하여 희망을 품기를 거부하는 비관적이고 무절제한 상상력은 결국 이러한 끔찍한 결과를 초래한다는 것을 분명히 보여주었다.

3) 인생의 자만과 죽음의 공포 그리고 타협에 대한 거부

"이생의 자랑"이라는 사도 요한의 표현은 우리 자신에 대하여 스스로 만족하는 거만한 확신을 가리킨다. 이는 우리 자신의 도덕적인 존재는 우리가 필요로 하는 모든 것을 다 제공해 줄 수 있으리라는 헛된 가정을 의미하는 동시에, 이 땅에서 살아가는 인간의 욕구를 모두 충족시켜주는 이 세상의 풍요로움 저 너머에는 이 세상과는 전혀 다른 무언가가 있다는 생각을 철저히 부인하는 것이다. 절대반지는 그 소유자에게 무제한적으로 자율적인 능력을 행사하고 거의 영생불사할 수 있도록 해 주기 때문에 결국 그 소유자를 압도하여 이러한 "이생의 자랑"의 포로로 삼아버린다. 하지만 톨킨의 작품세계에서 죽음은 일루바타르가 인간에게 하사한 아주 유익한 선물이다. 또 인간들이 멜코르의 유혹으로 직접 손상받아 타락하지 않았더라도, 그들은 여전히 죽을 운명으로 태어났을 것이다. 이러한 타락하지 않은 피조물들에게 있어서 죽음은 삶에 대한 아름다운 종말로 간주되었을 것이기에 결코 끔찍한 것이 아니었다.

죽음은 하나님의 선물이라는 개념 속에는 주목할 만한 지혜가 깃들어 있다. 타락한 피조물들이 자신의 삶을 끊임없이 이어간다면 이는 피조계에 대한 가혹한 테러가 될 것이며, 그들 자신에게도 쓰라린 고문이 될 것이다. 게다가 우리는 육신을 영구적으로 늘리려는 그릇된 욕망에서 벗어나서 죽음에 대한 기대감을 가지고 살 때 진정한 지혜를 얻을 수 있다. 톨킨의 제안에 따르면, 우리가 죽음을 향하여 살아가기 때문에 삶은 참된 긴박성과 목적을 지닌다고 한다. 만일에 우리가 죽음에 대한 전망을 가지지 않는다면 선을 침식하는 두 가지의 죄악인 자만심과 절망감에 빠지고 말 것이다. 먼저 자만심은 죽음으로 시간이 끝날 일이 없어서 해야 할 일을 하기에 충분한 시간을 늘 가지고 있다는 자만심이며, 절망감은 죽음이 없어서 기회는 늘 있기 마련이어서 하지 말아야 할 것을 결코 멈추지 않을 절망감이다. 죽을 운명을 가지고 있기에 피조계는 선하다고 톨킨은 확신하였다. 만일에 우리의 수명을 부자연스럽게 늘리려고 하거나 또는 우리에게 할당된 시간을 낭비함으로서 자신과 피조계의 유한성을 부인하려고 한다면 이는 분명 죄악이다.

절대반지를 처리하는 문제를 놓고서 간달프는 이렇게 말한다. "우리가 결정해야 할 것은 우리에게 주어진 시간을 어떻게 할 것인가 하는 것 뿐일세"(1.60). 간달프의 요청은 자기 파멸적으로 지금 주어진 시간을 즐기자(carpe diem!)는 것과는 달리 신약성경 전편에서 계속적으로 반복되는 한결 같은 주장을 그대로 되풀이한다. 여기에서 그리스도인들은 "아무도 일할 수 없는 밤이 오기 때문에" 자기에게 주어진 날과 시간을 헛되이 낭비하지 말고 하나님의 나라를 위하여 열심히 일하라는 권면을 자주 접한다(요 9:4). 시간에 관한 간달프의 이러한 경구의 참된 출처는 아마도 사도 바울이 에베소 교회에게 보낸 서신에서 찾아볼 수 있을 것이다. "그런즉 너희가 어떻게 행할 것을 자세히 주의하여 지혜 없는 자 같이 말고 오직 지혜 있는 자 같이 하여 세월을 아끼라 때가 악하니라"(엡 5:15-16). 만일에 절대반지 덕분에 생명을 무한정 늘릴 수 있게 된다면, 삶 속에 내포된 명령법적인 특성과 긴급성, 그리고 그 목적은 모두 상실되고 말 것이다.

요정들에게는 죽음의 축복이 주어지지 않았다. 그들은 적어도 만물의 마지막 전까지는 결코 죽지 않을 불멸의 존재로 창조되었다. 하지만 톨킨의 작품세계에서는 이들의 불멸성이 점차적으로 쇠약해지는 몇 가지 원인이 있다. 요정들 중의 일부는 멜코르가 훔쳐간 실마릴을 좇아서 그를 따라가기로 결정하였다. 그래서 이들은 일루바타르가 이들을 위하여 준비한 불사의 땅 발리노르에 남아 있기를 거부하였다. 그리고 이러한 거절로 인하여 이들의 고귀한 지위는 점차적으로 위축될 수밖에 없는 처벌을 받게 되고 그 결과 심지어 갈라드리엘의 영구불멸한 지위도 절대반지가 파괴되면서 무너질 수밖에 없었다.

그런데 요정과는 달리, 인간은 생명을 무한정 연장시키려는 유혹을 극복할 덕목으로서 절제가 꼭 필요하다. 파라미르는 통제 불가능할 정도의 죽음에 대한 불안 때문에 곤도르가 쇠락의 길을 걷는 것에 대하여 슬퍼한다. 이러한 장면을 통해서 톨킨은 영원한 생명을 향한 욕망에 굴복해버린 인간의 전체 문명에 대한 개략적인 모습을 우리에게 살짝 보여주고 있다. 파라미르의 설명에 따르면, 누메노르인들은 과거 한 때 가장 탁월한 왕국을 건설하였다. 서쪽나라의 몰락을 바라보았던 부친처럼 파라미르 역시 이들이 이제 몰락해가고 있다고 진단한다. 문명의 몰락은 오늘날에도 계속 이어지고 있다. 누메노르인들에 대한 다음의 평가 속에서 우리는 우리 자신의 실상을 발견할 수 있다. "그들 누메노르인들은 이제 황혼의 중급 인간으로 전락해 버렸다. 이들은 이제 전쟁과 무용 그 자체에서 아름다움을 느끼고 이를 사랑하며, 그것을 유희로 여기면서 또한 목적으로 삼고 있다"(2.287). 하지만 파라미르는 데네소르와는 달리 누메노르인들이 스스로 파멸을 초래하였다고 진단하고 있다. 이들은 "이생의 자랑"에 스스로 먹잇감이 되어 존재 자체를 궁극적인 선으로 뒤바꾸기에 이르렀다. 삶에 대한 이들의 숭배와 죽음에 대한 두려움은 오늘날 우리와 별반 다르지 않은 문명사적인 쇠락을 자초하고 말았다.

> 누메노르인들은 영원한 생명에 대한 열망에 계속 집착하였기 때문에 오히려 늘 죽음과 공존했었던 것이오. 왕들은 자기 무덤을 산 사람들의 집보다 더 호화롭게 꾸몄고, 후손들의 이름보다는 옛 선인들의 명예를 더 소중하게 여겼소. 후손이 없는 영주들은 쇠락한 궁전에 앉아 문장에만 열중했으며, 무기력한 사람들 또한 밀실에 틀어박혀 불로장생약을 조제하거나 높고 차가운 탑에서 별자리만을 바라보았소. 그리고는 아나리온 왕가의 마지막 왕에게는 계승자가 없었소(2.286).

"이생의 자랑"을 통제하기를 거부하는 자들은 또 다른 유형의 통제, 즉 절대로 타협을 허락하지 않는 죽음의 통제를 받을 수밖에 없다. 여러 가지 면에서 엔트들은 탄복스러운 점들을 지녔음에도 불구하고, 이들은 아마도 장수의 능력을 지니고 있었던 까닭에 결국은 치명적인 자기만족의 덫에 빠지고 말았다. 엔트들은 엔트 부인들과 헤어지고 말았으며, 이들이 다시 만나게 될 가능성이 전혀 없어 보인다. 이들의 문제점은 남자다운 엔트들의 마음에는 방랑벽이 가득 차 있다는 점이다. 그래서 이들은 한 곳에 뿌리를 내리고 정착하기를 원하지 않고 새로운 것을 찾아서 떠돌아다니기를 좋아했다. "엔트들은 거대한 나무들, 야생의 숲, 그리고 높은 언덕을 좋아하며, 석간수를 마시고, 지나가는 길에 나무들이 떨어뜨려 준 과일만 먹었지. 또 거대한 나무들과 요정들에 대한 이야기를 나누기도 했어." 그런데 이와는 달리 엔트 부인들은 가정과 따뜻한 난로를 좋아하며, 돌볼 수 있는 꽃들과 정원들을 사랑했었다.

> 이들은 야생사과와 초록색 풀들, 그리고 씨를 퍼뜨리는 잡초들과는 대화를 하고 싶어 하지 않았고…… 오히려 이들이 자신들의 말을 듣고 그 명령에 따르기만을 바랐던 거야. 엔트 부인들은 이런 것들이 자기의 소망대로 자라나서 잎사귀를 내고 자기들 마음에 드는 열매를 맺으라고 명령했지. 엔트 부인들은 질서와 풍요로움, 그리고 평화를 원했기 때문이야. 즉 모든 것들이 자신들이 정한 질서 안에 머물러 있어야 한다는 것이지(2.79).

여기에서 톨킨은 남자와 여자, 또는 남편과 아내 사이에 존재하는 긴장을 초래하는 근본적인 차이점을 극명하게 보여주는 감동적인 비유를 제시하고 있다. 그는 여기에서 여자에게는 바람직한 호기심이 없다거나, 남자는 한 곳에 정착하는 삶을 잘 감당하지 못한다고 주장하려는 것이 아니다. 톨킨이 여기에서 지적하려는 바는 그것이 무엇이든 간에 인간의 강점은 항상 절제와 통제를 필요로 한다는 것이다. 만일에 남자 엔트와 여자 엔트 모두가 여전히 타협할 줄 모르고, 그래서 "이생의 자랑"을 제쳐놓을 줄 모르고, 상대방이 지닌 덕목을 존중할 줄 모른다면, 말 그대로 이들 모두는 파국을 맞이할 수밖에 없다. 강점만을 따르다가 결국은 장수의 능력을 잃어버리고 게다가 고독마저 더 이상 누릴 수 없다는데 이들 엔트족들의 비극이 있다. 이들은 감지네 샘에게서 찾아볼 수 있는 자기부인(self-denial)과 이것이 가져다주는 상쾌함이 없다. 엔트들과 엔트 부인들 모두가 각자의 탁월함을 조절하지 않는다면 이들에게서는 더 이상 엔트다운 것은 결코 찾아보기 어려울 것이다.

두 종류의 나무 종족들이 결합하기 위해서는 단순한 성적인 만남 이상의 것이 필요하다. 쉽게 말해서 이들은 서로 화해해야만 한다. 하지만 화해를 말하는 것은 앞에서 살펴본 네 가지의 기본적인 덕목들의 한계를 넘어서는 것이다. 화해는 앞에서 살펴본 네 가지의 도덕적인 자질들을 가장 탁월하게 성취하고 완성하는 것 이상을 필요로 한다. 즉 여기에는 믿음과 소망, 그리고 사랑이라는 신학적인 은사를 필요로 한다. 그리고 다음 순서는 반지 원정대가 이러한 세 가지의 기독교적인 덕목들을 어떻게 구현해내는지 살펴볼 차례이다.

The Lord Of The Rings

The Lasting Corrective: Tolkien`s Vision of the Redeemed Life

제4장 영구적인 개선책: 구원받은 삶에 관한 톨킨의 전망
    1. 신뢰와 우정으로서의 믿음
    2. 궁극적으로 선한 미래를 향한 소망
    3. 용서를 베푸는 사랑

The Lasting Corrective: Tolkien's Vision of the Redeemed Life

영구적인 개선책:
구원받은 삶에 관한 톨킨의 전망

4

여러 문화에서 보편적으로 찾아볼 수 있는 전기 독교적인 덕목들(the pre-Christian virtues)은 궁극적으로는 하나님의 은혜에 의해서 비로소 그 완벽한 자태를 드러낼 수 있다. 그러나 이런 전기 독교적인 덕목들이 완벽한 자태로 나타나려면 그 자체로는 불가능하고 여전히 파격적인 보완을 필요로 한다. 악에 대한 인간의 가장 선한 반작용일지라도 이를 변혁시키고 회복시키는 것이 바로 하나님에 의한 개선책이며, 이 개선책은 이스라엘의 역사와 그리스도의 사역 속에서 하나님께서 자신을 비천하게 낮추심으로 이 세상 속에 나타났다. 아주 독특하게 기독교적인 덕목들을 구체화하는 가장 쉬운 방법은 고린도전서 13장에서 사도 바울이 내리고 있는 다음과 같은 결론을 인용하는 것이다. "그런즉 믿음, 소망, 사랑, 이 세 가지는 항상 있을 것인데 그 중에 제일은 사랑이라." 물론 이 세 가지의 신학

201

적 덕목들은 마치 우리가 이 신학적 덕목들을 구현시키기 전에 먼저 네 가지 핵심적인 덕목들을 달성해야만 하는 것처럼 그렇게 서로가 완전히 구별되는 것이라고 보기는 어렵다. 그러나 인간의 존재와 덕목들의 그 어느 한 요소라도 하나님의 은혜가 배제된 것은 하나도 없으며, 인간의 모든 선은 근본적으로 하나님의 선하심에 기초하고 있다.

그래서 이상의 일곱 가지 덕목들은 서로가 긴밀하게 연결되어 있어서 어떤 한 덕목에서 다른 덕목들을 배제시키거나 잘라버리면 결국 모든 덕목들을 훼손하는 결과가 초래된다. 예를 들어 우리는 앞에서 공의가 온전히 구현되기 위해서는 자비와 사랑을 필요로 하며 용기 역시 참된 용기로 꽃피우려면 믿음과 희망을 필요로 한다는 점을 살펴보았다. 하지만 이러한 세 가지 신학적 덕목들은 그 자체의 독특한 특성들을 지니고 있으며 그런 까닭에 개별적으로 다시 살펴볼 필요가 있다. 그래서 이 장의 목적은 세 가지 신학적 덕목들을 특별히 기독교적인 관점에서 서술하면서, 어떻게 이런 덕목들이 반지 원정대가 임무를 수행하는 과정 속에서 간접적으로 표현되고 있는지를 보여주려는 것이다. 간단히 요약하자면 믿음은 우정을 형성하는 신뢰 속에서 나타나며, 희망은 선한 의지가 결국에는 득세할 미래에 대한 전망 속에서, 그리고 사랑은 용서를 베푸는 가운데 나타난다. 톨킨의 작품세계에서 이상의 세 가지 신학적인 덕목들은 고전적인 네 가지 덕목들을 성취시키고 완성하는데 함께 작용하면서, 결국은 우리로 하여금 "신의 성품에 참예하는 자"의 진정한 모습을 드러내 보여주고 있다(벧후 1:4).

1. 신뢰와 우정으로서의 믿음

"오직 의인은 믿음으로 말미암아 살리라"는 것과 "너희가 그 은혜를 인하여 믿음으로 말미암아 구원을 얻었나니"라고 사도 바울이 선언할 때, 그는 그저 딱딱한 논리적 명제를 다시 한 번 확인하도록 재촉해대는 어떤 추상적인 교리에 관하여 말하고 있는 것이 아니다. 믿음을 갖는다는 것은 증명이나 반박을 기다리는 어떤 일련의 견해를 지지하는 것이 아니다. 물론 믿음은 분명 인지적인 내용을 가지고 있으며, 신앙은 다양한 신조와 고백들이 담긴 소논문으로 표현될 수도 있다. 그리고 믿음에 관한 이러한 진술문들은, 삼위 하나님께서 교회라 불리는 자신의 구별된 백성들을 창조하시고, 이를 통해서 세상을 구원하기 위하여 이스라엘의 역사와 그리스도를 통해서 역사하셨음을 확증한다. 하지만 믿음은 결코 어떤 지식과 동일한 것이 아니다. 믿음은 또한 하나님으로부터 호의와 칭찬을 받을 만한 어떤 선한 행위를 하는 것도 아니다. 물론 기독교적인 믿음은 독특한 삶의 방식을 촉진시키며, 그러한 삶의 방식은 설교와 성례를 중심으로 하는 예배와 헌신의 삶과 같은 일련의 습관과 관례로 이루어져 있다. 그리고 사도 야고보가 "행함이 없는 믿음은 죽은 것이니라"고 말한 바와 같이 참된 믿음은 항상 선한 행위를 통해서 표현된다(약 2:22, 26). 하지만 믿음은 결코 모범적인 행위만으로 이해되어서는 안 된다.

믿음이 참된 지식을 갖추고 올바른 행위를 산출해내려고 한다면, 그 믿음은 항상 그 핵심에 있어서 신뢰의 행위여야 한다. 단순한 지성과 사소한 선행을 베푸는 사람일지라도 심원한 믿음을 가질 수 있다. 늙었거나 젊거나, 똑똑하거나 둔하거나, 힘이 세거나 약하거나 상관없이 우리 모두는 하나님 앞에서 어린아이로 부름받았다. 그래서 믿음은 이스라엘의 역사와 그리스도 안에서 자신을 신실하게 계시하신 하나님께 우리 자신을 전적으로 위임하고 맡기는 것이다. 또 참된 믿음은 만일 우리 자신이 스스로 인생을 꾸려간다면 그 결말은 비참하게 끝나겠지만 그러나 참된 하나님께서는 우리의 삶을 은혜롭게 인도하시리라는 확신이기도 하다. 그러나 믿음은 또한 파격적인 모험을 동반하는 것이기도 하다. 왜냐하면 하나님은 때로는 물질적인 궁핍이라는 형벌을 내리거나 또는 물질적인 축복을 즉시로 베풀지 않으면서도 그 자녀에게 자신에 대한 믿음을 베풀거나 그런 믿음을 요구하시기 때문이다. 하나님을 신앙하는 삶은 그의 자비에서 파생된 것임과 마찬가지로 불순종의 삶 역시 하나님의 진노를 초래한다. 16세기의 영국 성공회 목회자인 제레미 테일러는 하나님의 진노와 자비에 대한 적절한 관계를 다음과 같이 탁월하게 묘사하였다. "만일 우리의 미래가 행복하게 되지 않을 것 같으면 하나님은 오늘 우리를 끔찍하게 협박하신다." 믿음을 갖는다는 것은 삼위일체 하나님께서 누리는 복스러운 삶에 참여하는 것이며, 여기에 참여하는 것을 배워감에 따라 점차적으로 우리 안에서 자라가는 참된 축복을 누리는 삶이기도 하다.

삼위일체 하나님의 공동체적인 삶은 삼위 안에서 각 위의 하나님이 타자에게 완벽하고도 무조건적으로 자신을 내어주는 것에 집중하기 때문에, 믿음의 삶 역시 자신을 하나님과 이웃에게 완벽하게 내어주는 것을 동반한다. 이러한 놀라운 행위는 결코 인간의 힘으로는 달성할 수 없는 것이며 이는 전적으로 하나님의 기적적인 은사로서만 가능하다. 우리 인간은 스스로의 힘으로는 결코 믿음을 산출할 수 없다. 하지만 인간은 하나님께서 스스로 우리 안에 심어둔, 하나님을 향한 열망에 대하여 믿음으로 반응할 수 있는 자유가 있다. 하나님은 멜코르나 사우론과는 전혀 달리 무언가를 강요하는 일이 결코 없다. 우리 역시 무언가를 강요받지 않고 다만 하나님께서 우리가 죄의 속박으로부터 벗어나는 자유를 주심으로 항상 믿음으로 인도함을 받는다. 그리고 교회가 전하는 복음의 증언을 통해서 우리는 이러한 전적인 위탁의 행위로 초대함을 받으며 권면을 받는다. 심지어는 방에서 혼자 무릎을 꿇고 신앙을 고백하는 행위를 하더라도 믿음은 결코 개인적이고 사적이며 혼자서 감당하는 것이 결코 아니다. 믿음의 행위는 하나님의 백성의 모임인 교회라 불리는 그리스도의 몸에 의하여 가능한 것이며 이를 통해서 유지된다.

1) 믿음과 신뢰로의 부름

믿음에 관한 이상의 개략적인 신학적 설명은 아마도 톨킨의 작품 세계와는 전혀 동떨어진 것처럼 보일 수도 있다. 분명 『반지의 제왕』에서는 명백히 신학적인 내용들은 찾아볼 수 없다. 호빗들 역시 일루바타르에 관하여 언급하는 것도 아니며, 그 조물주에게 무슨 제물을 바치거나 어떤 식으로든 그를 경배하는 일도 없다. 하지만 기독교적인 믿음에 관한, 결코 놓칠 수 없는 비유와 유비들이 톨킨의 대작 전체에 스며들어 있다고 하는 것이 이 책의 줄기찬 주장이다. 이제 우리는 호빗들이, 아직은 증명되지 않았더라도 그러나 분명히 있을 궁극적 선에 관한 불굴의 확신을 가지고 서로가 서로를 신뢰하는 가운데 인간이나 호빗들의 능력이라고 하기에는 너무나도 강력한 방식으로 계속해서 믿음을 따라 행하는 모습들을 살펴볼 것이다. 이러한 믿음에 찬 행위들은 비록 기독교적인 믿음과는 다소 거리가 먼 것이라고 하더라도 독특한 모습으로 이를 반영하는 것들이다.

믿음이라는 신학적 덕목은 반지 원정대의 참 모습을 잘 보여주는 서로를 향한 지속적인 신뢰의 행위 속에서 가장 선명하게 나타난다. 가끔 호빗들은 간달프처럼 자기들이 원하는 것을 가로막는 지혜와 통찰력을 가진 자들을 계속 신뢰할 것을 요청받기도 한다. 예를 들어 빌보는 절대반지를 포기한다고 약속까지 했음에도 이 반지가 완전히 자신을 사로잡아버린 까닭에 이를 그냥 내놓는 것이 끔찍할 정도로 어렵다는 것을 깨닫는다. 그래서 이 나이 든 호빗의 눈에 불꽃이 일고 반지를 지키고 싶은 분노감으로 굳어지자 간달프는 자기 역시 무섭게 진노할 수 있음을 경고했다. 하지만 간달프의 노여움은 처벌에 대한 위협이 아니라 서로간의 신뢰에 호소하는 것이었다. "자네한테서 그 반지를 뺏으려는 것이 아니라 자네를 도우려는 것일세. 예전처럼 다시 나를 믿었으면 좋겠네." 절대반지를 간직하고 있을지 아니면 그냥 포기할지에 그동안 너무나도 갈팡질팡하면서 결정을 내리지 못했노라고 털어놓자 간달프는 계속해서 간청했다. "그렇다면 나를 믿게. 이젠 완전히 결정된 것이네. 반지를 여기 두고 떠나게. 내버리게. 프로도에게 그 반지를 주게. 그러면 내가 그를 잘 돌봐 줌세"(1.43). 서로 신뢰해 온 마법사를 믿고 올바로 처신하라고 빌보에게 권면하는 이러한 솔직한 명령이 결국은 빌보를 사로잡아온 반지의 마법을 무너뜨린 것이다. 이는 그 어떤 도덕적인 협박이라도 결코 할 수 없었던 것이었다. 결국 믿음이 자유를 가져다주었다.

  샘과 프로도 역시 성큼걸이라는 이름으로 변장한 아라곤을 달리는 조랑말 여관에서 처음 만났을 때에도 그를 믿음으로 받아들여야 하는 상황에 직면했다. 두 호빗들은 이미 브리 지방에서 자신들을 추격하는 사우론의 부하들을 만났던 터라, 원정대를 도우라는 간달프의 지시를 받고서 나타났다는 성큼걸이의 예기치 못한 주장을 그대로 믿어야 할지 말아야 할지 고민하게 되었다. 게다가 여관주인 버터버 영감은 성큼걸이라는 이름을 쓰고 있던 아라곤을 프로도에게 소개하는 간달프의 편지를 깜빡 잊어버리고 있다가 늦게서야 전해 주었다. 그 편지에는 "황금이라고 해서 모두가 다 반짝이는 것은 아니며, 방랑자라고 해서 모두가 다 길을 잃은 것은 아니다"라는 매우 역설적인 힌트가 들어 있었다. 이 편지에는 그 성큼걸이가 사실은 변장한 왕이라고 하는 것을 증명하는 것은 하나도 없었다. 그러나 이를 계기로 호빗들은 신뢰는 외면적인 증거로부터는 결코 얻지 못하는 일종의 은사라는 점을 깨닫게 된다.

> "사전 교육을 잘 받았군." 쓴웃음을 지으며 성큼걸이가 말했다. "하지만 조심하는 것과 망설이는 것은 별개라구. 자네들은 자네들만의 힘으로는 절대로 깊은 골까지 갈 수 없어. 나를 믿고 나와 함께 가는 것만이 자네들이 할 수 있는 유일한 방법이라구. 이제 결정하게. 혹시 결정에 도움이 된다면 자네들의 질문 몇 가지에 대답해 줄 수도 있지. 하지만 이미 나를 못 믿는다면 어떻게 내 이야기는 믿을 수 있겠는가?"(1.178)

"이해를 추구하는 신앙"(*Fides quaerens intellectum*)과 "나는 이해하기 위하여 믿는다"(*Credo ut intelligam*)는 구절은 고대 기독교의 중요한 모토이다. 이런 구절들은 하나님에 대한 믿음에 집중하면서도, 우리로 하여금 인간의 영역 안에서 믿음과 지식 사이의 올바른 관계에 관하여 잘 이해할 수 있도록 해 준다. 호빗들이 성큼걸이와 처음 대면하는 경우에서 잘 알 수 있는 것처럼 신뢰에서 그 다음 이해와 지혜가 생겨난다. 비록 분명하게 증명되지는 않았지만 프로도와 샘이 먼저 성큼걸이를 신뢰하였기에 비로소 그들은 성큼걸이의 진짜 정체를 발견할 수 있었다. 이후 아라곤은 호빗들의 믿음을 참으로 간절히 기다렸음을 털어놓는다. 신뢰야말로 참된 우정의 기초이기 때문이다. "실은 나 자신을 위해서 자네들이 나를 좋아해 주기를 바랐네." 그는 어색한 미소를 지으며 덧붙였다. "쫓기는 사람은 가끔 남의 불신에 짜증이 나고 따뜻한 우정이 그리울 때가 있는 법이거든. 하지만 내 인상이 워낙 고약해서 그것이 쉽지 않다는 것은 나도 알고 있지." 프로도 역시 성큼걸이의 첫 인상 때문에 가까이 하기가 어려웠지만, 그러나 그의 직관적인 믿음 덕분에 혐오스런 외모를 꿰뚫고서 아라곤의 진짜 고귀함을 간파할 수 있었노라고 털어놓았다. "만일 당신이 사우론의 첩자들 중의 하나였더라면 아마 더 잘생기긴 했더라도 그 어떤 거부감이 느껴졌었을 것입니다. 제 말이 무슨 뜻인지 아시겠지요?"(1.183)

2) 간청하는 믿음과 신성한 도움을 받아들이기

호빗들이 신뢰를 터득해야만 하는 대상은 믿음직한 마법사나 도망 중인 왕만이 아니다. 이들은 또 신적인 섭리 아래 놓여 있는 질서 잡힌 우주에 대해서도 점차적으로 동일한 신뢰를 보인다. 호빗들은 우주는 우연으로 되어진 것도 아니며 뒤죽박죽 혼란스럽게 뒤엉킨 세계가 아니라는 믿음을 가지고 있었다. 이들이 살고 있는 우주는 오히려 신적인 존재로부터 시작하여 요정들, 마귀, 인간, 호빗, 난쟁이, 동물, 식물, 등등의 다층적인 위계질서로 이루어져 있다. 이를 통해서 톨킨은 우리가 살고 있는 우주 역시 다양한 세력들이 서로 맞물려 짜여진 거대한 거미줄과 같은 것임을 보여주고 있다. 이 우주 안에서 전적으로 모든 것들은 서로가 긴밀하게 연관되어 있다. 그래서 이 거대한 우주의 거미줄에서 단 하나의 작은 가닥이라도 잡아당기면 우주적인 거미줄 전체가 끝없이 잔물결로 요동치는 파급효과가 초래된다. 그런데 우주를 다스리는 권세의 대부분이 눈에 보이지는 않지만, 그렇다고 이 세상에 하나님이 없고 사악한 영역이라는, 다시 말해서 창조주의 다스림이나 감독도 없는 제멋대로의 우주라는 증거도 없다.

예를 들어 사우론의 추적을 피하려고 들어선 카라드라스 산에서 반지 원정대가 맞닥뜨린 강력한 눈보라는 조물주의 섭리에 관한 이들의 믿음을 무참히도 무너뜨릴 정도로 가혹한 것이었다. 살을 에이는 이러한 눈보라는 또한 톨킨이 자연을 숭배하는 자라는 견해가 틀렸음을 분명히 보여주기도 한다. 이런 장면을 통해서 톨킨은 사우론과는 직접적으로 아무런 관련이 없는 심술궂은 힘이 자연의 질서 속에 작용하고 있음을 분명하게 보여주고 있다. 이런 상황에서 호빗들은 일루바타르의 우주에 자신들을 의탁하기 위해서는 믿음을 가져야 함을 계속적으로 요청받는다. 그런데 이 호빗들은 일루바타르가 다스리는 우주에 관한 분명한 지식이나 증거는 가지고 있지 않지만, 에루가 세상을 다스리고 감독한다는 모험적인 확신과 아울러 에루가 타락하지 않고 눈에도 보이지 않은 발라와 같은 중간의 대행자들을 동원하여 이 우주 안에서 자신의 뜻을 실행한다는 모험적인 확신을 갖고 있었다.

프로도와 샘은 특히, 만웨의 아내이자 길소니엘이라는 요정으로도 알려진 엘베레스를 믿었다. 앞에서 우리는 그녀가 마치 동정녀 마리아와 흡사하게 자기에게 간청하는 자들에게 자비를 베푸는 천사와 같은 존재임을 살펴보았다. 그런데 호빗들이 그녀에게 도움을 간청하는 경우에서 가끔 발견할 수 있는 주목할 만한 특징은 그들은 이러한 간청을 종종 무의식적으로 한다는 점이다. 어찌 보면 이들이 그녀에게 기도하며 도움을 간구할 때 별들의 여왕이라고도 불리는 엘베레스는 역시 이들의 간구를 통해서 절대자에게 기도하고 있는 것 같다. 그래서 신약성경의 표현을 동원하자면, 호빗들은 기도해야만 함에도 불구하고 전혀 기도할 수 없을 때에라도 성령께서 그들을 위하여 대신 간구해 주시는 것처럼 보인다(롬 8:26). 예를 들어서 프로도가 고분악령에게 붙잡혔을 때에 그는 이제 마지막이 되는 줄로 생각했다. 그러나 그는 포기하지 않고 악령의 공격에 대하여 점차로 의분을 느끼게 된다. 이를 통해서 톨킨은 프로도가 절망적인 상황에서도 위로부터의 알 수 없는 도움을 받고 있음을 암시하는 내면적인 목소리가 그의 마음 깊숙한 곳에서 울려 나옴을 보여준다. "프로도는 이제 탄력있게 튀어 오를 각오로 점점 더 긴장되었다"(1. 151). 그리고 어둠 속에서 고분악령의 팔이 점점 자기에게로 다가오자 프로도는 "단호한 결심이 갑작스럽게 자신을 사로잡는 것"을 발견했다(1. 153). 딱히 뭐라고 설명할 수는 없지만, 이전에 톰 봄바딜에게서 배웠던 노랫가락이 프로도의 머릿속에 갑자기 떠올랐다. 그리고 그토록 절망적인 상황에서도 프로도는 놀랄 만한 힘으로 그 노래를 부르면서 톰에게 도움을 간구하였다.

  톨킨의 작품에서 신적인 존재와 호빗들은 상호 모순적이지 않고 서로를 보완하는 위치에 있다. 그리고 하나님과 인간의 상호 협력의 모습은 프로도가 처음으로 반지악령과 조우하는 장면에서 쉽게 찾아 볼 수 있다. 이 때 프로도는 절대반지를 손에 끼고서 악령들에 대한 공포로부터 벗어나고픈 유혹을 거의 뿌리칠 수가 없었다. 결국 반지를 낀 프로도는 그만 악령들의 공격에 노출되고 말았다. 프로도를 발견한 마술사 왕은 프로도에게 달려들어 거의 치명적인 부상을 가한다. 그런데 이런 와중에서 프로도는 자비로운 요정들의 도움으로 무사히 살아난다. 먼저 성큼걸이는 빛을 무서워하는 악령들에게 겁을 주어서 내쫓으려고 횃불을 흔들면서 달려들었고, 심지어는 프로도 역시 그의 모든 의지를 다 짜내서 악령들에 대항하며 손가락에서 반지를 다시 빼냈다. 하지만 이러한 필사적인 노력이 성공을 거둔 까닭은 프로도가 비참한 상황에서 거의 무의식적으로 도움을 간구한 것을 계기로 이들 원정대 이외에 또 다른 힘이 개입했기 때문이다. 마술사 왕이 프로도에게 치명적인 일격을 가하려고 하는 순간에 프로도는 땅바닥으로 몸을 날리며 자기도 모르게 "오 엘베레스! 길소니엘!"하고 소리를 질렀다(1. 208). 프로도는 결심하고 기도한 것이 아니라 저절로 기도하는 자신의 모습을 발견한 것이다. 마술사 왕의 치명적인 공격으로부터 프로도가 회복되자 성큼걸이는 반지악령들을 물리침에 있어서 결정적인 것은 프로도의 탁월한 검술이 아니었음을 상기시킨다. 왜냐하면 반지악령들의 대장격인 마술사 왕 앞에는 모든 칼날도 무력하기 때문이다. 성큼걸이는 "그에게 참으로 치명적인 것은 바로 엘베레스라는 이름"이라는 것을 상기시켰다(1.210). 마지막 위급한 순간에 엘베레스의 자비를 또 다시 부탁하기까지 아직도 많은 일들이 기다리고 있지만, 처음부터 원정대는 그녀의 도움이 없이 결코 임무를 완수할 수 없었다.

불멸의 요정들은 호빗족이나 인간들보다 더 풍부하게 신적인 성품들을 지니고 있기 때문에 요정여왕 갈라드리엘 역시 곤경에 처한 호빗들에게 도움을 줄 수 있는 중재적인 힘을 지니고 있다. 요정 망토와 강력한 빛을 품어내는 유리병, 메리와 피핀을 구해내는데 도움이 된 브로치와 같이 갈라드리엘이 원정대에게 제공한 여러 가지 선물은 이들이 임무를 완수함에 있어서 참으로 결정적인 도움이 되어 주었다. 뿐만 아니라 그녀는 참으로 신비롭게도 무의식적인 도움까지도 베풀었다. 그녀의 도움은 또 샘과 프로도가 요정들이 만들어준 밧줄을 이용하여 험준하고 가파르게 깎아지른 에민 무일을 헤쳐가는 와중에서 거의 코믹한 방식으로 베풀어진다. 샘은 깎아지른 벼랑 아래로 조심스럽게 내려갈 수 있도록 하려고 그 밧줄을 그루터기에 묶어 맺다. 그러나 불행히도 이들이 아래로 내려온 다음에는 다시 그 밧줄을 풀어서 회수할 방법이 보이지 않았다. 밧줄을 뒤에 남겨두면 골룸에게 자신들을 추적할 빌미가 주어질 것 같은 생각이 미치자 샘은 순진한 자신에 대해 거의 분통이 터질 지경이었다.

"이런 멍청이 같으니! 정말 바보로구만! 내 멋진 밧줄을! 밧줄은 저 위 그루터기에 매여 있고 우리는 이 바닥에 내려와 있잖아요!...... 정말 저것을 위에 그냥 남고 두고 싶지는 않아요. 그것은 정말이에요." 샘은 밧줄 끝을 어루만지고는 가볍게 흔들었다. "요정의 나라에서 가져온 물건과 헤어진다는 건 정말로 쓰라린 일이에요. 아마도 저것은 갈라드리엘님이 직접 만드셨을텐데. 갈라드리엘......" 샘은 침통하게 머리를 끄덕이며 중얼거렸다. 그는 위를 쳐다보고는 마치 작별 인사라도 하듯이 마지막으로 밧줄을 한 번 잡아당겨 보았다. 그러자 위에서 밧줄이 풀려 내려오자 두 호빗은 너무나도 깜짝 놀랐다(2.217).

이것은 변덕스럽게 일어난 우발적인 사건일까? 느슨하게 묶인 매듭이 만일에 조금 더 일찍 풀렸더라면 그 때문에 죽음의 저주가 초래됐을 수도 있었을까? 그러나 샘은 그렇게 생각하지 않았다. "저는 제가 불러서 저 밧줄이 저절로 풀린 거라고 생각해요"(2.218). 물론 샘은 그런 의도가 전혀 없었지만 갈라드리엘이라는 이름을 부르는 것 그 자체가 그녀가 지닌 신적인 권능을 불러일으키는 계기로 작용한 것이다. 이는 마치 우리가 하나님의 예기치 못한 간섭과 응답에 놀라지 않기 위해서라도 하나님의 이름을 헛되이 부르거나 경솔하게 간청하지 말아야 하는 것과 비슷하다. 톨킨의 작품세계에서 자애롭게 개입하는 중재적인 힘 역시 마찬가지이다. 비록 무의식적이라고 하더라도 갈라드리엘의 이름을 부르는 것은 그녀로 하여금 응답하게 하는 것이나 마찬가지이다.

톨킨 자신도 인정한 바와 같이 갈라드리엘에 대한 샘의 경배는 약간은 신비적이며 성모 마리아에 대한 숭배적 입장과 비슷한 데가 있다. 감지네 샘 와이즈는 갈라드리엘이 위안이 되서가 아니라 요정여왕의 미모가 맹렬하고도 긴장감을 안겨다주기 때문에 그녀를 참으로 신성한 그 어떤 것으로 칭송한다. 이런 와중에서 갈라드리엘은 샘 자신도 모르게 샘을 시인으로 둔갑시켜 놓는다. 이를 통해서 결국 톨킨은 칭송할 만한 가치가 있는 대상에 대한 다소 과장된 믿음이 결국은 감지네 샘 와이즈와 같은 젠체하지 않은 소작농의 영혼을 한껏 고상하게 변화시킴을 잘 보여준다. 요정 여왕에 대한 샘의 찬가는 계속 이어진다.

"로리엔의 부인! 갈라드리엘!" 샘이 외쳤다. "당신은 그녀를 만나 보셔야 합니다. 정말 그렇게 해야 합니다. 대장! 저는 일개 호빗에 불과하고 또 고향에서도 정원을 돌보는 게 소임이기 때문에, 아시겠지만 시에는 그리 능통하지 못하지요. 시를 짓는 거 말입니다. 가끔은 재미있는 운율을 조금씩 만들기는 하지만 진짜 시라고는 할 수 없지요. 그래서 제가 뜻하는 바를 대장께 말씀드릴 수가 없어요. 노래를 불러야 하거든요...... 그렇지만 저도 그녀에 관한 노래를 하나 지을 수 있다면 좋겠어요. 그녀는 정말로 아름다워요! 대장! 사랑스럽지요! 대로는 꽃이 만바란 거대한 나무 같기도 하고 때로는 작고 가녀린 하얀 수선화 같기도 해요. 다이아몬드처럼 단단하면서도 달빛처럼 보드랍지요. 햇빛처럼 따스하면서도 별 위에 내린 서리처럼 차갑기도 하지요. 눈 덮인 산처럼 고귀하고 멀리 떨어져 있지만, 제가 일찍이 본 적이 있는, 머리에 데이지를 꽂은 봄철 아가씨만큼이나 명랑하지요. 그러나 이런 설명도 사실 한 무더기의 허튼 소리에 지나지 않아요. 제가 뜻한 바와는 한참 벗어난 이야기지요."
"그렇다면 그녀는 정말 사랑스러운가보군." 파라미르가 말했다. "위험할 만큼 아름답고 말이야."
"어떤 의미로는 그녀가 정말로 위험하다고 말할 수도 있어요. 왜냐하면 그녀는 그 자체로 아주 강하니까요. 당신은 그녀를 향해 몸을 던지면 암초에 부딪힌 배처럼 산산조각이 나거나 아니면 강물에 빠진 호빗처럼 익사하고 말 거예요. 그렇다고 바위나 강을 탓할 수는 없죠"(2,288).

갈라드리엘은 단테가 신곡의 제1부 지옥편에서 묘사한 동정녀 마리아와 흡사하다. 여기에서 은총을 받은 단테의 오랜 연인인 베아트리체 포르티나리에게 천국에서 지옥으로 내려와 달라고 간청한다. 그리하여 지옥의 저주스러운 삶으로부터 단테를 구출하여 주도록 베르길리우스를 설득해 달라고 간청한다. 한편 톨킨의 작품에서 갈라드리엘은 반지 원정대의 필요뿐만 아니라 열망까지도 간파할 수 있는 초월적인 능력을 지니고 있는 까닭에 그러한 간청의 행위가 없이 직접 활동한다. 그저 그녀에 대한 믿음을 계기로 이들을 보호할 따름이다. 펠렌노르 벌판에서의 전투가 벌어지기 전에, 자유민들의 군대가 분명 사우론의 막강하고도 우세한 군대에 의하여 무너지고 말 것이 확실해 보일 때 갑자기 두네다인의 군대가 등장한다. 이 때 김리는 간달프가 직접 명령해서 군사들을 보냈으리라 추측하였다. 그러나 레골라스는 보이지 않는 요정 여왕의 개입으로 그리된 것임을 설명해 주었다.

"아니야 갈라드리엘이야!" 레골라스가 말했다. "그녀는 북쪽에서 회색부대가 올 거라고 간달프를 통해서 알리지 않았어?"
"그래, 자네 말이 맞아." 김리가 동의했다. "숲의 여주인님! 그 분은 사람들의 마음과 소원하는 바를 잘 읽으시지"(3.49).

3) 우정을 산출하는 믿음

반지 원정대 일행은 비록 그리스어에 대해서 아는 바가 하나도 없었지만 우정이라는 인생에 가장 필수불가결한 요소라는 아리스토텔레스의 주장에 전적으로 동의하였다. 필수불가결하다(sine qua non)는 것은 말 그대로 이것이 없으면 안 된다는 것이다. 원정대의 우정은 임무를 띠고 길을 떠난 초기에 이들을 하나로 묶어주었으며, 이들의 기나긴 여정을 계속해서 지탱시켜 주었고, 마지막으로 임무를 완성할 수 있도록 해 준 원동력이었다. 우정은 분명 원정대를 지탱해 준 핵심적인 덕목이다. 하지만 우정은 전체보다는 일부를 상대로 베풀어지는 일종의 선택적인 사랑으로 간주되는 까닭에 기독교적인 덕목들 중에서 비교적 하찮은 것으로 무시되곤 했다. 하지만 우정의 중요성을 이렇게 무시하는 것은 원정대에서나 오늘날 우리의 경우든 관계없이 스스로 부족함이 없다고 주장하는 배타적인 사회에서나 가능할 것이다. 이와는 달리 원정대는 매우 취약하고 때로는 분열을 경험하는 공동체이지만, 이들의 참된 유대관계는 서로를 용서해 주는 믿음과 아울러 서로를 향하여 끝까지 보여주는 신뢰에 자리하고 있었다.

우정은 누군가가 내가 가진 동일한 관심사에 전적으로 헌신하고 있음을 깨닫는 가운데 생겨난다. 물론 이 세상에는 사악한 것을 함께 공유하는 자들로 이루어진 부도덕한 모임들도 많이 있다. 하지만 앞에서 살펴본 바와 같이 그 구성원들이 얼마나 그 단체에 충성심을 보이느냐에 관계없이 그저 전적으로 사악하기만 한 그러한 공동체는 없다. 이슬람의 과격분자 탈레반이나 마피아 조직, 혹은 폭력단이든 상관없이 이들이 조직에 가입하면서부터 악한 목적에 헌신하기 때문에 결국은 내부로부터는 고독으로 짓눌리고 밖으로부터는 멸시를 받게 된다. 이상적으로 볼 때 우정은 함께 공유하는 목표에 대한 동료의식과 궁극적인 선을 향한 대망을 품은 공동체의 덕목을 지탱하는 근간이다. 배타적인 작은 집단에 속한 회원들과는 달리 친구들은 그들의 공동체적인 사랑과 이상을 다른 사람들과 함께 공유하려고 애쓴다. 이미 결속된 친구들이 함께 공유하고 있는 선한 것들을 지속적으로 발전시키는데 함께 참여하기를 희망하는 사람들을 굳이 배척해야 할 이유가 없다. C. S. 루이스가 『네 가지 사랑』(The Four Loves)에서 아주 적절히 언급한 바와 같이, 우정은 나눈다고 해서 결코 줄어드는 법이 없는 한 가지 사랑이다.

초기에 원정대는 프로도와 샘의 우정을 계기로 아주 코믹하게 조직된다. 샘은 프로도더러 절대반지를 가지고 샤이어를 떠나라고 하는 간달프의 요청을 우연히 엿듣게 된다. 이 때 간달프는 프로도에게 혼자서는 길을 떠나지 말라고 권면한다. "자네가 믿을 만한 누군가가 있다면 말일세. 자네와 기꺼이 생사고락을 같이 하고 또 자네 여시 미지의 위험 속으로 데려가고 싶은 이가 있다면 함께 데리고 가게" (1. 72). 골목쟁이 집 창문 밖에서 울타리를 손질하고 있는 척하면서 이들의 대화를 엿듣게 된 샘은 프로도가 자신을 버리고 떠난다는 생각에 너무나도 압도되어서 그만 숨이 막히고 말았다. 한낮 정원지기의 눈물에 불과할 정도로 작은 것이지만 이렇게 사소한 것도 결국은 원정대가 조직되는데 주춧돌이 될 정도로 위대한 것이었다. 결국 임무를 위해서는 신뢰할 수 있는 동료를 선택해서 함께 데리고 가라는 간달프의 훈계를 샘이 모든 수단을 제치고 직접 완수하고 말았다. 젊은 호빗인 메리와 피핀 역시 프로도와 함께 동행하겠다고 우기면서 원정대에 함께 가담하였으며, 이들 역시 처음부터 참으로 아름다운 우정의 모습을 유감없이 발휘하였다. 다음과 같은 메리의 주장은 이 문제를 간명하면서도 심오하게 보여주고 있다.

> 당신이 우리를 믿으신다면 우리는 어디라도 끝까지 따라가겠어요. 그리고 또 우리를 신뢰하신다면 그 비밀을 철저하게, 정말로 당신보다 더 철저하게 지키겠어요. 그러나 우리를 믿지 못해서 그렇게 혼자 곤경에 처해서 아무말 없이 떠나도록 그렇게 내버려두지는 않겠어요. 프로도 씨 우리는 당신의 친구예요 (1.115-16).

만일 사우론이 이 마지막 짧은 문장을 듣고서 그 말에 담긴 심원한 의미를 미리 간파했더라면 바랏두르에 있던 그의 튼튼한 성채는 그 기초부터 흔들리고 말았을 것이다.

이들의 우정은 참으로 고귀한 것이지만 영웅적인 행동 하나 때문에 지속되는 것은 아니다. 계속해서 살펴본 바와 같이 원정대의 결속은 때로는 놀랄 정도로 코믹하고 때로는 우연히 영웅적인 모습으로 드러나는 행위들로 유지되기도 한다. 보로미르가 절대반지를 빼앗으려고 하는 것을 피해서 도망하는 프로도를 뒤쫓아가던 샘은 간발의 차이로 보트를 타고 떠나가는 프로도를 놓치고 만다. 달아나는 배를 따라 강으로 뛰어든 샘은 거의 물에 빠져 죽을 지경이 되면서 크게 소리를 질렀다. "제가 갑니다! 주인님! 갑니다요." 아마도 샘은 일 처리가 서투르고 우스운 데가 있으며, 무능할른지도 모른다. 하지만 프로도에 대한 그의 충성심은 원정대의 진정한 모습이 무엇인지를 극명하게 보여준다.

"이 세상에서 제일 큰 사고뭉치가 바로 자네야, 샘!" 프로도가 말했다.
"아니! 주인님. 너무 해요. 말도 안 돼요. 저를 버려두고 혼자 가시다니요. 제 짐작이 틀렸더라면 지금쯤 어떻게 되었겠어요?"
"무사히 내 길을 가고 있겠지."
"무사히요? 저 같은 조수도 없이 혼자 말입니까? 차라리 저를 죽이고 가지 어떻게 그냥 가실 수가 있어요?"
"나하고 같이 가면 그게 바로 죽는 길이야, 샘. 그렇게는 할 수 없었어"(1.422).

아홉 명의 반지 원정대는 아홉 명의 사우론의 기수들에 대한 가운데 땅의 응답으로서 엘론드에 의하여 선발된 자들이다. 아홉 명의 사우론의 기수들은 사우론이 만든 반지를 끼고 있는 자들로 사우론의 권세 아래 전적으로 복종하게 되었고 결국은 끔찍한 반지악령들로 변하고 말았다. 이들 아홉 명의 기수들은 서로가 거의 비슷한 안개 같은 형체로 만들어진 반면에, 아홉 명의 원정대는 전혀 어울리지 않을 정도로 서로가 다양한 모습으로 이루어져 있다. 이들은 모두가 가운데 땅의 자유민들을 대표하며, 인종이나 언어, 또는 계층을 기준으로 볼 때 결코 합쳐질 근거가 없지만 오직 서로간의 우정, 즉 서로를 향한 지속적인 사랑과 임무를 완수하려는 모습에서 드러나는 궁극적인 선을 향한 공통의 헌신으로 똘똘 뭉쳤다. 우정과 헌신이 이들에게는 엄청난 도덕적 자유뿐만 아니라 사우론과 반지악령들, 그리고 이러한 자유를 침해하는 모든 악한 세력들에 대항하는 강력한 힘까지도 안겨다 주었다.

엘론드는 원정대가 각자의 임무를 위해서 기여할 만한 독특한 강점을 지니고 있음을 고려하면서 이렇게 비교할 데라고는 전혀 찾아볼 수 없는 자들을 특별히 선발하였다. 원정대 각각의 독특한 차이점에도 불구하고 서로가 강력한 유대로 단합한 모습은 신약성경에서 교회라고 부르는 것과 놀랄 정도의 유비를 보여준다. "몸이 하나이요 성령이 하나이며…… 주도 하나이요 믿음도 하나이요 세례도 하나이요 하나님도 하나이시니 곧 만유의 아버지시라"(엡 4:4-6). 간달프는 지혜 때문에 선발되었으며, 아라곤은 그의 조상이 절대반지와 연관을 가지고 있었던 까닭에, 보로미르는 그의 용기로 인하여, 레골라스는 숲에 관한 그의 요정 세계의 탁월한 통제력 때문에, 김리는 산과 광산에 관한 난쟁이 세계의 풍부한 지식 때문에, 그리고 샘은 프로도의 가장 가까운 친구인 까닭에 선발되었다. 또 메리와 피핀은 아직 어려서 풍부한 경험이 부족하지만 프로도를 따라가려는 강력한 열망 때문에 선발되었다. 이들 두 젊은이들은 자기 앞에 놓인 위험에 관하여 생각할 아무런 능력이 없다는 이유로 엘론드가 이들의 동행을 거부하자, 간달프는 그에게 이들 역시 굉장히 중요한 자질을 지니고 있음을 상기시켜 주었다. "이 호빗들은 앞에 놓인 길이 얼마나 위험한지를 안다면 동행하겠다고 감히 나서지 못할 거라는 말씀도 맞습니다. 하지만 지금도 이렇게 용감하게 나서고 또 뒤에 남는 것을 수치로 생각하고 있습니다. 엘론드! 저는 이번 일에는 무슨 대단한 지혜보다도 그들의 우정을 믿는 게 더 낫다고 생각합니다"(1.289).

네 명의 호빗들은 이전부터 친구였지만, 다른 다섯 명의 원정대 대원들 역시 믿음과 신뢰, 그리고 단결로 짜여져 결코 깨트려지지 않을 동아리에 함께 합류하였다. 이들은 모두가 공동의 목적으로 하나가 되었으며, 그들의 인도자로서의 간달프에 대한 충성심 아래 뭉쳤고, 사우론과 그의 모든 졸개들에 대한 적의와 이들의 공격으로 가운데 땅이 무너지는 것을 지키려고 하는 열망 속에서, 그리고 서로를 향한 사랑과 고난을 함께 짊어지려는 각오로 하나가 되었다. 물론 이러한 자질들은 배타적으로 반드시 기독교적인 것만은 아니며, 이방의 사회에서도 충분히 비슷한 사례들을 찾아볼 수 있다. 그런데 종종 확인된 바에 따르면, 실제 전투가 벌어지는 상황에서 군인들 중에는 앞에서 언급한 바와 같이 국가나 국민들처럼 추상적이고 거리가 먼 선을 위해서 싸우는 자는 그리 많지 않고, 대부분이 주변의 동료 군인처럼 구체적이고 직접적인 선을 위해서 싸우는 경우가 많다고 한다.

톨킨은 원정대를 서로 결속시키는 믿음에 독특한 자질을 한 가지 덧붙이며, 이것은 진정한 기독교적인 공동체의 삶과도 아주 긴밀한 유비관계에 있다. 고대 북유럽에서 영웅을 숭배하는 문화권에서는 전사들은 죽음의 고통이 닥치는 순간에라도 배신하지 않고 절대적으로 충성을 지킬 것을 맹세해야만 했다. 그런데 이와는 달리 원정대에게는 그 어떤 맹세를 하도록 요청받지 않는다. 아마도 여기에서 톨킨은 맹세를 금지시킨 그리스도 자신의 말씀을 은근히 반향시키고 있는 것 같다(마 5:33-35). 호빗족이든 인간이든 맹세는 실패나 용서에 대한 그 어떤 여지도 허락하지 않으면서, 결국은 의지를 자유롭게 하기보다는 속박하게 된다. 그러나 원정대의 성패는 억지로 맹세를 지키려는 강요보다는 자유로운 믿음과 서로간의 우정의 은혜에 의존하고 있다.

"이제 작별 인사를 합시다." 엘론드가 낮은 목소리로 말했다. "반지의 사자는 이제 운명의 산을 향하여 떠납니다. 모든 책임은 오로지 그에게만 있습니다. 반지를 버려서도 안 되고 적의 하수인에게 넘겨서도 안 되며, 누가 함부로 만지게 해서도 안 됩니다. 극히 불가피한 경우에만 일행 중 누구에게 맡길 수는 있겠지요. 다른 분들은 그를 돕기 위해 가는 것이지만 행동은 자유입니다. 여기 남아도 좋고 도중에 돌아오셔도 좋습니다. 경우에 따라서는 옆길로 빠져도 괜찮습니다. 가면 갈수록 돌아서기는 더 어려워집니다. 하지만 여러분의 의지를 구속하는 아무런 맹세나 약속도 없었음을 기억하십시오. 여러분은 자신의 용기가 얼마나 되는지, 앞길에 어떤 위험이 닥쳐올지 아직 모르기 때문입니다"(1,294).

반지 원정대의 단결력은 이들이 로스로리엔에 들어가면서 최초로 증명된다. 난쟁이와 요정들은 역사적으로 적군이었기 때문에 수비대장 할디르는 김리가 요정의 지역으로 들어가기 전에 눈가리개를 착용할 것을 요구하였다. 그러자 김리는 사우론을 결코 섬겨본 적도 없으며 요정들에게 해가 되는 행동을 한 적도 없음을 지적하면서 자신의 무죄를 항변하였다. 이런 상황에서 중요한 요점을 지적한 것은 아라곤이었다. 아라곤은 지적하기를 문제는 김리가 요정들의 적인가 아닌가가 아니라, 아홉 명의 일행 모두가 원정대 한 팀을 이루고 있는가 아닌가 하는 것이라고 하였다. 그러면서 그는 주장하기를 원정대 일행 모두가 눈가리개를 하고 로리엔으로 들어가든지 아니면 일행 중에 그 누구도 제지를 받아서는 안 된다고 하였다(1.362).
　신약성경에서 사도 바울은 그리스도의 몸된 모든 성도들의 연합에 관하여 강조할 때 엘론드와 매우 흡사한 방식으로 말하고 있다. 그리스도의 몸 안에서의 각 지체는 얼마나 작거나 연약한가에 관계없이 모두가 전체의 연합에 필수적이다. "만일 한 지체가 고통을 받으면 모든 지체도 함께 고통을 받고 한 지체가 영광을 받으면 모든 지체도 함께 즐거워하나니"(고전 12:26). 그래서 그리스도인들이 서로 불화하는 것보다 더 복음에 해를 끼치는 죄는 별로 없다. 김리에 관하여 의심을 품었던 이유는 사우론에 대한 적개심에서 비롯된 것임을 인정하면서 할디르는 교회나 호빗족에 상관없이 모두에게 해당되는 분열에 관한 혹독한 진리를 털어놓는다. "사실 암흑의 군주의 위력이 가장 선명하게 드러나는 때는, 바로 그와 맞서 싸우는 동지들 간에 분열이 일어나는 때요"(1.362). 결국 원정대의 진짜 정체와 목적을 알고 난 후에 갈라드리엘은 이들 모두가 자유롭게 로리엔에 들어오는 것을 허락했다.
　원정대 안에서 가장 주목할 만한 우정은 김리와 레골라스 사이에서 찾아볼 수 있다. 원래 난쟁이와 요정 사이에는 공통점이라고는 전혀 없다. 난쟁이들은 땅 속 깊은 곳을 파고 들어가는데 전문가인 반면에 요정들은 나무와 숲의 달인들이다. 그러나 이러한 전혀 다른 차이점들도 김리와 레골라스가 서로에 대하여 품게 되는 존경심에는 아무런 문제가 되지 않았다. 레골라스는 김리가 로리엔 땅에 눈을 가리고 들어가야 한다는 사실에 화를 내면서, 요정들의 세계인 그곳에서 기꺼이 난쟁이 김리의 가장 가까운 친구가 되어 주었다. 이들의 우정은 헬름 협곡의 전투에서 더욱 빛을 발한다. 모르도르의 암흑의 문 앞에서 최후의 전투가 끝나고 요정 레골라스와 난쟁이 김리는 자신들의 우정을 결코 변치 말자고 새롭게 서약한다. 그래서 김리는 레골라스와 팡고른 숲으로 함께 여행하기로 약속했으며, 나중에 이곳에서 요정들의 땅에서 가장 아름다운 곳의 장관을 경험하게 된다. 레골라스 역시 김리를 따라서 헬름 협곡 아래의 동굴로 함께 동행하면서 이곳에서 난쟁이들이 건설한 세계의 장엄한 모습들을 접하게 된다.

『반지의 제왕』 부록에서 우리는 김리와 레골라스 사이의 우정에 관한 더 놀라운 사실들을 접하게 된다. 전쟁으로 무너진 곤도르를 다시 재건하는데 많은 시간과 노력을 쏟은 후, 그리고 가운데 땅의 장엄한 모습들을 함께 둘러본 이후 이들 둘은 함께 발리노르로 항해를 떠난다(3.362). 이들의 끈끈한 우정은 서로 헤어지는 것을 너무나도 견딜 수 없게 만들어서 결국 갈라드리엘이 발라들에게 난쟁이라서 발리노르로 들어올 수 없는 김리를 위한 특별한 배려를 요청했던 것 같다. 하지만 이것은 김리를 위한 솔직한 보답만은 아니었다. 김리는 그의 조상들과 함께 길고도 영광스러운 안식을 누리는 것을 포기해야만 하기 때문이다. 하지만 김리는 그의 가장 사랑하는 친구 레골라스와 아울러, 그가 힘들여 찾아서 정련한 귀금속에는 비할 수 없을 정도로 소중히 여기는 여인과 함께 시간의 마지막이 오기까지 함께 있고자 이러한 희생을 기꺼이 감당하였다.

4) 의심의 위험과 우정의 붕괴

갈라드리엘은 참된 우정의 결합체랄 수 있는 원정대가 여정 중에 예기치 않은 친구들을 만나면서 그 규모가 더 커질 것을 예언하였다. 그 예언대로 봄바딜과 나무수염, 세오덴, 에레스토르, 에오메르와 에오윈이 바로 그런 친구들로 등장한다. 하지만 이들의 우정은 놀랄 만한 결과를 초래하기도 하지만 이와 동시에 재난을 가져오기도 한다. 외부인이 안에서 환영받지 못하고 배타적인 사랑이 파벌을 양산할 때 그 우정의 빛은 퇴색되고 만다. 원정대는 안으로 강한 결속력을 지니고 있었기에 외부인에게도 우정을 베풀면서 그러한 결속력이 침해를 받을 것 같지는 않아 보였지만, 한 번의 주목할 만한 사건을 계기로 그렇게 되고 말았다.

간달프는 빌보도 그랬던 것처럼 전혀 그럴 만한 자격이 없는 골룸에게 용서를 베풀라고 프로도에게 권면해 주었다. 애처롭게 오그라들고 뒤틀린 모습의 골룸을 보자 프로도는 기꺼이 그에게 자비를 베풀어 주었다. 짧은 기간이나마 절대반지를 소유했던 동안 내내 골룸이 감당해야 했던 무시무시한 압박과 유혹을 프로도는 충분히 이해할 수 있었다. 그리고 만일 자신도 가차없이 반지의 유혹을 거부하지 않는다면 그렇게 골룸처럼 추악해지리라는 것을 프로도는 잘 알고 있었다. 그래서 프로도는 점차적으로 골룸을 신뢰하게 되었다. 그렇다고 하더라도 프로도가 골룸에게 온전한 우정을 동반하는 신뢰까지를 나누는 것은 아니었다. 왜냐하면 절대반지의 소유권을 다시 주장하는 광적인 집착으로 골룸은 이제 전혀 신뢰할 수 없는 지경이 되어 버렸기 때문이다. 그래서 프로도는 잠을 청하면서 그 믿을 수 없는 호빗을 잘 감시하라고 샘에게 부탁하였다. 하지만 그렇게 하더라도 프로도는 기묘하게도 골룸을 잘 대해 주었다. 프로도는 골룸이 절대반지에 관한 사건에서 언젠가는 결정적인 역할을 감당하도록 운명지워졌음을 거의 직관적인 방식으로 간파하였다. 그리고 좀 더 중요한 이유로서 프로도는 골룸이 태생적으로 악하게 태어난 것이 아니라 스스로 절대반지의 마력을 극복할 수 있는 능력을 가지고 있다고 믿었다. 이런 이유로 프로도는 이 가엾은 동료 호빗에게 최소한의 우정을 베풀어 주려고 하였다. 골룸으로 하여금 쓸쓸한 고독에서 벗어나 또 다른 피조물과 함께 우정을 나누고 싶게 만든 조그마한 한 줄기의 빛이 그의 인생 속으로 슬쩍 비취어 들어왔던 셈이다.

이러한 골룸의 한 가닥 소망을 제대로 분간하기에는 샘의 도덕적 상상력은 너무나도 제약이 많았으며, 우정을 키워감에 있어서 샘이 실패할 수밖에 없었던 이유가 바로 그의 편협한 믿음 때문이었다. 샘의 문제는 적어도 그가 지나치게 주의하는 버릇이 있는 소작농의 심리구조에서 기인한다. 그의 단순한 마음은 복잡한 도덕적 문제보다는 단순한 것만을 처리하는데 익숙해져 있으며, 그에게 있어서 모든 것은 선하든가 아니면 악하든가 할 뿐이며, 그런 맥락에서 골룸은 단지 악한 존재일 뿐이다. 물론 이런 판단은 대체적으로 옳다. 자신의 작품 그 어느 곳에서도 톨킨은 골룸이 타락한 성품 이상의 무언가 가치 있는 것을 가지고 있다고 명시하고 있지는 않다. 그럴지라도 분명한 점은 샘은 골룸에게서 일말의 선이라도 찾아보려고 하지 않는다는 것이다. 그는 골룸을 아주 경멸하였으며 계속해서 "매스껍고 믿을 수 없는 놈!"이라고 부르는 이외에 계속해서 "말라빠진 놈"이나 "음흉한 놈", 또는 "좀도둑"과 같은 여러 가지 치욕스러운 이름으로 불렀다. 골룸에 대한 샘의 불쾌감은 격렬한 증오심보다는 차가운 경멸감에 가까운 것으로서, 죽음늪 가장자리에서 그를 처음 감시하는 순간부터 선명하게 드러난다.

> 앙상한 목 위의 커다란 골룸의 머리가 마치 힐끗 들려온 무슨 소리에 귀를 쫑긋 기울이는 것처럼 이리저리로 축축 늘어졌다. 창백한 눈은 반쯤 눈꺼풀에 덮인 채였다. 샘은 꾹 참지만, 손가락에는 경련이 일어났다. 분노와 역겨움이 가득한 그의 눈은, 여전히 혼잣말로 속삭거리고 쉬쉬거리면서 다시 움직이기 시작한 그 야비한 자에게 붙박여 있었다(2.220).

톨킨의 글에서는 이 전혀 믿을 수 없는 호빗, 골룸을 가리켜서 "야비한 자"라고 부른다. 프로도도 골룸에 관하여 언급할 때 이와 동일하면서도 다소 동정적인 별칭을 사용한다. "만일 그를 죽이려면 완전히 죽여야 해. 그런데 우리는 그렇게 할 수 없어. 지금 상황에서는 안돼. 정말로 불쌍한 놈이야! 그는 우리에게 아무런 해를 끼치지 않았어"(2.221).

프로도가 정중하고 예의 바르게 대우해 주었던 까닭에 골룸은 스미골 자신의 진정한 자유를 회복하기 시작하였다. 프로도는 골룸의 추악한 부분에 집중하기를 거부함으로써 골룸의 내면에 숨겨진 가장 선한 속성을 끄집어내려고 했던 것이다. 이렇게 함으로써 톨킨은 성 어거스틴이 그의 『고백록』에서 그 자신을 향한 하나님의 사랑에 관하여 언급했던 것을 다시 들려주고 있다. "나를 사랑하심으로써 주께서는 나를 사랑할 만한 존재로 만드셨나이다." 자신을 향한 믿음에 부응하여 골룸은 일인칭 단수 형태로 말하기 시작하였으며 결코 사우론이 반지를 탈취하도록 하지는 않겠노라고 맹세하였고 그는 실제로 이 맹세를 어기지 않았다. 프로도는 골룸처럼 반지의 무거운 짐에 대한 동일한 경험을 공유하고 있어서 그를 동정할 수 있었다. 기이하고도 참으로 심원한 이야기이지만, 반지에 대한 같은 경험 안에서 프로도와 골룸은 잠재적으로나마 친교를 나눌 가능성을 지녔던 것이다. "그 둘은 어떤 점에서 이질적이라기보다 유사했다. 그들은 서로의 마음을 움직일 수 있었다"(2.225).

골룸의 내면세계로 들어가서 그를 이해하려고 하는 프로도의 자상한 바람은 샘에게서는 결코 찾아 볼 수 없다. 만일 골룸이 완전히 악한 존재로 머물러 있었더라면 샘은 더 좋았을 것이다. "샘은 여느 때보다 골룸을 더 의심했으며 이런 표현이 가능하다면 이 새로운 골룸, 스미골보다는 차라리 예전의 그를 더 낫다고 여겼다"(2.225). 『반지의 제왕』에서 내레이터(화자, 話者)는 골룸에 관하여 거의 맹목적으로 내모는 샘의 처사가 몰고 올 불길한 결과에 대하여 아주 솔직하다. "샘은 주인에게 정신이 팔린 나머지 마음에 드리워진 검은 의혹의 그림자에는 신경을 쓸 수가 없었다"(2.238). 샘은 프로도와의 우정에 관한 한 그 어떤 경쟁자라도 점차적으로 강력한 시기심을 품게 되었다. 프로도의 절친한 동료로서 샘은 그의 주인이 자기 이외에는 그 누구라도 가깝게 두지 말기를 바랐다. 그래서 샘은 원정대의 친밀한 교제권을 가능한 한 가장 조그마한 단위로 줄이려고 애썼다. 하지만 이것은 신실한 우정관계를 망치는 것이다.

 프로도는 골룸이 갑작스레 고결한 인물로 변하리라고 착각하지는 않았다. 그럼에도 불구하고 그는 골룸을 그저 악한 존재로 생각하지 않고, 그가 모르도르로 자신을 안내할 것으로 믿어 주기로 작정하였다. "너를 한 번 더 믿어보겠다. 정말이지 나는 그래야 하나 봐. 전혀 예기치 않던 곳에서 너의 도움을 받는 것이 나의 운명이고, 또 너는 너대로 사악한 목적을 품고 오랫동안 쫓아온 나를 도와야 할 운명인 모양이야"(2.248). 이후 금단의 웅덩이에서도 치명적인 범죄를 계기로 파라미르와 샘이 골룸을 처단하려고 할 때 프로도는 또 그를 구출해 주었다. 그런데 이 때 프로도는 골룸을 설득해서 데리고 오는 데 일종의 속임수를 사용해야만 하는 점을 매우 못마땅해 했다. 프로도는 가장 믿을 수 없는 자에 대해서라도 속임수를 사용하는 것은 혐오하였다. 그리고 그는 골룸이 모르도르로 가는 길을 안내해 주리라고는 도저히 믿을 수는 없다는 파라미르의 주장에도 동의하지 않았다. 믿을 수 없는 자에게라도 믿음을 보여주어야 한다는 것이 프로도의 주장이었다. "나는 그를 내 보호 아래에 두고 그가 인도하는 곳으로 가겠다고 몇 차례나 약속했습니다. 제게 그와 한 약속을 어기라고 요구하진 않겠지요?"(2.301)

 골룸은 결코 신뢰할 인물이 되지 못한다고 확신하고 있던 까닭에, 샘은 골룸에 대한 믿음을 그만 단념하고 싶었다. 하지만 도덕적인 판단력이 점차로 깊어져감에 따라 샘은 골룸이 도덕적으로 매우 복잡한 존재라는 사실을 깨닫는다. 샘이 종종 그렇게 불렀던 것처럼, 골룸은 절대반지에 대한 욕망으로 얼룩진 "골칫덩어리"(stinker)인 동시에 은밀하고도 살금살금 움직이는 "좀도둑"(slinker)이다. 내면에서 갈등이 극렬하게 대립하는 골룸의 본성은 프로도에게서 절대반지를 빼앗으려는 욕망으로 자기 혼자서 속으로 격렬하게 논쟁을 벌이는 모습에서 특히 선명하게 드러난다. 내면의 첫 번째 논쟁에서 골룸은 마치 선의 위력이 영향력을 행사하기라도 하듯이 절대반지의 유혹을 강력하게 거부한다. 하지만 두 번째와 마지막 논쟁의 시점에서 골룸은 샘과 프로도가 잠들어 있는 것을 발견하게 된다. 자신의 내면에 꿈틀거리는 악의와 탐욕을 실행에 옮길 적기가 찾아 온 것이다. 그러나 골룸은 분명 신의와 우정을 기대하는 마음으로 프로도에게 접근한다. 그는 프로도가 단지 필요 때문이 아니라 참된 우정을 기대하면서 자신을 계속해서 믿어준 것을 이해한 듯 하다. 이 순간을 묘사하는 내레이터는 제3의 초월적인 관점에서 골룸에 관하여 아주 상냥하게 기술한다.

> 골룸은 잠들어 있는 호빗들 가까이 다가와 떨리는 손을 천천히 뻗어 조심스럽게 프로도의 무릎을 건드렸다. 그러나 감촉은 거의 애무하는 것과 같았다. 잠든 두 호빗 중 하나가 잠시라도 그를 보았다면 아마 자신의 수명을 훨씬 넘어 친구와 친척들보다 오래 살아온, 세월에 쭈그러들고 늙고 지친 호빗을, 굶주리고 가련한 호빗을 보았다고 생각했을 것이다(2.324).

매우 운이 나쁜 순간, 골룸이 자신을 쓰다듬고 있던 바로 그 순간에 아마도 악몽에 대한 반응으로 프로도는 잠결에 중얼거렸다. 프로도의 중얼거림 때문에 매우 신경이 날카로운 샘도 잠에서 깨어났고,

깨어나자마자 눈에 들어온 골룸에 대해서 즉시로 의심하면서 그를 가리켜서 "이 늙은 악당아"라고 꾸짖었다. 그러나 프로도를 해치려고 한 것이 아니었음을 알게 되자 샘은 그를 부당하게 비난한 것에 대하여 사과했다. 하지만 이미 엎지른 물이었다. 골룸은 예전의 오래된 자신의 모습에서 다시 되돌아오면서 샘의 비난을 그대로 사용했다. "이제 그는 툭 튀어나온 눈에 사지를 구부린 모습은 영락없이 거미 같았다. 조금 전의 늙은 표정은 순식간에 사라졌다"(2.324). 나중에 톨킨은 그의 편지에서 덧붙이기를 이 때 골룸은 찢겨진 영혼을 치유하기에 가장 좋은 기회를 가졌지만 갑자기 깨어난 프로도와 아울러 샘의 날카로운 비난으로 더욱 큰 실망감만 안게 되었다고 한다(L, 110).

  톨킨이 아쉬워하는 것은 샘에게도 그대로 해당될 수 있다. 왜냐하면 골룸에게 최소한의 신의라도 베풀기를 거부하는 경멸감과 질투심으로 샘은 골룸으로 하여금 스미골로서의 본래 자아를 억누름과 동시에 골룸이라는 노예 상태로 다시 되돌아오도록 충동질했기 때문이다. 비록 늦기는 했지만 마지막에 샘은 골룸을 용서한다. 이야기를 이렇게 엮어가면서 톨킨은 성경의 가르침과 일치되는 다음의 교훈을 제시한다. 타인을 악한 존재로 간주하는 것은 그들에게서 최상의 자아보다는 최악의 자아를 불러내는 것이다. 그런 이유로 성경은 자신에 대해서는 좋게 생각하면서도 동료에 대해서는 나쁘게 생각지 말고 그들을 관대함과 친절로 대할 것을 지속적으로 권면한다. 사도 바울에 의하면 타인에 대한 올바른 판단은 더 이상 인간적인 관점으로 대하지 않고 그리스도께서 위하여 죽어주신 새로운 피조물로 간주함으로써 비로소 얻어진다고 한다(고후 5:16).

  자세히 관찰할 필요는 없지만 이러한 성경적인 전폭적 신뢰는 톨킨의 작품세계에 등장하는 인물로부터 찾아보기는 어려울 것이다. 그래서 샘에 관한 우리의 판단은 그 자신의 도덕적이고 영적인 세계의 한계 속에서 제약을 받을 수밖에 없다. 또 샘은 프로도에 대한 불굴의 충성을 통해서 골룸에 대한 불신으로 잃어버린 많은 것들을 다시 회복하였다. 그는 거의 가능한 모든 방법을 동원해서 프로도의 가장 가까운 친구가 되어 주었다. 그리고 마지막 순간에 샘은 프로도를 위해서 사실상 자신의 생명을 내던지기까지 하였다. 여정 중에 부닥친 여러 가지 사건들로 지치고 허약해졌지만, 샘은 운명의 산 마지막 지점까지 프로도를 업고 가는 자신의 놀라운 모습을 발견하게 된다. "샘은 샤이어의 풀밭이나 건초 들판에서 호빗 아이를 등에 업고 장난을 치며 뛰어놀 때처럼 어렵지 않게 프로도를 업을 수 있었다" (3.218). 내레이터는 이어서 프로도가 부상과 슬픔으로 소진하여 몸이 가벼워진 것 같다고 하면서도 이들의 투쟁에는 또 다른 역설이 작용하고 있다고 덧붙였다. 다시 말해서 궁극적인 선을 위해서 가장 힘든 일을 감당할 때에 그들은 놀랍게도 전혀 힘이 들지 않게 된 것이다. "내 멍에는 쉽고 내 짐은 가벼움이라"(마 11:30).

『반지의 제왕』에서 샘이 프로도의 손에 입을 맞추고, 잠든 프로도의 머리를 자기의 무릎에 뉘이며, 졸린 프로도의 가슴에 자기 손을 대면서, 프로도에 대한 우정과 사랑을 육체적으로 표현하도록 하는 문제에 있어서 톨킨은 그리 까다롭지가 않다. 사실 고대에 남성 우위의 문화에서나 또는 현대의 동성애적인 문화에서건 그러한 몸짓은 상당히 의심스러운 것이다. 하지만 톨킨에게 있어서는 전혀 문제가 되지 않는다. 그는 샘과 프로도의 우정을 아주 섬세한 아름다움과 심지어는 거룩한 것으로 묘사하고 있다. 이들의 우정에 관한 가장 통절한 모습은 모르도르의 암흑의 문을 지나서 다다른 이실리엔의 아름다운 땅에서 잠시 휴식을 취하는 동안에 드러난다. 샘은 그 무엇으로도 형용할 수 없는 고귀함을 지닌 친구로서 잠자는 프로도를 물끄러미 바라본다.

갑자기 치명상을 입은 후 엘론드의 저택에 잠들어 누워 있던 프로도의 모습이 떠올랐다. 그 때 곁에서 지켜본 샘은 때때로 어떤 빛이 그의 몸 속에서 희미하게 빛나는 것 같은 느낌을 받았다. 그런데 지금은 그 빛이 더욱 선명하고 강렬했다. 프로도의 얼굴은 평화로웠으며 두려움이나 근심의 흔적은 전혀 찾아볼 수 없었다. 그러나 그의 얼굴은 늙어 보였다. 늙고도 아름다워 보였다. 얼굴 자체는 변하지 않았지만 마치 한참 전성기였을 때에 조각된 윤곽이 이전에는 숨겨져 있다가 이제야 섬세한 선으로 드러난 듯했다. 감지네 샘이 그런 식으로 생각한 것은 아니었다. 이런 모습을 바라보면서 샘은 어떻게 표현할지를 몰라서 머리를 흔들면서 이렇게 중얼거렸다. "나는 저 분을 사랑해. 저 분이 저런 모습으로 누워 있으면 가끔 어떤 빛이 비쳐 나와. 그렇지만 그런 빛이 비치든 안 비치든 난 저 분을 사랑해"(2.260).

모르도르의 가장자리에서 느껴지고 말로 표현되는 이러한 감정은 반지 원정대와 그들의 적군 사이의 현격한 차이를 아주 선명하게 보여준다. 사우론의 부하들 중에는 "나는 저 분을 사랑해"라는 간단한 문장조차도 말할 수 있다고 생각되어지는 존재는 단 한 명도 없다. 샘과 프로도는 구약성경에서 친구를 "생명을 함께 하는 자"로 묘사할 때 의미했던 바를 사실적으로 구현하고 있다(신 13:6). 이들 상호간의 존중은 요나단과 다윗의 우정과도 매우 흡사하다. "요나단의 마음이 다윗의 마음과 연락되어 요나단이 그를 자기 생명 같이 사랑하니라"(삼상 18:1). 이들의 우정은 또 신약성경에서 고참 선교사와 젊은 동료 사이의 그것과도 닮았다. "나의 밤낮 간구하는 가운데 쉬지 않고 너를 생각하여…… 하나님께 감사하고 네 눈물을 생각하여 너 보기를 원함은 내 기쁨이 가득하게 하려 함이니"(딤후 1:3-4).

원정대의 다른 일행 모두와 함께 샘은 비록 알지는 못했으나 분명 그리스도의 계명을 성취한 것이다. "사람이 친구를 위하여 자기 목숨을 버리면 이에서 더 큰 사랑이 없나니"(요 15:13). 프로도를 향한 샘의 믿음은 고대든 현대든 다른 문학에서는 거의 찾아볼 수 없는 숭고한 우정으로 결실을 맺었다. 비록 샘은 자신을 무엇보다도 프로도의 하인으로 간주하고 있었지만, 적어도 마지막에 가서는 프로도가 원정대 모두에게 고백했음직한 것을 이해할 수 있게 되었다. "이제부터는 너희를 종이라 하지 아니하리니…… 너희를 친구라 하였노라"(요 15:15). 원정대 안에 형성된 신실한 우정은 『반지의 제왕』이 전제로 하고 있는 놀라운 대조, 즉 생명의 세계와 사망의 세계라는 두 세상 사이의 대조와 차이를 아주 선명하게 보여준다.

2. 궁극적으로 선한 미래를 향한 소망

톨킨은 이교적인 문화에서 자주 등장하는 냉혹한 인물들에 관하여 아주 솔직한 입장을 취하고 있다. 여기에서는 말 그대로 소망이란 전혀 찾아볼 수 없다. 톨킨은 『베오울프』에서 묘사되는 앵글로색슨족의 세계에 관하여 이야기하는 가운데 이것은 "이교적인 내용으로 전혀 희망이 없음"을 인정하였다(MC, 22). 이러한 이야기에서는 심지어 신들조차도 우주의 혼동과 불합리를 극복할 수 없기에 독자들은 더 이상 희망을 찾아볼 수 없다. 베오울프와 그의 동료들은 비록 잠정적으로는 괴물을 물리치기도 하지만 마지막에 거둘 승리에 대한 아무런 희망도 없이 계속 고군분투할 뿐이다. 용맹스럽게 싸우며 그토록 갈망했던 영광을 쟁취할지라도 그들의 마지막 파국은 전혀 돌이킬 수 없다. 하지만 그들이 패배할 수밖에 없는 원인이 그들 자신에게 있다는 것은 아니다. 이와는 반대로 그들의 패배에 대한 가장 최선의 변호는 그들이 아니라 역설적으로 이들이 결국 멸망하리라는 것을 잘 알고 있는 마귀에게서 발견된다.

　이와 유사한 절망이 『반지의 제왕』에도 일부가 그대로 스며들어 있다. 예를 들어 간달프가 발로그에게 죽임을 당한 이후 아라곤은 원정대 전체가 직면하게 된 냉혹한 상황에 대하여 이렇게 언급한다. "희망이 없지만 우리는 감당해야 하오. 그리고 복수할 기회는 아직도 얼마든지 있소. 자! 눈물을 거두고 정신을 차립시다. 아직 가야 할 길도 멀고 할 일도 많이 남아 있소"(1.347). 아라곤이 움바르의 해적단들을 무찌르기 위하여 육체로부터 분리된 넋들의 군단의 혼들을 다시 불러 모으러 넋의 길로 떠날 때에도 성공하리라는 기대를 전혀 가질 수 없었다. 그리고 자유민들의 연합군대가 모르도르의 암흑의 문에서 공격을 감행할 때에도 승리를 거두리라는 그 어떤 희망도 찾아볼 수 없었다. 이 중에서도 절망의 깊은 나락에 가장 많이 빠져들곤 했던 자가 바로 프로도 그 자신이었다. 시간이 지나면서 절대반지가 그 사악한 힘을 더 강력하게 발휘하면서 그는 점점 더 깊은 절망의 나락 속으로 빨려 들어가는 느낌이었다. 이런 상황에서 샘은 임무를 성공적으로 완수할 수 있을지에 관하여 혼자서 논쟁을 벌이다가 그저 절망만을 쏟아냈다.

　　소용없는 짓이야…… 너는 어리석은 바보란 말이야! 그저 깡충거리고 낑낑거리기만 하는 바보 말이야. 네가 그렇게 끈질기게 굴지만 않았더라도 벌써 여러 날 전에 너는 프로도랑 같이 누워 편안하게 잠을 잘 수 있었을 거야. 하지만 어쨌건 너는 이제 곧 죽게 될 거야. 아니면 더 비참한 꼴이 되든가. 이제라도 그대로 누워서 모든 것을 다 포기하는 편이 더 나을 거야. 결국은 정상에 닿지 못하고 끝장날 거니까 말이야(3.216).

　하지만 샘은 그렇게 절망의 늪으로 빠져들어 가는 것을 거부했다.

그리고는 프로도를 업고서 모르도르의 화산 꼭대기로 한 걸음 한 걸음 나아갔다. 프로도 역시 비록 마지막으로 놓고 볼 때는 부족하긴 했지만 그의 모든 힘을 다 쏟으며 사우론의 힘과 싸웠다. 프로도와 샘 모두는 임무를 완수해야 한다는 것 이외에는 아무것도 생각하지 않고 계속 깡충거리고 낑낑대며 앞으로 나아갔던 것이다. 그런데 이들의 결정은 완전히 절망적인 것만은 아니었으며 그들의 영웅적인 행동이 그런 이유로 완전히 이교적인 것만은 아니었다. 적어도 다음 세 가지의 일을 계기로 그들은 임무가 결국 성공할 수 있음을 확신시켜 주는 실낱 같은 희망을 발견할 수 있었다.

1) 진정한 왕의 귀환으로 말미암은 소망

아라곤은, 먼 옛날 전투에서 사우론의 손에서 절대반지를 끊어내서 빼앗은 왕 이실두르의 후계자인 까닭에 반지 원정대에서 중요한 일원의 하나이다. 그는 또 강력한 힘뿐만 아니라 진정한 권위의 표증으로서 한 때 부러졌다가 다시 벼려 만든 이실두르의 검을 휘두르는 자이기도 하다. 그런데 에오메르가 로한의 왕 세오덴의 뒤를 이어 왕국의 법도를 계속 유지할 수 있게 되자, 요정들은 모리아 땅 역시 사우론의 공격으로 황폐해지는 것을 막아낼 수 있을 것처럼 보였다. 하지만 장기적으로 볼 때 가운데 땅의 북서부 지역은 아라곤이 곤도르와 아르노르의 왕으로 귀환할 때만이 비로소 올바로 다스려질 수 있다. 호빗들이 살고 있는 샤이어 땅 역시 아르노르의 일부분이며 사우론의 영역인 모르도르의 국경이 곤도르와 인접해 있는 까닭에 호빗들 역시 아라곤의 합법적인 귀환 여부에 자신들의 운명이 달려 있다고 해도 과언이 아니다. 이렇게 톨킨의 작품세계에서 악은 결코 영적이거나 육체에서 이탈된 실체로서가 아니라 정치적이며 사회적이고 지리적인 위협으로 나타난다.

골목쟁이 집안(the Bagginses)과 자룻골 골목쟁이 집안(the Sackvile-Bagginses) 사이의 반목은 예외지만 대체적으로 호빗족들은 아주 탁월할 정도로 화목하게 지내는 까닭에 이들에게는 통치자가 필요없다. 이들에게는 법률도 없으며, 샤이어 국경지대를 순찰하는 경비대와 한 두 명의 보안관을 제외하고는 경찰도 없고, 시장을 제외하고는 그 어떤 공무원도 없다. 그럼에도 불구하고 호빗골과 브리 지역의 주민들은 아라곤이 왕으로 귀환하는 일에 자기 일처럼 발 벗고 나섰다. 그 이유는 왕이 되면 아라곤은 가운데 땅에서 마지막으로 손상되지 않고 남아 있는 마지막 생명의 동산인 샤이어 땅으로 타락한 인간들의 파괴적인 물결이 유입되는 것을 지켜줄 것이기 때문이다.

호빗족과 같은 예외적인 경우를 제외하고 대체적으로 톨킨은 모든 다른 사람들에게는 공의로운 통치자가 필요하다는 입장을 가졌다. 군주제주의자인 동시에 그리스도인으로서 톨킨은 선한 왕(또는 선한 여왕)은 이상적인 시민을 대표한다고 보았다. 즉 이들은 명문가의 혈통과 탁월한 임무 완수를 통해서 인간에게 주어진 최상의 가능성을 성취하는 사람들을 대표한다는 것이다. 따라서 선한 군주의 통치를 통해서 심지어는 가장 비천한 자를 포함하여 모든 사람들이 고양될 수 있는 것이다. 이런 맥락에서 아라곤은 원정대 중에서 가장 어리고 보잘 것 없는 일원인 메리와 피핀이 오크족들에게 붙잡혔을 때 이들을 구출하려고 최선을 다했던 점은 주목할 만하다. 그는 보잘것없는 자에 대해서도 위대한 자나 다름없이 그들의 복락을 추구해 주었던 것이다.

아라곤과 같은 공의로운 통치자는 그저 상징적인 힘만을 가지고 있는 것은 아니다. 그의 왕국은 실제적으로 공의로운 사회를 무너뜨리는 죄악들을 배격하고 사회를 유지시키는 선행을 진흥시키면서 백성들의 복지를 조장해야 할 의무가 있다. 그래서 이와는 반대로 참되고 공의로운 통치자가 없는 것은 그 백성들이 모든 재난의 비참함을 그대로 겪는 것과 마찬가지이다. 그래서 고대든 현대든 관계없이 진정한 삶은 결코 사적인 것이 아니라 항상 공적인 것이며, 그 삶은 도시이건 마을이건 관계없이 항상 공공사회(polis) 안에서 발견된다. 이런 이유로 『반지의 제왕』에서는 올바로 다스려지는 나라에 관한 정치적인 질문이 항상 그 저변에 자리하고 있다. 그리고 아라곤이 왕으로 등극하는 순간은 다양한 맥락에서 이 소설의 절정에 해당한다.

진짜 정체가 노출되어 자신의 왕권을 주장하는데 방해를 받지 않도록 하기 위해서 처음에는 변장하여 나타났지만, 아라곤은 여러 가지 사건들 속에서 점차로 자신의 직위에 대한 정당성을 점점 분명하게 보여준다. 도움을 요청하기 위하여 에오메르를 처음 만났을 때 아라곤은 엘렌딜과 이실두르의 후계자로서의 자신의 왕족 신분을 분명히 밝힌다. 이런 모습은 우리와 같은 평등주의자들에게는 헛되고 다소 거만한 것처럼 보이겠지만 톨킨에게 있어서는 참된 권위의 본질이라고 해도 과언이 아니다.

아라곤은 외투를 뒤로 젖혔다. 그가 요정의 칼집을 붙잡자 번쩍 빛을 발했다. 그가 뽑아 든 안두린의 눈부신 칼날은 불길처럼 빛을 발했다. "엘렌딜!" 아라곤이 외쳤다. "나는 아라소른의 아들 아라곤으로 요정석, 즉 엘렛사르라고 불리며, 두네다인의 일원으로 곤도르의 엘렌딜의 아들 이실두르의 후계자요! 여기에 한 때 부러졌다가 다시 벼려진 칼이 있소. 당신은 나를 도울 것인가, 아니면 방해하겠는가? 속히 선택하시오!" (2.36)

아라곤의 왕권은 피핀이 아이센가드에서 실수로 팔란티르(천리안의 돌)를 붙들었을 때에도 분명하게 드러난다. 이 때 간달프는 위험을 무릅쓰고 그 돌의 소유권을 아라곤에게 넘겨준다. 그러자 아라곤은 팔란티르의 정체를 밝힌다. "정말로 위험한 물건이지요. 그러나 누구에게나 위험한 것은 아닙니다. 정당한 소유권을 내세울 수 있는 사람이 있으니까요. 이것은 틀림없이 엘렌딜의 보물창고에서 흘러나온 오르상크의 팔란티르입니다. 곤도르의 왕들이 그곳에 갖다 놓았던 것이죠...... 이제 내 시대가 가까이 다가오고 있습니다. 내가 그것을 보관하겠습니다"(2.199-200). 아라곤의 이러한 자세에서 우리는 물론 현격하게 다른 방식이긴 하지만 예수께서 그 역시 왕으로 등극하게 되는 골고다로 향하여 나아가는 모습을 어렴풋이 떠올릴 수 있다(막 14:26).

아라곤은 천리안의 돌인 팔란티르를 사용해서 자신을 사우론에게 노출시킴으로써 자신의 탁월한 지혜를 보여줌과 동시에 원정대에게도 희망을 가져다주고 싶었던 것이다. 이 때 그는 자신을 단순히 성큼걸이라는 이름을 가진 한 남자로서가 아니라, 엘렌딜과 이실두르의 합법적인 후계자이자 곤도르와 아르노르의 통치자이자 왕으로서 자신의 신분을 명확하게 드러낸다. "내가 살아서 땅 위를 걸어 다닌다는 사실이 사우론에게는 충격이겠지...... 사우론이 이실두르와 엘렌딜의 검을 잊고 있던 것은 아니야. 이제 그의 거대한 야심이 채워지려는 마지막 순간에 이실두르의 후계자와 그 검이 다시 눈 앞에 나타난거야. 난 다시 벼려진 이 검을 보여 주었지. 그는 아직 어떤 두려움도 초월할 수 있을 정도로 강해지진 못했어. 아니 그에게 의혹이 자라나고 있을 거야"(3.53-54). 사우론은 아라곤이 강력해서 뿐만 아니라 합법적인 왕인 까닭에 두려움과 분노로 치를 떨었다. 국왕으로서의 합법적인 선이 결국은 악의 군주를 강력하게 위협하고 있는 것이다. 그리고 사우론은 암흑의 문에서 모든 분노를 아라곤에게 쏟아 붓느라, 정작 중요한 샘과 프로도가 그 자신의 지옥 같은 운명의 산꼭대기로 가까이 접근하는 것은 전혀 눈치채지 못하고 말았다.

아라곤은 자신의 이름에서도 희망을 보여주고 있다. 독자들은 부록에서 모친으로부터는 아락른이라고 불리웠지만, 요정들이 리벤델에서 그를 양육할 때에는 희망을 뜻하는 에스텔이라는 이름으로 불렀음을 발견할 수 있다(3.338). 간달프도 "그의 시대가 가까이 왔다"고 하면서 귀환하는 왕에 관하여 예언적인 표현을 사용했는데, 그는 아라곤에 관하여 언급할 때면 항상 이렇게 희망적인 단어를 함께 사용하였다(3.88). 아라곤의 합법적인 통치권은 펠라르기르 항구에서 사우론의 해적들을 처부수기 위하여 넋들의 군단을 불러 모을 때에 참으로 극적으로 드러나며, 이후 자유민들의 연합군대를 이끌고 사우론의 군대와 맞서서 치룬 펠렌노르 벌판의 전투를 승리로 이끌 때에도 잘 나타난다. 그 전투의 와중에서 아라곤은 자신처럼 아직 등극하지 않은 왕이나 마찬가지인 에오메르를 만난다. 그러나 이들은 서로를 경쟁자로 여기기보다는 "칼을 짚고 서로를 바라보며 반가워했다"(3.123).

아라곤의 왕권은 정치적인 의미뿐만 아니라 신학적인 의미 역시 담고 있음이 점점 더 명백해진다. 가운데 땅에는 장로나 감독 혹은 그 어떤 다른 종교적인 지도자가 지도하는 교회가 없는 까닭에, 톨킨은 자신의 작품세계에서 군주제가 영적인 힘까지 행사할 수 있는 것으로 묘사하고 있다. 하지만 이것은 그리 이상하게 볼 것이 아니다. 민주적인 선거가 아니라 신성한 권리에 의하여 통치하는 중세의 왕들은 병을 고치는 초자연적인 힘을 가지고 있다고들 믿었다. 그래서 아라곤 역시 약초에 관한 자신의 세심한 지식과 아울러 왕으로서 환자 곁에 직접 함께 해 주는 모습을 통해서, 펠렌노르 벌판의 전투에서 치명적으로 부상당한 에오윈과 파라미르를 고쳐준다. 그래서 곤도르의 현명한 부인 요레스가 "왕의 손은 치유자의 손, 그것으로 적법한 왕임을 알리라"고 선언한 바와 같이, 고대의 전통으로부터 전해져 오는 속담이 얼마나 예언적인지가 잘 드러난다(3.139).

모르도르의 암흑의 문에서 아라곤이 지휘하는 공격에서는 승리의 희망이라고는 전혀 찾아볼 수 없어 보인다. 자유민들의 연합군으로 이루어진 수만의 군대라고 하더라도 사우론의 무시무시한 전투병기인 모르도르의 군대 앞에서는 순식간에 한 줌의 재로 변할 것이 뻔해 보였다. 그래서 전투에 앞서 군사들에게 지시할 때 아라곤은 승리를 향한 영웅적인 약속이나 패배에 대한 사실적인 확신의 그 어떤 것으로 이들을 부추기려고 하지 않고, 그 대신 참된 왕으로서의 현실을 내세우며 군사들을 독려한다. "우리는 지금 희망과 절망이 맞붙은 바로 아슬아슬한 고비에 와 있소. 주저하는 것은 실패하는 것이요"(3.156). 서쪽 나라의 가장 용맹스러운 장수들 중의 하나인 임라힐 왕자는 사우론은 모르도르의 암흑의 문을 공격하는 처량한 연합군의 군사들을 보고서 멸시에 가득 차서 비웃을 것이라고 말한다. 그러자 아라곤은 이 마지막 전투는 결코 웃을 일이 아니라고 주장한다. 결국 이들은 전쟁에서 이기든 또는 살육당하든 관계없이 자신들에게 주어진 임무가 마지막에는 정당한 것으로 변호를 받으리라는 희망 속에서 자신들에게 부여된 임무를 끝까지 감당하기로 한다.

"만일 이 전쟁이 올바른 것이라면 그것은 웃어버리기에는 너무나도 쓰라린 것이 될 것이오. 아니지요. 이것은 거대한 위험에 빠져서 두는 마지막 수가 될 것입니다. 어느 편이든 간에 이번 일은 어느 한 쪽의 종말을 뜻하게 될 거요." 그러면서 그는 안두릴의 검을 뽑아 높이 들고 햇빛 속에서 광채를 뿌리며 말했다. "너는 마지막 전투가 치러질 때까지 결코 칼집에서 쉬지 못하리라"(3.158).

갑자기 거대한 그림자가 모르도르로부터 연합군 쪽으로 뻗쳐지는 순간, 이들은 거의 패배하기 일보 직전이었다. 그러나 연이어 불어닥친 광풍으로 암흑의 그림자는 곧 사라지고 말았다. 이 모든 결과는 골룸이 반지를 낀 채로 운명의 산 틈바구니로 굴러 떨어지면서 반지가 용암 속에 녹아 사라지고, 이와 동시에 사우론과 그의 부하들의 모든 악마적인 힘이 역시 파괴되어버렸기 때문에 사우론의 군대 역시 공포에 놀라 달아남으로 일어났음을 우리는 잘 알고 있다. 사우론의 부하들은 그 주인에 대한 혐오감과 아울러 두려움을 가지고 전투에 임하였지만 승리에 대해서는 어느 정도 장담하고 있었다. 하지만 그들은 이제 모든 것이 끝장난 것을 안 주인의 파멸로 더 큰 공포에 떨며 도망칠 수밖에 없었다. 비로소 반지 원정대가 승리를 거둔 것이다. 하지만 절대반지가 파괴됨으로써 얻어진 승리는 군주 아라곤이 왕으로 등극하기 전까지는 이 지상에 온전히 실현되지 않는다. 왜냐하면 올바른 정치적 질서가 온전히 확립될 때라야 비로소 참된 소망 역시 회복될 것이기 때문이다.

미나스 티리스 요새에서 승리를 자축하는 장엄한 행렬과 화려한 의식이 진행되는 중에 곤도르의 섭정인 파라미르는 아라곤을 왕으로 추대하였다. 그런데 파라미르가 아라곤에게 왕관을 건네 주자, 그는 스스로 왕이 되는 것을 사양하였다. 이러한 모습은 왕이 스스로에게 왕권을 부여하는 행위로서 다른 모든 이들을 다스리는 군주로서 자기 스스로를 치켜세우는 고대의 관례와는 사뭇 다른 모습이었다. 대신에 아라곤은 왕관을 다시 파라미르에게 돌려주면서, 승리의 주역인 간달프가 반지의 사자인 프로도로부터 이를 건네 받아서 자신에게 씌어줄 것을 요청했다. 이러한 겸손의 자세를 통해서 아라곤은 왕권을 회복함에 있어서 빚을 진 유한한 피조물들과 영생불사의 피조물들 중에서 가장 고귀한 자에게 합당하게 예우하였다. 이들이 바로 절대반지를 운명의 산으로 가지고 갔던 가장 낮은 호빗족의 프로도와 아울러 원정대의 여정 내내 이들을 안내했던 위대한 마법사 간달프이다.

아라곤이 간달프로부터 왕관을 받기 위하여 무릎을 꿇은 다음 일어섰을 때, 일순간 의미심장한 정적이 그곳에 모인 모든 사람들을 사로잡았다. 보좌에 등극한 왕에 대한 합법적인 축하는 왕이자 진정한 주인으로서 자신들 앞에 나타난 모습을 그 백성들이 목격함으로써 비로소 시작된다. 그리고 아라곤이 합법적인 왕으로 자기들 앞에 그 모습을 드러내자, 백성들은 그 모습 속에서 자신들의 최선의 모습 역시 바라볼 수 있었다. 톨킨은 아라곤의 왕권을 통해서 드러나는 초월적인 영광과 희망을 노래하기 위하여 구약과 신약의 비유들을 동원한다.

아라곤이 일어서자 모든 사람이 침묵 속에서 그를 지켜보았다. 이제야 그의 본모습이 드러난 것 같았기 때문이다. 과거 바다의 왕들처럼 키가 큰 그는 주위의 사람들보다 한층 두드러져 보였다. 고대의 인물들처럼 나이 들어 보이면서도 넘쳐흐르는 젊음이 가득한 그의 이마에는 지혜가, 손에는 힘과 치유력이, 주변에는 후광이 둘러져 있었다. 그러자 파라미르가 외쳤다. "보라 왕이로다!" (3,246).

The Lord Of The Rings

2) 이 세상 너머에 있는 소망

비록 아라곤은 왕위에 오른 직후 아르웬과 결혼식을 올리고, 이어서 옛날 아르노르와 곤도르의 찬란한 영화를 다시 일으켜 세울 일련의 거대한 복구 작업을 수행하지만 『반지의 제왕』 부록인 『가운데 땅의 역사』에서 우리는 비록 왕의 자격은 미흡하지만 그의 아들 엘다리온이 아라곤의 뒤를 이어 왕의 자리에 오르게 되는 뒷이야기를 접할 수 있다. 이런 줄거리를 통해서 톨킨은 훌륭한 왕이 통치함으로 가능해진 희망이라는 것도 궁극적으로 볼 때에 충분한 것은 아니라는 점을 보여준다. 또 아라곤과 아르웬의 삶이 행복하게 끝나는 것도 아니다. 사실 그들은 마지막에 가서 엄청난 슬픔에 직면해야만 했다. 아라곤은 노령으로 말미암은 실정과 노망으로 허우적거리면서 생을 마감하기보다는 스스로 자신의 생명을 거두는 쪽을 선택한다. 그래서 아라곤은 그의 잘 준비된 아들 엘다리온으로 하여금 왕위를 잇도록 해 두고는, "그의 생애 1백 90년째 되던 해에, 왕으로 통치한지 1백 두 번째 되던 해에, 옛날 누메노르의 왕들이 그리했던 것처럼 열왕의 묘역에 마련된 침상에 직접 몸을 눕혔다"(PM, 244). 이 때 아라곤이 아르웬에게 전하는 마지막 유언의 일부분은 참으로 통렬하다. "우리는 슬픔 속에서 헤어지지만 그러나 결코 절망은 아니오. 보시오! 우리는 이 세상의 영역에 영원토록 묶여 있는 것이 아니오. 이 세상 너머에 추억 이상의 것이 우리를 기다리고 있을 것이오. 잘 있으시오!"(3.344)

여기에서 "이 세상 너머에 있는 것"이 무엇을 의미하는지는 이미 아라곤의 죽음에서 은연중에 암시되어 있다. 그의 몸은 마치 예전에 왕으로 등극할 때 드러났던 것과 동일한 영광과 위엄이 발현되기라도 한 것처럼 그렇게 찬란한 모습으로 변하였다. "그러자 그의 몸에서 위대한 아름다움이 드러났다. 후에 조문하러 온 사람들은 그 모습을 보고 모두 경이롭게 여겼다. 젊음의 우아함과 성년의 용맹함과 함께 노년의 지혜와 위엄이 한데 결합된 모습을 본 것이다. 그는 이 세상이 허물어지기 전에는 희미해지지 않을 영광에 싸인 인간 왕의 찬란한 모습으로 오랫동안 거기에 누워 있었다"(3.344). 아라곤을 떠나보낸 이후 "별 하나없는 겨울의 해질녘처럼 점점 차갑게 늙어 가는" 아르웬은 이 세상 너머에서 아라곤과 다시 만나기 위하여 요정의 불멸성을 과감히 포기하고 죽는 쪽을 택한다. 그런데 그녀가 죽어 가는 장면 속에는 부활에 관한 또 다른 암시도 들어 있다. "그녀는 세상이 뒤바뀔 때까지 안식을 취하기 위하여 케린 암로스의 초록 침상에 몸을 눕혔다." 여기에서 우리는 톨킨이 이 세상 너머에 파격적으로 새로워진 삶을 향한 희망에 관한 암시를 던지고 있음을 발견할 수 있으며, 이와 동일한 구절들은 『호빗』에서도 종종 찾아볼 수 있다.

    기독교적인 소망은 이 세상에서 끊임없이 이어지는 순환고리를 중단시키는 급진적인 변화에 관한 것이다. 또한 이 소망은 인간의 자연스러운 열망을 궁극적인 행복으로 이어주는 동시에 천국의 관점에서 이 열망을 재조정한다. 그래서 이러한 희망은 사물에 관한 일반적인 낙천주의와는 다르며, 모든 것이 궁극적으로는 잘 될 것이라고 하는 미래에 대한 막연한 낙관과도 다르다. 기독교적인 소망의 핵심은 오직 하나님만이 제공하실 수 있는 궁극적인 미래에 관한 희망에 있다. "주 여호와여 주는 나의 소망이시요 나의 어릴 때부터 의지시라"(시 71:5). "여호와는 그 경외하는 자 곧 그 인자하심을 바라는 자를 살피사 저희 영혼을 사망에서 건지시며 저희를 기근시에 살게 하시는도다"(시 33:18-19). 온전한 구원은 이 세상에서는 결코 완성되지 않으며 그런 까닭에 파격적으로 미래를 지향하는 기독교적 소망의 특징은 결코 간과될 수 없다. 기독교적인 소망은 하나님께서 이스라엘의 역사와 그리스도에게서 시작하신 것을 결국 마지막 날에 완성하시리라는 믿음에서 생겨난다. 영원한 복락을 향한 이러한 소망은 그리스도인들로 하여금 낙심과 이기적인 절망에 빠지지 않게 해 주며, 버림받더라도 끝까지 지켜주며, 더 나아가서 종말을 바라보고 선행을 감당하도록 격려해 준다. 한 마디로 말해서 소망은 믿음을 실행에 옮길 수 있는 원동력을 부여해 준다.

> 피조물이 허무한 데 굴복하는 것은 자기 뜻이 아니요 오직 굴복케 하시는 이로 말미암음이라 그 바라는 것은 피조물도 썩어짐의 종노릇 한데서 해방되어 하나님의 자녀들의 영광의 자유에 이르는 것이니라 피조물이 다 이제까지 함께 탄식하며 함께 고통하는 것을 우리가 아나니 이뿐 아니라 또한 우리 곧 성령의 처음 익은 열매를 받은 우리까지도 속으로 탄식하여 양자될 것 곧 우리 몸의 구속을 기다리느니라 우리가 소망으로 구원을 얻었으매 보이는 소망이 소망이 아니니 보는 것을 누가 바라리요 만일 우리가 보지 못하는 것을 바라면 참음으로 기다릴찌니라(롬 8:20-25).

물론 원정대 일행 중에서 그 누구도 기독교적인 특성을 담고 있는 이러한 소망에 관하여 언급하지는 않았다. 그러나 분명 그들 모두는 이 세상 너머에서 궁극적으로 선이 모두 실현될 것을 전혀 의심하지 않고 자신들의 인생을 여기에 걸었다. 우리는 원정대가 임무를 완수하려고 모든 것을 헌신할 때 그 임무가 반드시 성공하리라는 분명한 확신에 별로 연연해하지 않았음을 종종 보아왔다. 어찌 보면 그들은 보장된 승리로 부름받은 것이 아니라 승리에 대한 신실한 믿음으로 부름받았다. 그래서 원정대는 종종 성공의 가망이 전혀 없을 때에라도 그 한계상황을 넘어서는 심원한 소망을 새롭게 발견하곤 했다.

모르도르 정상 가까이에서 피곤에 지친 그들의 여정이 거의 끝나갈 무렵 프로도와 샘은 거대한 황야를 가로지르는 보잘것 없는 곤충처럼 그렇게 비틀거리며 기어 올라갔다. 이 상황에서 그간의 모든 수고가 결국은 실패할 것처럼 보였다. 설령 절대반지를 성공적으로 파괴하더라도 그들이 살아남을 수 있을 것 같지도 않았고 그 누구도 이들의 용맹스런 일들에 대해서 듣게 될 것 같지도 않았다. 그들 모두는 그저 망각 속으로 사라질 것 같았다. 그런데 그토록 희망이라고는 전혀 찾아볼 수 없는 상황에서, 비천한 출생에도 불구하고 점차적으로 도덕적으로나 영적인 통찰에 있어서 위대한 인물로 점차적으로 거듭나게 되는 정원지기 호빗, 샘은 모르도르의 캄캄한 구름 위에 찬연히 빛나는 별 하나를 바라보게 된다.

버림받은 땅에서 바라본 그 별의 아름다움은 샘을 감동시키기에 충분했고, 이로부터 샘은 다소 희망을 되찾을 수 있었다. 한 줄기 선명하고도 차가운 광선처럼 샘의 머릿속에 한 가지 생각이 떠올랐다. 그것은 바로 암흑은 언젠가 사라지고 말 하찮은 것이며 암흑과는 비교도 되지 않을 영원불멸의 빛과 지고한 아름다움이 엄연히 존재한다는 사실이었다. 탑에서 불렀던 그 노래는 희망이라기보다는 오히려 도전이었다. 그 때 샘은 자신만을 생각하고 있었다. 그러나 지금은 아주 잠깐 동안이나마 자신의 운명과 심지어는 프로도의 운명도 전혀 문제가 되지 않는다는 생각이 들었다. 샘은 가시덤불로 기어 들어가 프로도 곁에 누웠다. 온갖 두려움을 떨쳐 버리고 그는 깊고 편안한 잠에 빠져들었다(3.199).

샘의 이러한 통찰은 몇 가지 점에서 주목할 만하다. 골룸의 배반에 두려워하면서 샘은 프로도가 잠든 동안에 절대로 잠을 청하지 않았다. 그러나 샘이 이제 여유롭게 잠을 청하는 모습은 일종의 초월적인 소망의 표시이기도 하다. 이는 다시 말해서 골룸의 기만이나 사우론의 주술로 잠시 자신들의 노력이 좌절되더라도 그 너머에는 여전히 궁극적인 승리와 복락이 놓여 있다는 확신에서 우러나온 것이다. 완벽하게 헌신된 자인 샘이 프로도의 실패에도 굴하지 않는 이유는 그들의 사명이 어떻게 결말을 맺을지에 관계없이 영원히 계속될 미래로부터 그 어떤 희망을 발견했기 때문이다. 그래서 샘의 확신에서 좀 더 주목할 부분은 선과 악의 위력, 빛과 어두움, 생명과 죽음, 그리고 희망과 절망의 상대적인 위력을 분간할 수 있게 되었다는 점이다. 오직 한 개의 별만이 반짝이고 있는 모르도르의 거대하고도 캄캄한 밤하늘은 악이 단번에 그리고 영원히 승리를 거두리라는 표시처럼 보였다. 하지만 샘은 눈에 명백하게 보이는 것의 논리에 얽매여 있지는 않았다. 그는 밤하늘에 홀로 반짝이는 별과 검은 그림자가, 그저 이분법적이기만 하고 그 결과 역시 불확실하기만 한 그러한 전투에 얽매여 있지 않다는 것을 깨달았다. 여기에서 샘은 심오하면서도 역설적인 진리 하나를 깨달았다. 그것은 바로 빛이 없이는 어두움은 아무런 의미가 없다는 사실이다. 빛을 삼키려고 애쓰는 밤이 아니라 바로 빛 그 자체가 기본적이고 영원한 실체라는 사실이다. 또 샘은 홀로 깜박이는 별이 거대한 어두움을 꿰뚫고 지나가면서 그 어둠의 실체를 규명하고 있음도 보게 되었다. "빛이 어두움에 비취되 어두움이 깨닫지 못하더라"(요 1:5).

그런데 샘의 이러한 깨달음은 매우 탁월하지만, 아홉 명의 친구들이 함께 조직한 원정대와 아울러 이들이 달성하려고 애쓰는 모험의 과정과 분리될 때에는 아무런 의미가 없다. 샘의 깨달음에는 이를 지지해주는 거대한 이야기가 함께 필요하다. 이 이야기는 원정내의 역사에 기초하고 있을 뿐만 아니라, 사우론에 대항하는 원정대의 투쟁과 아울러 악에 대항하여 함께 투쟁하는 가운데 땅의 모든 자유민들의 투쟁을 총괄하며 이를 함께 구현하는 거대담론과 같은 이야기이다. 이와 비슷한 맥락에서 유대인들은 여호와 하나님께서 자신들을 선택하여 그의 백성으로 삼은 하나의 내러티브로서 애굽의 속박에서 구출한 이야기를 계속적으로 반복하여 재현한다. 이를 통해서 그들은 전쟁의 패배와 포로로 머무는 와중에서도 미래를 향한 희망을 계속적으로 생생하게 유지할 수 있었다. 이는 그리스도인들에게도 마찬가지이다. 설교와 성찬을 통해서, 그리고 신앙고백과 찬송, 기도를 통해서 교회는 자신의 기초가 될 뿐만 아니라 이를 유지시키는 이야기를 계속적으로 반복한다. 이 이야기는 교회뿐만 아니라 세상을 위한 하나의 영속적인 희망의 근거로서 예수 그리스도의 생애와 죽음, 부활, 그리고 재림을 통해서 계시된 하나님의 역사에 관한 이야기이다.

샘이 깨달은 또 다른 중요한 사실은 만일에 우리가 참된 희망을 가지려 한다면 참된 진리를 담고 있는 이야기를 따라서 우리의 삶을 살아가야 한다는 점이다. 키리스 웅골 탑에서 프로도와 그는 자신들의 임무가 결국에는 성공할 것인지에 관하여 의문을 던지기 시작한다. 이 때 샘은 참으로 가치 있는 이야기와 그렇지 못한 이야기를 구분해 보려고 한다. 샘이 보기에 이 세상에는 사람들의 충성심을 자극하려는 그럴듯한 이야기들이 많이 있다. 샘은 그런 이야기들 속에서 진정한 희망을 안겨다 주는 이야기를 찾아보려고 애쓴다.

샘이 프로도에게 말했다. "만일 우리가 출발하기 전에 이곳에 대해서 더 많이 알았더라면 우리는 결코 여기에 있지도 않았을 거예요. 그러나 흔히 일이란 게 그런 식으로 되고 마는 것 같아요. 옛날이야기와 노래에 나오는 용감한 행동들이 그렇잖아요. 주인님! 저는 그것을 모험이라고 부르죠. 이야기 속의 훌륭한 이들이 그런 일을 찾아 나서죠. 그들이 그런 일을 원하는 이유는 삶이 참으로 따분하고 또 그런 일들이 자극적이며 일종의 오락이 되기 때문이죠. 그러나 정말로 중요한 이야기나 우리 마음에 계속 남아 있는 이야기들은 그런 식이 아닐 거예요. 사람들은 그냥 그런 일들에 마주치는 것 같아요. 보통은 주인님이 표현했듯이 그들의 갈 길이 그쪽으로 놓여 있던 거죠. 그들에게도 우리처럼 발길을 돌릴 기회는 많이 있었다고 생각돼요. 하지만 그들은 그렇게 하지 않았죠. 또 그들이 그렇게 했더라도 우린 알 수가 없었겠죠. 그랬다면 그들은 그대로 잊혀지고 말았을 테니까요. 우린 계속 나아가기만 하는 이들에 관한 이야기를 듣지만, 그러나 모두 좋은 결말을 맺는 건 아니라는 사실에 유념해야 해요. 적어도 이야기 밖이 아니라 안에 있는 이들은 말이에요. 그렇지만 대개는 고향에 돌아와 예전과 똑같진 않더라도 별탈은 없었음을 알게 되죠. 빌보 어르신처럼 말이에요. 그러나 그런 이야기는 맞닥뜨리기에는 좋은 얘기일지 모르나, 항상 듣기 좋은 얘기는 아니지요. 우리는 어떤 종류의 이야기가 될까요?"(2.320-21)

이미 샘은 두 종류의 이야기를 구분하는 핵심적인 요소가 무엇인지를 간파하고 있었다. 먼저 소위 모험이라고 불리는 그러한 이야기들은 독자들이 쉽게 싫증을 내고서는 무언가 더 흥미롭고 자극적인 것을 기대하기 때문에 사실적이지 않더라도 꾸며낸 것들로 가득 차 있다. 하지만 진짜로 마음을 사로잡는 이야기는 우리 스스로가 선택하지 않은 임무를 다룬다. 이러한 이야기에서 우리는 우리의 자발적인 선택과는 전혀 관계없이 임무나 여정에 휘말려 있는 자신을 발견할 뿐이다. 샘이 날카롭게 지적한 바와 같이 정말로 문제가 되는 것은 임무를 얼마나 성공적으로 완수하느냐 마느냐가 아니라, 그냥 포기해 버리느냐 아니면 악착 같이 계속 그 길을 고집하면서 가야 하는가 하는 것이다. 주어진 임무를 포기하지 않는 한 가지 이유는 굴복하기를 거부하고 희망을 품고서 계속 앞을 향하여 나아갔던 주인공들에 관한 위대한 이야기들이 우리 귀에 계속 들려오기 때문이다.

샘은 또 덧붙이기를, 원정의 도중에 있는 한 우리는 대부분이 끝이 좋아야 그 원정도 좋은 것이라고 생각한다는 것이다. 하지만 일단 우리가 원정의 바깥으로 나와서 가장 훌륭한 이야기들을 자세히 살펴보면 이런 이야기들은 우리가 기대했던 그러한 신나는 결말로 끝나지 않고 있다는 것을 곧 알게 된다고 한다. 그러면서 샘이 암시하는 것은 영웅에 관한 진짜 이야기는 승리에 대한 분명한 확신이 없음에도 불구하고 희망을 갖고 계속 분투하며 앞으로 나아가도록 한다는 것이다. 과정은 분명 고결했더라도 행복하지 않게 끝나는 결말을 담은 이야기가 인생의 참 모습을 보여줄 수 있는 반면에, 행복한 결말을 담은 이야기는 우리의 영혼 깊숙이 감동을 안겨 주지 못하고 그저 간단하고 손쉽게 얻어지는 승리에 대한 막연한 확신만 심어줄 뿐이다. 이 때 프로도는 샘의 견해에 불쑥 끼어들어서는 자신들이 지금 행복한 이야기를 만들어가고 있는지 아니면 슬픈 이야기를 만들어가고 있는지 생각하지 않는 편이 좋다고 한다. 행복한 결말에 대해서 확신하게 되면, 우리는 현재 직면한 힘든 상황과 관계없이 주제넘게 되거나 또는 마음 속으로 방심하게 되기 때문이다. 반면에 비극적인 결말에 대해서 확신하게 되면, 우리는 현 상황에 대해서 냉소적인 입장을 취하거나 절망감에 휩싸이기 마련이다. 그 어느 경우에서도 우리는 현실을 극복하는데 참된 희망을 전혀 그 수단으로 활용하지 못할 것이다.

 샘은, 실마릴 보석으로 만들어진 별빛 나는 유리병을 갈라드리엘로부터 전해 받음으로써 프로도와 자신 역시 결국 자기들만의 이야기 속에 있는 것이 아니라 이보다 더 커다란 이야기 속에 끌려 들어와 있음을 깨닫게 된다. 그 다음 샘은 그 위대한 이야기들은 예전에 끝나버린 것이 아니라 자신들 속에서 계속되고 있지 않느냐고 프로도에게 묻는다. 그러자 프로도는 그렇다고 지혜롭게 대답한다. 그것이 다른 원정대 대원들에 관한 것일지라도 각각의 개별적인 인물에 관한 이야기들은 분명 그 자체로 끝난다. 하지만 각각의 이야기가 끝났을 때 누군가가 계속해서 이보다 훨씬 더 좋거나 아니면 훨씬 더 나쁜 방향으로 이 거대한 이야기를 계속 만들어 갈 것이라고 프로도는 덧붙인다. 이런 이야기를 듣고 나서 샘은, 우리 모두는 자신의 조그마한 이야기보다 더 무한정 거대할 정도로 큰 이야기 안에서 각자의 합당한 역할을 감당하고 있음에 주목해야 한다고 현명하게 결론을 내린다. "이미 완료된 위대한 이야기의 일부분에 자신의 이야기가 포함되어 있음을 미리 안다면 분명 그것은 굉장하겠지요. 뭐! 심지어는 골룸조차도 이야기 속에선 착한 인물이 될 수도 있을테고요"(2.322).

샘은 여기에서 참된 희망의 심층적인 깊이를 올바로 헤아리고 있다. 위대한 이야기들은 하나의 거대한 궁극적 이야기 속에 포함되어 있다는 점에서 그저 흥미나 자극하는 모험 이야기와는 전혀 다르다. 이 이야기는 악에 대항하여 영웅적으로 투쟁하는 자들에 관한 이야기일 뿐만 아니라, 골룸과 같은 악인들 역시 커다란 섭리 속에서 자신의 독특한 역할을 감당하고 있음을 직시하면서 이들을 자기 손으로 직접 처단하기를 주저하는 자들에 관한 이야기이다. 샘이 깨달은 바와 같이 이 거대한 이야기에서는 심지어는 악에 대해서조차도 그 합당하고도 놀라운 자리와 역할이 주어졌다. 왜냐하면 이 이야기는 잃어버린 실마릴의 보석에 대해서, 그리고 절대반지의 파괴에 관한 이야기이지만 그것이 전부가 아니기 때문이다. 이 이야기는 창조로부터 대파멸을 거쳐서, 이에 대한 반작용과 궁극적인 회복, 그리고 대단원의 완성으로 이어지는 거대한 이야기로서의 일루바타르의 전 우주에 관한 이야기를 담고 있기 때문이다. 그리고 원정대가 자신에게 주어진 임무를 완수하기 위해서는 모든 선한 딕목들 중에서 최고의 덕목을 필요로 한다. 믿음과 소망에 더하여 사랑이 바로 그것이다(갈 5:6).

3. 용서를 베푸는 사랑

믿음과 소망도 결국은 사라질 것이지만, 사랑만은 영원히 변치 않고 남아 있을 것이다. 천국에서는 하나님이 바로 옆에 계시며 그를 즉시로 알 수 있기 때문에 믿음이 필요하지 않다. 또 그곳에서는 그동안 갈망하고 기다려 온 모든 것들이 다 성취되기 때문에 더 이상의 희망도 필요하지 않을 것이다. 하지만 그곳에서도 여전히 사랑은 우리를 하나님과 다른 모든 이들을 서로 묶어줄 것이기에 영원토록 변함없이 남아 있을 것이다. 사랑은 하나님이 누구이시고 또 우리는 어떤 존재가 되어야 마땅한지를 규정짓는다. 신학적인 덕목들 중의 하나로서의 사랑은 인간에게 천부적으로 주어진 능력도 아니며, 인간이 얻으려고 노력해서 얻어질 의지의 산물도 아니다. 다만 자비는 참된 하나님의 본성을 구성하는 핵심적인 요소이며 그에게서 비롯되는 일종의 은사이고 인간을 향한 명령이다.

기독교인들과 유대인들은 사랑의 본질에 관한 이러한 견해에 근본적으로 모두 동의한다. 구약에 나타나는 하나님은 진노의 하나님이고 신약에서는 배타적으로 사랑의 하나님만이 계시되었다는 것은 성경적 견해가 아니다. 이와는 달리 그의 백성 이스라엘과 먼저 맺었으며 그의 아들 예수 그리스도를 통하여 새롭게 갱신된 단 하나의 하나님의 언약이 있을 뿐이다. 구약에서의 하나님의 말씀은 이스라엘 백성더러 하나님을 사랑함으로 그의 계명을 지킬 것을 강력하게 요청하고 있다. "이스라엘아 들으라 우리 하나님 여호와는 오직 하나인 여호와시니 너는 마음을 다하고 성품을 다하고 힘을 다하여 네 하나님 여호와를 사랑하라"(신 6:4-5). 예수께서도 크고 첫째되는 이 계명에 둘째 계명을 덧붙일 때, 이 둘째 계명을 구약의 레위기 19장 18절 "이웃 사랑하기를 네 몸과 같이 하라 나는 여호와니라"는 말씀에서 끌어왔다(마 22:38-39). 이런 구절에서 우리는 하나님의 성품의 본질이 바로 자비임을 알 수 있다.

> 여호와는 자비로우시며 은혜로우시며 노하기를 더디 하시며 인자하심이 풍부하시도다 항상 경책치 아니하시며 노를 영원히 품지 아니하시리로다 우리의 죄를 따라 처치하지 아니하시며 우리의 죄악을 따라 갚지 아니하셨으니 이는 하늘이 땅에서 높음 같이 그를 경외하는 자에게 그 인자하심이 크심이로다 동이 서에서 먼 것 같이 우리 죄과를 우리에게서 멀리 옮기셨으며 아비가 자식을 불쌍히 여김 같이 여호와께서 자기를 경외하는 자를 불쌍히 여기시나니 이는 저가 우리의 체질을 아시며 우리가 진토임을 기억하심이로다(시 103:8-14).

구약과 신약 모두에서 항상 하나님의 사랑의 중심에는 용서가 자리하고 있다. 그리고 이 용서는 인간을 향한 사랑의 원동력이기도 하다. 구약에서 하나님은 자신과 맺은 언약을 파기하는 부정한 백성들을 벌하지 않고 반복적으로 용서해 주신다. 호세아 선지자는 부정한 아내와 결혼하라고 명한 하나님께 불평하지만, 그 거룩하신 자는 계속해서 선지자더러 그의 창부 아내를 값을 주고 다시 사오라고까지 명한다. 이와 마찬가지로 이스라엘은 거짓된 신을 섬기면서 하나님에 대하여 마치 창부처럼 음란히 행하였다. 하지만 하나님은 부정한 그의 백성들과 이혼하는 것을 거절하셨다. "그 날에는 내가 저희를 위하여…… 언약을 세우며 또…… 저희로 평안히 눕게 하리라 내가 네게 장가들어 영원히 살되 의와 공변됨과 은총과 긍휼히 여김으로 네게 장가들며 진실함으로 네게 장가들리니 네가 여호와를 알리라" (호 2:18-19). 신약성경에서 사랑에 관한 가장 탁월한 명령은 원수를 용서하라고 제자들에게 명령하시는 예수님의 말씀에서 찾아볼 수 있다. "또 네 이웃을 사랑하고 네 원수를 미워하라 하였다는 것을 너희가 들었으나 나는 너희에게 이르노니 너희 원수를 사랑하며 너희를 핍박하는 자를 위하여 기도하라"(마 5:43-44). 이러한 사랑이 가능한 이유는 먼저 하나님께서 자신의 독생자를 죽이고 원수된 우리에게 용서와 자비를 베푸셨기 때문이다. "우리가 아직 죄인되었을 때에 그리스도께서 우리를 위하여 죽으심으로 하나님께서 우리에게 대한 자기의 사랑을 확증하셨느니라...... 곧 우리가 원수되었을 때에 그 아들의 죽으심으로 말미암아 하나님으로 더불어 화목되었도다"(롬 5:8, 10). 이런 이유로 하나님은 바로 "자비의 아버지"라고 불리우신다(고후 1:3).

『반지의 제왕』에서 찾아볼 수 있는 여러 덕목들 중에서 그 어떤 것도 자비의 경우처럼 기독교적인 색채가 분명하게 드러나는 경우는 흔치 않다. 자비를 베풀라는 요청은, 빌보가 사악한 골룸을 죽일 기회가 있었지만 그렇게 하지 않은 것에 대하여 프로도가 분노감을 표명한 직후, 간달프의 입을 통해서 가장 명백하게 울려 나온다. 프로도가 골룸에 대하여 분노할 만한 이유는 분명 있다. 빌보에게 절대반지가 들어 왔을 당시 골룸은 빌보가 반지를 끼고 도망치려는 것을 붙잡으려고 하였으며, 심지어는 빌보를 죽이려고까지 하였다. 골룸에게 기회가 왔더라면 분명 프로도의 아저씨를 죽이고 말았을 것은 의심의 여지가 없다. 이런 상황에서 프로도가 이해할 수 없는 것은 왜 빌보는 골룸에게 당연한 처벌을 가하지 않았는가 하는 것이다. 이 질문에 대해서 간달프는 『반지의 제왕』이라는 대서사시 전체를 떠받치고 있는 도덕적이고 종교적인 메시지의 핵심 하나를 해답으로 제시한다.

"빌보 아저씨는 기회가 있었을 텐데, 왜 그 나쁜 놈을 죽이지 않고 동정을 베풀어 살려 주었을까요?" 프로도가 물었다.

"동정이라고? 그래 빌보의 손을 막았던 것은 바로 동정심이었지. 필요 없이는 죽이지 않으려는 동정과 자비 말일세. 그리고 빌보는 벌써 그 보답을 받았다네. 프로도! 명심하게. 빌보가 그토록 그 반지의 주인은 자신이라고 주장했으면서도 결국은 악의 세력에게 큰 피해를 당하지 않고 도망칠 수 있었던 것도 결국은 그가 동정을 베풀었기 때문이네."

"죄송합니다만 저는 지금 너무 겁이 나서 골룸에겐 아무런 동정심도 느낄 수 없어요."

"자네는 그를 아직 보지 못했기 때문일세"

"그렇겠지요. 하지만 보고 싶지도 않습니다...... 어쨌든 그는 이제 오크만큼이나 사악한 존재가 되었고, 분명 적이 되지 않았어요? 그는 정말 죽어 마땅합니다"

"마땅하다고? 어쩌면 그럴지도 모르지. 살아 있는 많은 이들이 죽어 마땅하고 죽은 이들 중에도 마땅히 살아나야 할 이들이 있으니 말이야. 그러면 자네는 그들을 되살릴 수 있는가? 그렇지 않다면 그렇게 죽음의 심판을 쉽게 내려서는 안 되네. 심지어는 마법사라도 만물의 종말을 모두 알 수는 없거든. 골룸이 죽기 전에 개심을 할 가능성이 높지는 않겠지만 그렇다고 아주 없다고도 할 수 없는 거야. 그도 이제는 반지의 운명에 묶이게 되었거든. 내 생각에는 그가 좋은 쪽이든 나쁜 쪽이든 이 일이 끝나기 전에 어떤 중요한 역할을 할 것 같은 예감이 드네. 그래서 골룸을 살려준 빌보의 동정심이 결국은 많은 이들의 목숨을 구할지도 모른단 말일세. 어쩌면 자네의 목숨까지도 말이야"(1.68-69).

"빌보의 동정심이 많은 이들의 목숨을 구할지도 모른다"는 선언은 『반지의 제왕』 전편에서 계속적으로 반복되어 울리는 유일한 구절이다. 이는 참으로 톨킨의 대서사시 전편에 흐르는 중심사상이며, 그로부터 들을 수 있는 핵심적인 기독교적 메시지이기도 하다. 빌보가 오래 전에 살려두었던 골룸이 실제로 반지를 파괴하는 역할을 감당한다는 측면에서 볼 때 간달프의 이러한 예언은 문자적인 의미에서 볼 때 사실이다. 그런데 마법사 간달프의 예언은 영적인 의미에서 볼 때에도 사실이다. 왜냐하면 이 말에서 간달프는 자비에 관한 기독교적인 개념의 근간을 제시하고 있기 때문이다. 누구 못지않은 죄를 범한 피조물인 골룸은 응분의 고통을 받아 마땅하다. 그는 창세기의 카인처럼 절대반지를 얻으려고 자기 사촌과 친구를 살해하였다. 그런데 절대반지 덕분에 골룸의 수명은 5백년 이상 늘어났고, 끊임없이 물고기에 탐닉하게 되었지만, 결국 그의 인생은 참으로 비참하게 일그러지고 말았다. 간달프가 프로도에게 상기시킨 바와 같이 악을 범한 자는 누가 처단하지 않더라도 그 자체로 가장 비참한 고통을 안겨다 주는 법이다.

동정을 베풀라는 간달프의 주장에는 좀 더 중요한 이유가 있다. 골룸을 처단해야 한다는 프로도의 주장에 대해 간달프는 골룸의 비참한 상태를 치유할 수 있는 한 가지 해결책으로서 자비라는 심원한 해답을 제시한다. 간달프의 답변은 만일에 처벌받아 마땅한 자들이 모두가 죽어야 한다면, 살아남을 수 있는 사람은 하나도 없으리라는 것이다. 그는 또 덧붙이기를 마땅히 살아나야 할 많은 이들이 죽었는데 그렇다면 누가 이들을 되살릴 수 있단 말인가? 자신의 수사적인 질문에 간달프는 직접 해답을 제시한다. 아무도 없다는 것이다. 계속해서 그는 프로도에게, 남을 판단하고 죽음의 심판을 내림에 있어서 지나칠 정도로 조심하라고 경고한다. 간달프는 여기에서 문자적인 죽음의 심판에 관하여 말하고 있지만, 같은 심판이 동반되는 멸시와 경멸, 배척과 같은 또 다른 종류의 죽음도 생각해 봄직하다. 간달프가 보기에 프로도는, 모든 죄악들 중에서 가장 미묘하면서도 치명적인 죄인 스스로를 의롭다고 여기는 자기의의 죄를 범하려고 하고 있다. "비판을 받지 아니하려거든 비판하지 말라 너희의 비판하는 그 비판으로 너희가 비판을 받을 것이요 너희의 헤아리는 그 헤아림으로 너희가 헤아림을 받을 것이니라"(마 7:1-2).

만일에 당연히 받아야 할 처벌에서 골룸이 피한다는 것으로 그를 판단하는 것이라면, 프로도 자신에게 어떤 은혜가 베풀어졌을 때 그는 이를 자신의 공로로 착각하는 위험에 빠질 수 있다. 하지만 톨킨이 강조하려는 바는 호빗족이든 인간이든 그 누구라도 공로 하나로만 살아남을 수 있는 자는 아무도 없다는 사실이다. 골룸 역시 죽어 마땅하지만 그는 또 다른 죄인들과 마찬가지인 동료이며 잠깐 있다 사라질 세상을 함께 사는 동반자이기 때문에 처형되어서는 안 된다. 그러면서 간달프는 덧붙이기를, 골룸이 회심하여 질서 잡힌 세상으로 돌아올 가능성이 많지 않지만, 전혀 없다고 단정해서도 안 된다는 것이다. 골룸에게서 그러한 희망을 포기하는 것은 자기 자신에 대한 희망을 포기하는 것과 같다고 간달프는 결론을 내린다.

그런데 간달프의 입을 통해서 톨킨은 자비보다는 동정을 더 높이 사고 있는 것으로 독자들이 오해할 소지가 있다. 오늘날의 세계에서 동정은 우월한 지위에 있는 자가 열등한 자리에 있는 자를 위해서 선행을 베풀 때 이를 겸비하게 수락하는 비굴함을 은연중에 암시한다. 하지만 언어학자였던 톨킨은 동정(pity)은 신의 자비를 뜻하는 라틴어의 피에타스(*pietas*)에서 유래된 것임을 잘 알고 있었다. 그래서 동정(pity)은 동정받는 자를 깔보는 것과는 전혀 거리가 멀고 이를 베푸는 자와 수락하는 자 사이의 근본적인 유대감을 강하게 맺어준다. 피에타스의 맥락에 있는 동정은 책임과 의무, 헌신, 친절, 온화, 그리고 심지어는 충성까지도 동반한다. 그래서 간달프는 프로도에게 빌보와 같은 동정을 골룸에게 베풀라고 권면하면서, 은혜를 수락해야 한다는 근본적인 면에서는 그 비열한 피조물과 자신이 유사하다는 점을 인정하라고 한다.

동정에 관한 간달프의 이러한 견해는 톨킨의 작품을 다른 영감어린 영웅적 이야기들과 확연히 구분시키는 또 다른 중요한 근거이기도 하다. 대부분의 고대 이교적인 문화권에서는 오늘날의 후대 문명과 비슷하게, 동정은 그렇게 권장할 만한 덕목이 아니었다. 예를 들어서 그리스 문화권에서 동정은, 자신을 위해서는 거의 또는 전혀 아무것도 할 수 없는 무력하고 그래서 불쌍한 자들에게만 선별적으로 베풀어졌다. 아리스토텔레스가, 비극적인 드라마의 기능은 두려움과 동정심을 유발하는 것이라고 할 때, 그는 여기에서 오이디푸스와 같은 인물의 비극적인 운명에 관하여 언급하고 있다. 이런 드라마를 보면서 우리는 오이디푸스의 운명이 혹시 나의 운명은 아닐까 하는 두려움을 느끼게 되고, 더 나아가서 그의 인생에 찾아온 불공평한 운명과 불가항력적인 상황 때문에 그를 동정하게 된다. 하지만 여기에서도 동정은 부정한 자나 받을 만한 자격이 없는 자에게는 결코 베풀어지지 않는다. 왜냐하면 그러한 불필요한 동정은 이를 받음직하게 하는 공의를 부인하는 셈이 되기 때문이다. 이렇게 자격에 합당치 않게 베풀어지는 자비는, 물론 성경적인 믿음의 핵심부를 차지하고 있지만, 그 밖에서 볼 때에는 공의를 무너뜨리는 사악한 것처럼 보인다.

    고대 북유럽의 전쟁 영웅에 관한 이야기에 의하면 적군에게 용서를 베푸는 행위는 전혀 생각조차도 할 수 없는 일이었다. 그렇게 되면 분명 패배할 수밖에 없기 때문이다. 하지만 그리스도인이었던 톨킨에게 있어서 자비와 동정으로 이해되는 사랑은 그의 작품세계에서 핵심을 차지하고 있다. "또 네 이웃을 사랑하고 네 원수를 미워하라 하였다는 것을 너희가 들었으나 나는 너희에게 이르노니 너희 원수를 사랑하며 너희를 핍박하는 자를 위하여 기도하라…… 너희가 너희를 사랑하는 자를 사랑하면 무슨 상이 있으리요 세리도 이 같이 아니하느냐(마 5:43-44, 46). 여기에서 우리는 자신의 내면 깊숙한 곳에 있는 관심사를 함께 공유하는 친구에 대한 사랑으로서의 필리아(philia)와 자신과는 전혀 다를 뿐만 아니라, 베푼 친절에 보답도 할 수 없고 비난받아 마땅한 자에 대한 사랑으로서의 아가페(agape) 사이가 예리하게 구분되는 것을 볼 수 있다. 우리는 자신과 같은 관심사와 확신을 공유한 자와 친구로 사귈 수 있지만, 신뢰하지 못하는 자나 심지어는 적군에게도 동정을 베풀어야 한다는 것이다.

이것이 바로 헬름 협곡의 전투가 끝난 다음 간달프가 사루만에게 베풀었던 동정이기도 하다. 이미 살펴본 바와 같이, 이 때 사루만은 가장 심하게 깔보는 투로 간달프의 동정을 거부하였다. 간달프로부터 가장 핵심적인 가르침을 드디어 터득한 프로도 역시 절대반지가 파괴되고 사루만과 그 일당들이 침입해서 더럽혀진 샤이어 땅을 정돈한 다음에 사루만에게 마지막에 용서를 베풀었다. 마지막에 가서 사루만이 붙잡히자 모두들 그를 죽여야 한다고 소리 질렀다. 그런데도 사루만은 자신을 붙잡은 자들을 조롱함으로써 스스로 죽음을 재촉하였다. 하지만 프로도는 그에게 아무 해도 입히지 않았다. "나는 그를 죽이지 않겠습니다. 원한을 원한으로 갚는 것은 아무런 소용도 없고, 또 아무것도 치유하지 않습니다"(3.298). 그런데 사루만은 그러한 자비를 기꺼이 받아들이지 않고 오히려 프로도를 칼로 찔러 죽이려고 하였다. 그러자 반격에 나선 샘이 사루만에게 마지막 죽음의 일격을 가하려는 순간에 프로도는 또 다시 그 악당을 처벌하는 것을 거부하였다. 만일 사루만이 그러한 분노 가운데 죽임을 당하게 된다면 마법사로서의 그의 생명은 공허 속으로 사라지거나 심지어는 더욱 악해질 것을 알고서 프로도는 그에게 죽음의 판결을 내리려고 하지 않았다.

"안돼 샘! 지금이라도 그를 죽여서는 안돼! 그는 날 해치지는 못했잖아. 난 어떤 경우에라도 그가 이렇게 죽는 것은 바라지 않아. 그는 한 때 위대한 자였고, 우리가 감히 손을 들어 내리칠 수 없는 고귀한 혈통을 가졌었어. 그는 타락해 버렸고, 이제 그를 치유할 수 있는 것은 우리의 능력 밖의 일이야. 하지만 그는 그 방법을 찾을 수도 있으니 그를 그냥 보내 주는 것이 좋겠어"(3.299).

이어서 『반지의 제왕』 전체 이야기에서 가장 심오한 장면들 중의 하나가 이어진다. 사루만은 두 번째로 다시 베풀어지는 자비를 받아들이지 않고 오히려 이에 대하여 격노한다. 왜냐하면 자기에게 자비를 베풂으로써 프로도는 사악한 마법사가 존재해야 하는 근본적인 이유 자체를 제거하려 한다는 것을 사루만은 잘 알기 때문이다. 프로도가 베푸는 용서는 사루만에게서 자기 내면에서 들끓는 격정과 스스로를 의롭다 여기는 분노를 깡그리 없애는 것이다. 이 점을 잘 알고서 분노에 휩싸인 사루만은 프로도가 베푸는 동정에 대하여 표독스럽게 맞받아친다. "꼬마 녀석! 많이 자랐군. 그래 대단히 많이 자랐어. 이제 현명해지고 또 잔인해졌군. 너는 내 복수의 달콤함을 빼앗아 갔고 거기에 자비의 빚까지 보태주니 나는 이제 쓰라림만 안고 가는 수밖에 없겠군"(3.299).

분노는 영혼과 의지를 마비시키고 못쓰게 만들지만, 동정은 그것을 받아들이는 자를 자유롭게 한다. 톨킨은 『반지의 제왕』을 통해서 자비는 이를 받아들이는 자에게서 깊은 회개를 이끌어낼 수 있다는 점을 보여준다. 이 점은 특히 아라곤이 모르도르의 암흑의 문을 공격하라고 명령을 내리는 대목에서 특히 분명하게 드러난다. 당시 아라곤은 자신의 군사들이 사우론의 사악한 무리들에 대항할 힘이 없음을 잘 알고 있었다. "그곳은 너무나도 황량하고 그곳에 깔려 있는 공포의 대기는 너무나도 강력해서 일부 병사들은 용기를 잃고 더 이상 북쪽으로 향해 걷지도, 또 말을 몰지도 못했다." 아라곤은, "무시무시한 악몽과도 같은 현실"에 직면한 사람들처럼 두려움으로 가득 차서 전투에 임해야 하는 병사들에 대하여 분노하기보다는 연민의 정이 느껴졌다. 그래서 그는 두려움에 떠는 병사들에게 사우론과의 전쟁을 도울 수 있는 또 다른 임무를 찾아서 명예와 품위를 지켜서 뛰지는 말고 걸어서 되돌아가라고 권면했다. 그런데 아라곤이 베푼 자비가 강력한 효과를 가져왔다. 어떤 병사들은 이를 통해서 두려움을 극복할 수 있었고, 전쟁에 기꺼이 가담할 수 있도록 해 주었다. 또 다른 병사들도 아라곤의 관대한 모습에서 희망을 발견하였으며, "그들에게도 나름대로의 호탕한 기량이 있다"는 자신감을 얻었다(3.162). 그래서 이들은 부끄러움보다는 평화롭게 후방으로 떠나갔다. 이러한 모습은 사루만이 가장 신랄하게 거부하는 자비이다. 왜냐하면 이를 받아들이면 그는 그간의 소심한 증오감과 달콤한 복수를 모두 버리고, 타인에 대한 봉사와 덕스러운 삶으로 자신을 끌어들일 것이기 때문이다.

『반지의 제왕』에서 용서에 관한 가장 애절한 장면은 보로미르의 죽음에서 찾아볼 수 있다. 그는 프로도에게서 절대반지를 빼앗으려고 해서 원정대의 결속을 깬 까닭에 마치 유다와 비슷해 보인다. 이 때 프로도는 오크나 반지악령들 심지어는 사루만에게서가 아니라 원정대의 일원이자 친구인 보로미르에게서 벗어나고자 절대반지를 손에 끼고 말았다. 곧 이어서 보로미르는 자신이 범한 일에 대해서 전율하면서 이에 대하여 후회하였다. "내가 무엇을 했지? 프로도! 프로도! 돌아와 줘! 내가 귀신에 홀린 모양이야. 돌아와!"(1.416) 이 때 프로도는 이미 도망치고 말았기에 그의 후회는 너무 늦었다. 하지만 보로미르가 구원을 받기에 아주 늦은 것은 아니었다. 오크들에 의해서 장렬히 죽임당할 때까지 싸움으로서 보로미르는 자신의 죄에 대하여 쓸쓸하고도 아름답게 고백하였다.

아라곤과 레골라스, 그리고 김리가 드디어 보로미르의 절망적인 뿔나팔 소리를 듣고서 그에게로 돌아왔지만 그들이 발견한 것이라고는 죽어가고 있는 그의 모습뿐이었다. 보로미르는 죽기까지 싸운 자신의 용맹을 자랑하지도 않았으며, 아라곤 역시 그의 순간적인 욕심을 비난하지도 않았다. 보로미르는 아라곤의 관대한 마음씨를 헤아리면서, 죄를 회개하는 자신의 마지막 고백을 들어줄 제사장이기라도 하듯이 그에게 자신의 실수를 고백하였다. "나는 프로도에게서 반지를 빼앗으려고 했소. 미안합니다. 나는 죄값을 치른 것입니다"(2.16). 여기에서 보로미르는 말 그대로 반지를 빼앗으려는 끔찍한 죄를 범했기에 그에 대한 대가를 치렀다는 뜻이 아니다. 그가 의미하는 바는 프로도와의 신의를 파기한 것에 대한 끔찍한 값을 치렀다는 것이다. 그리고 마지막 숨을 거두면서 보로미르는 자신은 실패했다고 고백한다.

하지만 아라곤은 보로미르를 그러한 슬픔 속에서 떠나보낼 수 없었다. 비록 그의 용맹과 아울러 거만한 확신 때문에 일이 벌어지긴 했으나, 아라곤은 자신의 모든 삶이 결국은 순간적인 광기로 깡그리 무너지고 말았다는 확신 속에서 죽게 할 수는 없었다. 그래서 아라곤은 프로도와 원정대를 배신한 끔찍한 실수를 지적하지 않고, 오히려 죽기까지 악에 대항하여 싸우면서 쟁취한 그의 진정한 참회를 강조하면서 죽어가는 영웅 보로미르를 용서해 주었다. 그리고는 그의 손을 힘주어 잡고 이마에 입을 맞추면서 말했다. "아니오! 당신은 이긴 거요. 아직까지 당신만큼 용감하게 싸워 승리를 거둔 자는 거의 없었소. 마음을 편히 가지시오"(2.16). 보로미르의 마지막 얼굴에 미소가 떠올랐기에, 우리는 그가 아라곤의 용서를 받아들였음을 알 수 있다. 삶과 죽음 모두에서 보로미르가 거둔 고귀함을 확증하기 위하여, 아라곤과 동료들은 시신을 보트 위에 누이고서는 바다로 떠나보내는 경건한 장례의식을 거행한다. 한편 이로부터 멀리 떨어진 곳 같은 시각에 파라미르는 그의 형이 바다로 수장되는 것과 궁극적인 운명에 관한 신비로운 광경을 목격하게 된다. 그래서 파라미르는 보로미르가 그의 모든 헛된 노력에도 불구하고 은혜로운 상태에서 종말을 맞이했다는 것을 잘 안다. "그가 실수를 했든 하지 않았든 난 이 점을 확신하오. 그는 어떤 좋은 것을 성취하려다가 장렬하게 죽었다는 것을 말이오. 그의 얼굴은 심지어 생전보다 훨씬 아름다웠으니까"(2.278).

"그런즉 믿음, 소망, 사랑, 이 세 가지는 항상 있을 것인데, 그 중에 제일은 사랑이라"(고전 13:13). 사도 바울은 여기에서 인간 스스로의 힘으로 만들어 낼 수 있고 그 자체로 목적을 지닌 인간의 사랑에 관한 찬가를 부르고 있는 것이 결코 아니다. 마찬가지로 톨킨도 고대의 영웅에 관한 이야기에서나 또는 오늘날의 무자비한 경쟁중심의 세계에서도 전혀 찾아보기 어렵고, 동정과 용서를 통해서 드러나는 초월적이며 심지어는 신성하기까지 한 참된 사랑의 가치를 극적으로 묘사하고 있다. 그래서 "빌보의 동정심이 많은 이들의 목숨을 구할지도 모른다"는 선언은 가운데 땅에서만 의미 있는 모토가 아니라 우리 자신의 변화의 관건이기도 하다.

The Lord Of The Rings

Consummation: When Middle-earth Shall Be Unmarred

제5장 완결:가운데 땅은 언제 복구될 것인가?

Consummation: When Middle-earth Shall Be Unmarred
완결: 가운데 땅은 언제 복구될 것인가?

5

『반지의 제왕』 결론부에 도달해서도 여전히 잘 해결되지 않은 난제들 중의 하나가 바로 독자는 어떻게 압도적인 슬픔을 극복할 것인가 하는 문제이다. 원정대가 해체되는 것도 이미 슬픈데 여기에 한 술 더 떠서 프로도와 간달프가 회색항구로 떠남으로 슬픔은 더욱 가중된다. 원정대와 함께 임무를 완수한 결과로 충분한 기쁨을 만끽했음에도 불구하고, 프로도 역시 절대반지를 나르는 와중에 겪은 정신적인 고통으로 지치고 많이 쇠약해졌다. 그리고 간달프 역시 원정대 일원들에게 엄청난 지혜를 제공하고 잘 안내해 주었고 또 요정들과 마법사들의 제3시대도 막을 내리기 때문에 이제 동료들 곁을 떠나가야만 한다. 이렇게 해서 이야기가 다 끝나가지만 독자들은 이 이야기가 계속되기를 원한다. 이런 상황에서 감지네 샘이 도덕적으로 엄청나게 성장하게 되었으며 그가 호빗골의 시

장이 될 거라는 프로도의 예언에서 우리는 크게 위안을 얻게 된다. 하지만 가운데 땅의 장기적인 전망에 대해서는 그렇게 즐거워할 이유가 별로 없다. 다만 이따금씩 듣게 되는 "세상이 바뀔 때"라는 구절에서 독자들은 희미한 소망을 가져볼 뿐 그 이상의 어떤 기독교적인 소망은 찾아보기 어렵다.

그러면 가운데 땅의 역사는 왜 마지막 파멸과 죽음을 향하여 끝없는 나선을 그리며 절망적으로 아래쪽으로 빠져 들어가지 않는가? 만일에 마지막에 아르다(톨킨이 묘사하는 삼라만상의 세계)가 발리노르(불사의 땅)와 함께 파괴된다면 왜 이런 소식은 우리에게 파국적인 절망감을 더 이상 안겨다주지 않는가? 그리고 인간들의 제4시대는 왜 고대나 현대의 이교사상에서 찾아볼 수 있듯이 혼돈과 불합리가 결국은 승리를 거둔다는 식의 황량한 미래를 더 이상 약속하고 있지 않는가? 가운데 땅의 자유민들 중에서 우리 인간 종족은 그래도 악과의 전투에서 잘 싸웠다. 그럼에도 불구하고 멜코르의 속임수는 인간에게는 참으로 치명적인 것으로 판가름났으며, 그의 속임수는 여러 유혹들과 아울러 특히 죽음에 대한 두려움을 안겨다 주는 면에서 더 더욱 치명적이다. 가운데 땅에 사는 인간의 미래에 관한 이러한 절망적인 예언을 듣고서, 우리는 왜 톨킨을 가리켜서 인간을 근본적으로 멸시하며 불쾌한 염세주의를 내뿜고 있는 작가라고 비난하지 않는가?

이런 질문에 대한 해답은 크리스토퍼 톨킨이 "매우 주목할 만하고 지금까지 알려지지 않은 사건"이라고 부르는 "핀노드와 안드레스에 관한 논쟁"에서 찾아볼 수 있다(MR, 303). 1950년대 후반에 쓰인 이 이야기에는 일루바타르가 결국 가운데 땅의 역사 속으로 들어온다는 놀랄 만한 예언이 실려 있다. 이러한 성육신에 관한 내용은 참으로 바람직한 것으로 톨킨이 작품세계 속에서 꿈꿨던 가공의 세계를 기독교적인 계시와 아주 명백한 방식으로 서로 연결시켜주는 연결고리이기도 하다. 이 내용은 또한 『반지의 제왕』 마지막 부분에서 서서히 움트는 인간의 시대를 향하여 품고 있는 톨킨의 희망을 반영하기도 한다. 그리고 앞에서 충분히 살펴본 바와 같이 가운데 땅에 사는 호빗족들과 인간들을 향한 소망은 그 자체가 실제로 우리 인간에 관한 소망이기도 하다.

동굴의 영주 핀노드와 안드레스 사이에 벌어진 논쟁을 추적함으로써 우리는 톨킨이 죽음을 어떻게 생각했었는지를 엿볼 수 있다. 핀노드는 놀도르의 요정들 중에서 가장 지혜로운 자이며, 안드레스 역시 인간들의 이야기와 역사, 지혜에 깊이 물들은 여인이다. 이들은 죽음의 본질과 아울러 죽음 너머에는 무엇이 놓여 있는지에 관하여 논쟁하였다. 요정들의 입장을 대변하는 핀노드는, 죽음이라는 것은 일루바타르가 인간에게 준 아주 독특한 선물인 까닭에 인간은 짧은 수명을 가지고 있다고 주장한다.

부분적으로는 톨킨 역시 이 견해를 지지하고 있다고 간주할 만한 이유가 있다. 앞에서 계속 살펴본 바와 같이, 죽음은 타락한 인간을 향한 온전한 축복으로 인간에게 찾아왔다. 타락한 인간이 영원토록 살게 되면 교만이나 절망 속에서 그 생명은 영원토록 지속되는 고난을 겪을 수밖에 없을 것이다. 그래서 요정의 관점에서 볼 때 죽음은 인간과 호빗족들의 자연적인 귀결이며, 일루바타르의 뜻에 반항하지 않는다면 죽음은 결코 공포가 아닐 것이다. 핀노르는 주장하기를 "죽음은 멜코르가 변질시킨 그 어떤 것에 대해서 우리가 두렵게 부르는 이름에 불과하며, 그래서 악한 것처럼 보이지만, 변질되지 않았더라면 그것은 원래 좋았을 것"이라고 한다(MR, 310).

하지만 안드레스는 핀노드의 견해에 단호하게 반박한다. 그녀는 주장하기를 죽음이라는 것은 원래 인간의 본성에 속한 것이 아니기 때문에, 인간은 처음부터 죽을 운명을 안고서 태어난 것이 아니라고 한다. 안드레스는 계속해서 주장하기를 "암흑의 군주가 행사하는 악의 때문에 인간의 수명이 짧아졌다"고 한다(MR, 309). 그녀가 보기에 죽음은 인간이 정말로 거부하고픈 진짜 적군이기에, 죽음을 두려워하는 것이다. 또 요정은 예외적인 경우를 제외하고는 죽음을 경험하지 않는 종족이기에 죽음 속에 깃들어 있는 악을 이해할 수 없다는 것이다. "당신에게 있어서 죽음은 그저 잠시 동안 고통스럽거나 상실감을 안겨다 주는 것에 불과합니다...... 왜냐하면 죽는 순간에라도 당신과 같은 요정은 세상을 떠나지 않고 다시 발리노르(불사의 땅)에서 부활한다는 것을 알기 때문이죠"(MR, 311). 하지만 인간에게 있어서 죽음은 은밀히 숨어서 사냥감을 노리는 사냥꾼처럼 인간을 갑자기 낚아채 버린다. 그리고 잘 아는 바와 같이 가운데 땅에서 죽음 저편 너머에는 망각 이외에 아무것도 없다.

> 날쌔고 용맹스럽고 지혜로운 자이든 아니면 어리석은 인간이든, 악인이거나 아니면 살아 있는 동안 내내 정의롭고 자비로운 행동을 일삼는 인간이든, 그 누구라도 세상을 사랑해야 합니다. 그렇지 않으면 세상은 참으로 혐오스러운 것입니다. 곧 죽어서 세상을 떠날 때문, 인간은 감추고 싶거나 태워 없애버리고 싶은 불결한 오물이 되고 말 것입니다(MR, 311).

원래 인간은 죽기 위하여 만들어진 것이 아니라 "종국에 가더라도 그 어떤 그림자도 찾아볼 수 없이, 생명을 영구히 지속시킬 운명을 안고 태어났다"고 안드레스가 자신의 입장을 제시하면서 이 논쟁은 결정적인 국면에 다다른다. 그런데 이러한 주목할 만한 주장에 대해서 핀노드는 별로 놀라지 않는다. 대신에 핀노드는 고백하기를, 요정들은 종종 인간들의 이상한 특성을 발견하곤 한다는 것이다. 요정들은 이 세상에 대해 고향과 같은 마음 편한 느낌을 갖지만, 인간은 그렇지 않다는 것이다. 인간은 멀리 떠나와서 낯설게 되었지만 여전히 돌아가려고 하는 다른 세상과 다른 삶에 관한 아련한 기억을 가지고 있는 것 같다는 것이다. "인간들은 어떤 하나의 사물도 그 자체로 보는 법이 없는 것 같습니다. 어떤 것에 대해서 연구를 하더라도 여기에서 다른 것을 발견하기 때문인 모양입니다. 또 어떤 것을 사랑하더라도 이것이 좀 더 사랑할 만한 다른 것을 상기시키기 때문에 그리하는 것 같습니다"(MR, 316).

논쟁이 여기에 달할 무렵 핀노드와 안드레스는, 인간은 영원한 세상에서 이 세상 속으로 태어났기 때문에 이생의 너머에 있는 영원한 생명에 관한 깊은 갈망을 가지고 있다는 플라톤의 표준적인 견해에 동의하게 된다. 이 유한한 생명의 그림자 너머에는 참된 생명이 놓여 있다는 것이다. 이 견해에 따르면 인간은 이생 너머의 또 다른 영역으로부터 넘어왔기 때문에 죽음을 통해서나 아니면 유한한 존재 그 안에서 일종의 영생의 비결을 발견함으로써 그 세상으로 다시 돌아가려고 한다는 것이다. 플라톤으로부터 시작하여 중세의 철학자들 다수를 거쳐서 워즈워드와 C. S. 루이스에 이르기까지 불멸에 관한 이러한 견해는 기독교인들이나 비기독교인들을 막론하고 많은 사람들에게 막대한 영향력을 행사하였다.

그런데 정확하게 바로 이 지점에서부터 안드레스의 논지는 플라톤과는 전혀 다른 논지를 취하기 시작한다. 그녀의 계속되는 주장에 따르면, 인간은 마음이나 영혼을 담고 있는 육신은 아니라고 한다. 영혼 역시 마치 기계 속에 귀신이 깃들어 있기라도 하듯이 그렇게 몸 속에 갇혀 있는 것이 아니라고 한다. 왜냐하면 만일에 그렇다고 한다면, 죽음은 불멸을 얻으려는 인간으로 하여금 유한한 존재를 기꺼이 벗어 내던질 수 있도록 해 주는 방편이 되기 때문에 그렇게 두려워할 필요도 없다는 것이다. 하지만 이와는 달리 우리의 몸은 영혼이나 마음을 담는 그릇에 불과한 정도가 아니라 마음과 영혼에 필수불가결한 것이다. 몸과 영혼에 관한 좀 더 적절한 유비를 위해서 안드레스는 마음과 영혼을 거주민에 비유하고 몸은 그 거주민이 사는 집에 비유한다. 여기에서 서로는 서로에게 필수적인 존재이다. 거주자가 짓고 사는 집은 거주자가 없이는 아무런 존재의 목적이나 이유도 없다. 마찬가지로 거주자 역시 자신이 거하는 장소로부터 분리되어서는 결코 살 수 없다는 것이다. 계속해서 안드레스는 덧붙이기를, 죽음으로 몸과 영혼이 분리되는 것은 치명적인 사건으로서 결코 일루바타르에 의해서 야기된 것이 아니라 멜코르 때문에 일어난 참상이라는 것이다. 인간의 몸과 영혼은 원래 생명과 조화 속에서 영원히 결합되어 있도록 만들어졌다는 것이다.

> 왜냐하면 만일에 죽음 이후에 몸이 없어지는 것이 자연스러운 것이라면, 그리고 영혼은 계속 살아남는 것이 정상이라면 인간은 살아 있는 동안에라도 부조화를 경험할 수밖에 없고, 몸과 영혼은 결코 사랑으로 결합되지 않을 것입니다. 기껏해야 인간의 몸은 방해거리나 될 뿐이고, 영혼을 가두는 감옥이지 결코 은사라고 할 수 없겠지요.
> ...... 하지만 제가 생각하기로 우리는 당신네 요정들처럼 육신으로 이 땅에 태어났고, 영혼만이 홀로 살지 못하고, 주택과 그 속에 사는 주민 사이의 긴밀한 관계처럼 온전한 화합 속에서만이 살아갈 수 있습니다. 따라서 몸과 영혼을 나누는 죽음이라는 것은 양쪽 모두에게 재앙이나 마찬가지입니다(MR, 317).

이러한 논지로부터 우리는 톨킨이 성경적 입장과 아울러 기독교적인 전통 모두를 충실하게 지지하는 모습을 발견할 수 있다. 창세기 2장의 창조기사는 몸과 영혼이 불가분의 관계에 있는 인간의 모습을 극명하게 보여준다. 하지만 아담과 하와가 금단의 열매를 먹자, 하나님의 선한 피조계 안으로 죽음이 부자연스럽게 침입하는 결과가 초래된다. 그래서 신약성경에서도 죽음을 가리켜서 분명히 "맨 나중에 멸망 받을 원수"라고 지칭한다(고전 15:26). 몸의 부활에 관한 기독교적인 교리 역시 인간에게는 몸과 별개로 존재하는 영혼은 없다는 안드레스의 주장을 지지해 준다. 궁극적으로 볼 때 인간에게서는 몸과 영혼이 서로 분리될 수 없다. 그리고 몸과 영혼의 그 어떤 것도 다른 것을 학대하도록 만들어지지 않았고 오히려 기쁨과 평강으로 서로가 결합되도록 만들어졌다.

앞에서 언급된 바와 같이 요정들이 인간에게서 종종 발견하는 열망이라는 것은, 이 세상 이외의 다른 세상을 향한 열망에 불과한 것은 결코 아니다. 이 열망은 근본적으로 인간이 일루바타르의 뜻에 거역함으로써 잃어버린, 몸과 영혼 사이의 결합과 조화로 되돌아가려는 열망이다. 멜코르는 조화롭게 결합된 인간의 몸과 영혼을 서로 분리시키는 수단으로서 이 세상에 죽음을 가져왔다. 이것이 바로 "손상된 아르다"라고 불리는 진짜 참상이다(MR, 318).

여기에서 핀노드와 안드레스는, 아마도 거의 대부분의 톨킨의 독자들을 괴롭혀온 수수께끼에 대한 해답을 발견하게 된다. 그 수수께끼는, 왜 인간의 시대는 요정과 마법사들의 영광스러운 시대에 비하여 분명하게 후퇴하지 않는가 하는 것이다. 이에 대한 해답은, 마법사나 요정들과는 달리 인간은 멜코르가 초래한 죽음의 저주를 치유하기 위하여 일루바타르에 의하여 창조되었기 때문이다. 안드레스의 주장에 따르면, 인간의 원래 임무는 에루(창조자 일루바타르의 또 다른 이름)의 영광을 드러내는 대리인으로서 음악을 관장하는 것이며 이는 원래 일루바타르가 발라들에게 준 세상에 대한 환상보다 능가한 것이라고 한다(MR, 318).

일루바타르가 창조한 피조물들 중에서 오직 인간만이 영혼을 가지고 있으며, 오직 인간의 영혼만이 사실상 몸을 신성하게 할 수 있으며, 그렇게 해서 영원히 죽지 않는 생명을 유지할 수 있기 때문에, 멜코르가 죽음으로 나눈 것을 다시 결합시킬 수 있다. 아퀴나스가 언급한 바와 같이, 인간의 영혼은 그 몸에게 올바른 형태와 아울러 진정한 존재의 이유와 목적까지도 부여한다. 그래서 올바른 영혼을 가진 인간은 인간과 요정 모두를 괴롭히는, 몸과 영혼의 잃어버린 조화를 다시금 회복할 수 있다.

> 영혼이 저 세상으로 떠나갈 때 육체도 함께 데리고 갑니다. 만일 영혼에게 불멸의 배우자나 동반자와도 같은 육체를 영원한 세계로 끌어 올리는 능력이 없다면, 그 혼자만으로 무슨 소용이 있을까요? 영혼과 육체가 결합함으로써 비로소 아르다(창조계) 전체나 그 일부에서라도 멜코르의 타락으로 말미암은 오점이 씻겨지게 되는 것이죠(MR, 318).

안드레스는 드디어 자신의 주장의 결론에 도달하게 된다. 만일 인간이 손상된 세상을 치유할 목적으로 원래 창조된 것이라면, 그리고 이렇게 아르다가 회복됨으로 말미암아 몸의 기력이 점차로 쇠하여 종국에 가서는 파멸하고야 말 요정들조차도 구원받게 될 것이라면, 인간이 영원한 죽음이라고도 불리는 멜코르의 저주를 극복하고서 얻을 수 있는 것이 도대체 무엇이란 말인가? 이 질문에 안드레스는 고대로부터 인간들이 간직해 온 "오래된 희망"이라는 단 하나의 간단한 답변을 제시한다. 그 희망은 우주적인 드라마의 저자(조물주, the Author)인 일루바타르가 그 드라마 안의 실제 주인공이 되어야 하며, 일루바타르 자신이 지상의 생명을 취해야 한다는 것이다. "사람들은 말하기를 바로 그 분 자신이 아르다(피조계) 속으로 들어올 것이며, 인간을 포함하여 창조 이래로 손상된 모든 것들을 전부 치유하리라고 합니다"(MR, 321).

가운데 땅으로 하나님이 성육신한다는 이러한 톨킨의 예언은 전적으로 기독교적인 것이다. 이스라엘과 그리스도안에서 나타났던 새로운 생명은 아담과 하와가 잃어버렸던 오래된 생명과는 비교할 수 없을 정도로 위대한 것과 마찬가지로, 회복된 아르다는 예전의 아르다가 개선된 정도에 결코 머무르지는 않을 것이다. 그 아르다는 파격적으로 새롭게 변화된 세상이 될 것이고, "여전히 동일하다고는 하지만 그러나 전적으로 다른 제3의 세상이 될 것이다"(MR, 318). "첫 번째 의도했던 것보다 더 풍부하고도 새로운 그 무엇으로 가득 찬 세상이 될 것이다"(MR, 333). 고대로부터 해결되지 않았던 악에 관한 수수께끼는 새로워진 이 세상에서 결국 해답을 찾게 될 것이다. 심지어는 모르고스의 부조화까지라도 원래 의도했던 바가 아닐지라도 결국은 일루바타르의 거대한 화음을 이루는데 긍정적으로 기여할 수밖에 없을 것이다. 그리고 가운데 땅은 "예전에 결코 생각지도 못했던 아름다움이 에아(Ea, 존재하는 세계) 속으로 들어와 충만하게 되리라"는 에루(Eru, 일루바타르의 또 다른 이름)의 선언 속에 담긴 심오한 진리의 실체를 목격하게 될 것이다(S, 98). 그런데 일루바타르의 꺼지지 않는 불꽃이 이미 살아 있는 영으로 모든 만물 속에 스며들어 있기 때문에 그가 세상 속으로 성육신하더라도 세상에 낯선 자나 이질적인 존재로 갑자기 침입하여 충돌을 일으킬 필요는 없을 것이다. 핀노드가 주목한 바와 같이 "그는 이미 이 세상 밖에서 뿐만 아니라 안에도 존재한다…… 하지만 이 세상에 내주하는 것과 초월하여 존재하는 것은 결코 동일한 방식은 아니다"(MR, 322). 톨킨이 자신의 노트에서 언급한 바에 의하면, 멜코르를 무찌르고 우주적인 드라마의 대단원의 막을 내리기 위해서 에루가 아르다 속으로 들어올 때, 그 절대자는 자신의 초월성과 내재성 모두를 온전히 보존하는 방식으로 성육신할 것이라고 한다.

> 성육신은 비록 대단한 사건이긴 하지만, 에루(창조자)는 한계가 있는 이 세상과 역사 속으로 완전히 들어올 수는 없을 것이다. 우주의 드라마는 처음부터 끝까지 창조주의 계획과 의지에 달려 있지만, 창조주인 그는 항상 우주적 드라마의 밖에 머물러 있어야 한다. 그래서 핀노드는, 에루가 이 세상에 들어올 때 그는 분명히 초월적으로 우주 밖에 떨어져 있는 동시에 내재적으로 안에 현존해 있을 것이라고 생각하였다(MR, 335).

이러한 성육신은 신화적인 색채를 띠고 있기는 하지만, 여기에서 톨킨은, 성육신은 결코 인간의 존엄성을 침해하는 것이 아니라 우주적 드라마의 놀라운 성취이자 완성이라는 기독교의 핵심적인 주장을 새롭게 확증하고 있다. 비슷한 맥락에서 "신성의 모든 충만"이 나사렛의 예수 그리스도 안에서 육체로 거하셨다(골 2:9). 하나님께서는 예수 그리스도 "안에서"와 "밖에서" 각각 거하셨던 것이다. 육체 안에서는 삼위일체의 제2위의 성육신하신 하나님으로 거하셨으며, 육체 밖에서는 우주적인 드라마를 감독하는 하늘의 하나님으로서 거하고 계신다. 그리고 이런 이유로 그리스도인들은 오직 예수 그리스도만이 참 하나님이시고 참 사람이시라(vere homo, vere deus)고 고백한다. 이와 같은 맥락에서 톨킨도 일루바타르의 성육신이 인간의 역사 속에서 일어났던 그대로 가운데 땅에서도 일어날 것으로 자신의 이야기를 이끌어가고 있다.

일루바타르의 성육신이 아르다 안에서 어떠한 형태로 일어나는지를 좀 더 자세히 살펴보는 일은 『반지의 제왕』의 기본정신과 결코 배치되지 않는다. 에루(또는 일루바타르)는 가운데 땅의 역사에서 어느 시대에, 그리고 어떠한 피조물을 통해서 지상에 성육신하는가? 절대자는 혹시 영광스러운 인간의 시대가 동터올 무렵까지 기다렸다가 마치 아라곤과 같은 인물을 통해서 성육신하지는 않을까? 우리는 "새로운 그림자"라고 불리는 톨킨의 좌절된 이야기를 통해서, 아라곤이 화려한 왕권을 가지고 새 시대를 시작하였지만 그가 결코 영원히 지속되는 영광의 시대를 가져온 것은 아니었음을 잘 알고 있다. 아라곤의 통치가 시작되면서 곤도르와 아르노르가 예전의 영광에 비슷할 정도로 회복은 되었지만 그 영화가 영원히 지속된 것은 아니었다. 모르도르의 몰락과 아라곤의 죽음 이후 1백년이 못되어 또 다시 새로운 그림자가 온 땅을 덮기 시작했던 것이다. 곤도르의 백성들이 스스로 만족하며 안심하고, 심지어는 "평화와 공의, 그리고 번영"을 가져다준 승리에 대해서 지루해지기 시작하면서, 예전에 몰락한 어두움이 서서히 다시 힘을 발휘하기 시작했다(L, 344). 또 사단숭배적인 제의가 다시 일어나고 젊은이들 가운데에서는 오크족들의 흉측한 게임이 인기를 끌었다(L, 419).

 대단한 지성이나 상상력이 없더라도 우리는, 톨킨의 작품세계에서 찾아볼 수 있는 이러한 신화적 시대에 횡행하는 악과 1세기 팔레스타인이나 또는 오늘날의 유럽이나 미국에서 횡행하는 악 사이의 긴밀한 유비관계를 쉽게 간파할 수 있다. 그런데 우리가 분명히 인정해야 할 부분은 일루바타르가 성육신하는 세상은 바로 이렇게 타락하고 퇴폐적인 세상이라는 점이다. 톨킨의 작품세계에서는 일루바타르나 에루로 불리고, 우리의 실제 세계에서는 예수 그리스도라 불리는 절대자는 인간의 찬란한 문명이 그 최고 정점에 도달했을 때 인간의 형태를 입고 강림한 것은 아니었다. 만일 그렇게 된다면 그는 경배를 받더라도 인간적인 성취에 대한 또 다른 찬사에 지나지 않을 것이다. 오히려 그는 로마 제국의 변방에 위치한 한 나라의 역사 속으로 들어

왔으며, 세상의 거의 모든 기준을 놓고 볼 때 무시해도 좋을 만한 사람들 가운데에서 성육신하셨다. 이것은 너무나도 의외였다. 하지만 일부 유대인들 중에서는 진짜 하나님은 왕이나 통치자, 선지자, 혹은 철학자의 인생을 따라 살지 않고 오히려 종의 인생을 살아가리라고 기대했던 사람들도 있었다. "그리스도 예수는...... 근본 하나님의 본체시나 하나님과 동등됨을 취할 것으로 여기지 아니하시고 오히려 자기를 비어 종의 형체를 가져 사람들과 같이 되었고 사람의 모양으로 나타나셨으매 자기를 낮추시고 죽기까지 복종하셨으니 곧 십자가에 죽으심이라"(빌 2:5-8).

종이 되려면 이기심에서 자유로워져야 한다. 공공의 이익에 완전히 헌신되었기에 그는 자신만의 필요나 욕망은 전혀 생각할 수 없다. 그런데 이렇게 자기를 부인하는 공공정신은 샤이어 땅을 살아가는 자들의 본질이라고 해도 과언이 아니며, 절대반지를 파괴하는 임무가 호빗족들에게 부여된 중요한 이유이기도 하다. 호빗족들 중에 다른 이들과 마찬가지로 프로도와 샘, 그리고 메리와 피핀은 과욕을 부리지 않고 자신의 삶에 만족하면서 살아가는 자들이기 때문에 절대반지를 버리러 가는 것과 같은 엄청난 임무를 달성하기에 적격이었다. 이들의 미덕은 도량이 좁다는 것이 아니라, 타인을 진심으로 사랑하고 섬긴다는 것이다. 이들은 부귀나 권세를 얻는 것과는 아무런 관련이 없는 미천한 것들도 기꺼이 돌본다. 심지어 전쟁 중에도 이들은 전리품을 탈취하려고 하지 않으며 다만 "샤이어!"라고 외칠 뿐이다.

원정대가 임무를 완수해가는 과정에서 복음의 본질과 유사한 면을 발견하기란 결코 어렵지 않다. 먼저 예수께서는 그의 제자들더러 자신을 위하여 목숨을 아끼려 하지 말고 예수와 그의 나라를 위해서 목숨을 버릴 것을 명령하신다. "누구든지 제 목숨을 구원코자 하면 잃을 것이요 누구든지 나와 복음을 위하여 제 목숨을 잃으면 구원하리라 사람이 만일 온 천하를 얻고도 제 목숨을 잃으면 무엇이 유익하리요 사람이 무엇을 주고 제 목숨을 바꾸겠느냐"(막 8:35-37). 이와 마찬가지로 원정의 마지막 부분에서 원정대 역시 가장 기본적이면서도 가장 심원한 교훈으로서 이 점을 터득하게 된다. 원정을 시작할 당시에 심지어 샘조차도 그저 요정들이랑 신기한 산과 용들을 보기 위해서 프로도를 따라가는 것은 아니라는 것을 알게 된다. 초기부터 그는 다름 아닌 바로 자신의 모든 것들을 요구하는 임무를 떠맡았음을 잘 알고 있었다. "저는 우리가 이제 아주 먼 길을 떠나서 어둠 속으로 들어간다는 것을 잘 알고 있어요. 또 돌아오지 못할 수도 있다는 것도 알아요...... 제가 지금 무엇을 원하는지는 저도 잘 모르겠어요. 하지만 분명한 것은 제가 해야 할 일이 저 앞에 있으며, 그것은 이 샤이어 땅 안이 아니라 저 바깥 세상에 있다는 거예요. 저는 그 일을 끝까지 해내고 말 거예요." 샘은 프로도에게 말했다. "제 말뜻 아시겠지요?" (1.96) 간단히 말해서 이것이 바로 하나님 나라의 종의 의미이다.

한 때 절대반지를 소유하고 있던 빌보 역시, 골룸에게 동정을 베풀었으며 또 그 반지에 대해서도 자신의 유익을 위한 어떤 잠재적인 가치를 따지는 쪽으로 생각했던 것이 아니었기에, 여러 번 절대반지를 사용했지만 이로부터 어떤 피해를 전혀 입지 않았다. 이와는 대조적으로 골룸은 정확히 어떤 모습이 종이 아닌지를 잘 보여주고 있다. 그는 절대반지에 대해서 말할 때면 항상 "내 보물!"이라고 하면서 항상 자신만을 생각했다. 반면에 감지네 샘 와이즈는 최고의 종으로서 자신의 역할을 잘 감당했기에 『반지의 제왕』에서 최고의 영웅으로 부각되고 있다. 오직 자신의 주인 프로도를 섬기는 것 이외에는 그 어떤 것도 원하지 않았기에 결국 그는 모든 호빗들 중에서 가장 최고가 아니더라도 최소한은 가장 존경할 만한 호빗으로 남을 수 있었다.

"너희 중에 누구든지 크고자 하는 자는 너희를 섬기는 자가 되고 너희 중에 누구든지 으뜸이 되고자 하는 자는 모든 사람의 종이 되어야 하리라 인자의 온 것은 섬김을 받으려 함이 아니라 도리어 섬기려 하고 자기 목숨을 많은 사람의 대속물로 주려 함이니라"(막 10:43-45).

호빗의 모습으로 아르다의 세상 속으로 성육신하는 일루바타르에 관하여 상상해보는 것은 내가 보기에 그리 무익하거나 터무니없는 것은 아닐 것이다. 예수님 당시의 평균적인 유대인은 톨킨의 이야기에 나오는 호빗에 비해서 더 컸으면 컸지 작지는 않을 것이다. 하지만 성육신에서 관건이 되는 것은 신체가 아니라 영혼이다. 왜냐하면 우리가 성육신하신 구세주와 주님에 대해서 생각하든지 아니면 그 주님의 가장 비천한 제자에 대해서 생각하든지 관계없이, 하나님의 나라는 바로 이러한 호빗과 같은 영혼을 가진 자에 의해서 세워지기 때문이다. 요정의 군주 엘론드는 반지 원정대를 지명하고 그들에게 자신들이 맡은 임무에 담겨진 놀랄 만한 특성을 설명할 때부터 이러한 진리를 잘 알고 있었다. "이 임무는 강한 자만큼의 강력한 희망을 가졌으되 그러나 약한 이가 감당해야 합니다. 하지만 역사의 수레바퀴를 움직인 것은 사실 그러한 방식이었습니다. 강한 자들의 눈이 다른 곳에 닿고 있는 동안, 작은 손들은 바로 자신들이 해야만 하기 때문에 그 일들을 하는 것입니다"(1.283).

가운데 땅의 세상에서 만물의 완성은 모르도르의 몰락으로나 아라곤 왕의 등극으로 이뤄지는 것이 아니라, 일루바타르의 성육신으로 이뤄질 것이다. 하나님 자신의 성육신이 비천한 유대인 종을 통해서 이뤄졌던 것처럼, 내 생각에 에이와 아르다의 운명을 결정한 절대자 역시 호빗족 중의 한 인물을 통해서 성육할 것이라 여겨진다. 왜냐하면 손상된 아르다는 오직 그러한 방식의 성육신을 통해서만이 온전히 복구될 수 있기 때문이다. 우리가 사는 세상에서도 하나님의 나라는, 스스로를 내어주는 자기 부인 속에서 찾아볼 수 있는 비범한 능력을 통해서 이 땅에 도래한다. 그래서 사도 바울은 "하나님의 미련한 것이 사람보다 지혜 있고 하나님의 약한 것이 사람보다 강하니라"고 선포한다(고전 1:25). 바울이 이렇게 선포할 수 있었던 이유는 그리스도께서는 그에게 "내 능력이 약한데서 온전하여짐이라"고 확신시켜 주셨기 때문이다(고후 12:9). 약함으로 강해지는 역설의 진리는 프로도가 샘에게 왜 자신은 임무가 끝나더라도 호빗골로 되돌아갈 수 없는지를 설명하는 대목에서도 찾아볼 수 있다. 프로도는 사우론의 악으로부터 샤이어 땅을 구원해낸 것을 자신의 공로로 돌리지 않았다. 사실 프로도의 말은 능동적인 선언에서 수동적인 고백으로 뒤바뀐다. 즉 샤이어를 구하기 위해서 호빗족이 가지고 있는 그 어떤 약으로도 고칠 수 없을 정도의 부상을 당하면서 정말로 최선을 다했노라는 선언은, 이제 자신이 최선을 다 하지 않았더라도 샤이어 땅은 여전히 구원받았을 것이라는 수동적인 고백으로 바뀌어 간다. "샘! 내 상처는 너무나도 깊어. 나는 샤이어를 구하려고 노력했고, 이 땅은 그렇게 구해졌지. 하지만 내 자신을 위해서 그렇게 한 것은 아니었어. 어떤 위험한 상황이 닥쳤을 때, 일은 이렇게 되어야만 할 거야. 누군가는 포기하고 잃어버려야만 다른 이들이 그것을 누릴 수 있겠지"(3.309).

복음이 제기하는 긴급한 요청이 정확히 이것이다. 다른 이들이 하나님 나라의 보물을 발견할 수 있도록 먼저 자기가 가진 좋은 것을 포기하고, 모든 강압적인 권세를 내던지고, 결국은 자신의 생명까지도 버리라는 것이다. 이 세상 저 너머에 있는 하나님 나라의 도래는, 자신의 생명을 내어줌으로써 그리고 자신들의 생명 역시 기꺼이 내어 줄 신실한 성도들의 공동체를 창조하여 그의 왕국의 행진을 이미 시작하신 종되신 왕이 이 땅에 귀환함으로서 비로소 완성될 것이다. 물론 지금은 모든 만물이 새롭게 되고 새 하늘과 새 땅이 나타나게 되는 종말의 때를 여전히 기다려야만 하지만, 그러나 세상에 있는 하나님의 백성으로서 교회는 십자가에 못박히시고 다시 부활하신 주님을 오늘의 성도의 삶 속에 임재케 하시는 성령으로부터 기름부음을 받고 그 능력으로 덧입힘을 얻는다.

그래서 그리스도인들은 예정된 종말을 두려워하지 않고 오히려 이 땅에서 죄악을 몰아내고 복구하는 일에 최선을 다한다. 이렇게 중요하고도 고귀한 임무와 소명에 대한 최선의 길잡이들 중의 하나를 바로 톨킨의 여러 작품들 중에서 특별히 『반지의 제왕』에서 찾아 볼 수 있다. 이 작품은, 톨킨이 1930년 혹은 1931년에 학생들의 시험지에 점수를 매기는데 지루해서 잠시 다른 생각을 하던 중에 그의 마음에 갑자기 떠오른 한 문장 "땅 속 어느 굴에 호빗이 살고 있었다"를 펜으로 옮겨 적으면서 그렇게 시작되었다. 그렇게 수수하게 시작된 이야기로부터 우리 역시 다음과 같은 수수한 결론에 도달하게 되었다. 그리스도인은 모두가 하나님과 그의 왕국을 섬기는 호빗을 닮은 종으로 부름받았다. 프로도와 샘은 "역사의 수레바퀴를 움직이는 자"들 중에서 가장 하찮더라도 기꺼이 최후의 순간까지 자신에게 부과된 임무를 감당하는데 모든 것을 다 바쳤기에, 결국 그들 모두는 일루바타르의 통치를 온전히 구현하는 최초의 인물이 되었다.

참고문헌

Works by J. R. R. Tolkien

The Fellowship of the Ring. 2d ed. Boston: Houghton Mifflin, 1967.
The History of Middle-earth. Vol. 10, *Morgoth's Ring: The Later Silmarillion.* Part 1, *The Legends of Aman.* Edited by Christopher Tolkien. Boston: Houghton Mifflin, 1993.
The Hobbit. Boston: Houghton Mifflin, 1978.
The Letters of J. R. R. Tolkien. Edited by Humphrey Carpenter. Boston: Mifflin, 1981.
"The Monsters and the Critics" and Other Essays. Edited by Christopher Tolkien. Boston: Houghton Mifflin, 1984.
The Peoples of Middle-earth. Edited by Christopher Tolkien. Boston: Houghton Mifflin, 1996.
The Return of the King. 2d ed. Boston: Houghton Mifflin, 1967.
The Silmarillion. Boston: Houghton Mifflin, 1977.

Smith of Wootton Major. Illustrated by Pauline Baynes. Boston: Houghton Mifflin, 1978.

The Two Towers. 2d ed. Boston: Houghton Mifflin, 1965.

Related Works

Birzer, Bradley. *J. R. R. Tolkien's Sanctifying Myth: Understanding Middle-earth.* Wilmington, Del.: Intercollegiate Studies Institute, 2002.

Carpenter, Humphrey. *J. R. R. Tolkien: A Biography.* Boston: Houghton Mifflin, 1977.

Chance, Jane. *Tolkien's Art: "Mythology for England."* London: Macmillan, 1979.

Duriez, Colin. *Tolkien and* The Lord of the Rings: *A Guide to Middle-earth.* Mahwah, N.J.: HiddenSpring, 2001.

Foster, Robert. *The Complete Guide to Middle-earth: From* The Hobbit *to* The Silmarillion. New York: Ballantine, 1978.

Isaacs, Neil D., and Rose A. Zimbardo. *Tolkien and the Critics: Essays on J. R. R. Tolkien's* The Lord of the Rings. Notre Dame, Ind.: University of Notre Dame, 1968.

Kocher, Paul. *The Master of Middle-earth: The Fiction of J. R. R. Tolkien.* Boston: Houghton Mifflin, 1972.

MacIntyre, Alasdair. *After Virtue: A Study in Moral Theory.* 2d nd. Notre Dame, Ind.: University of Notre Dame, 1984.

Meilaender, Gilbert C. *The Theory and Practice of Virtue.* Notre Dame, Ind.: University of Notre Dame, 1984.

Pearce, Joseph. *Tolkien: A Celebration: Collected Writings on a Literary Legacy.* San Francisco: Ignatius, 1999.

Pieper, Josef. *The Four Cardinal Virtues: Prudence, Justice, Fortitude, Temperance*. Translated by Richard and Clara Winston, et al. Notre Dame, Ind.: University of Notre Dame, 1966.

Purtill, Richard. *J. R. R. Tolkien: Myth, Morality, and Religion*. New ed. San Francisco: Ignatius Press, 2003.

Shippey, Tom. *J. R. R. Tolkien: Author of the Century*. Boston: Houghton Mifflin, 2001.

Wadell, Paul J. *Friendship and the Moral Life*. Notre Dame, Ind.: University of Notre Dame, 1989.

CHRISTIAN LITERATURE CRUSADE

사단법인 기독교문서선교회는 청교도적 복음주의신학과 신앙을 선포하는 국제적, 초교파적, 비영리 문서선교기관입니다.

사단법인 기독교문서선교회는 한국교회를 위한 교육, 전도, 교화에 힘쓰고 있습니다.

만일 당신이 예수 그리스도와 그리스도인의 생활에 대하여 알기를 원하시면 지체 말고 이메일이나 서신연락을 주십시오. 주 안에서 기쁜 마음으로 도움을 드리겠습니다.

서울시 서초구 방배동 983-2
Tel. (02)586-8761~3

사단법인 기독교문서선교회

다시 읽는 반지의 제왕
톨킨의 반지의 제왕을 기독교적으로 어떻게 볼 것인가?

저 자 ·	랄프 우드
역 자 ·	이 승 진
초 판 발 행 ·	2004년 9월 30일
발 행 처 ·	사)기독교문서선교회
주 소 ·	서울시 서초구 방배동 983-2
전 화 ·	(02)586-8761~3
	(031)923-8762~3(영업부)
E-mail ·	clc@clckor.com
홈페이지 ·	www.clckor.com
F A X ·	(02)523-0131
	(031)923-8761(영업부)
온 라 인 ·	국민은행 043-01-0379-646
	기업은행 073-021367-04 -061
등 록 ·	1980년 1월 18일 제16~25호

〈낙장·파본은 교환해 드립니다〉
ISBN 89-341-0840-1(03230)

The Lord Of The Rings

The Lord Of The Rings

기독교문서선교회

Christian Literature Crusade
983-2, PANGBAE-DONG SOCHO-KU SEOUL, KOREA

기독교문서선교회

Christian Literature Crusade
983-2, PANGBAE-DONG SOCHO-KU SEOUL, KOREA